Elogios para
La desaparición de Rembrandt

Lo que me encanta del último proyecto de Russ Ramsey es que él entiende profundamente que la Verdad no es exclusiva para ningún grupo o secta; que la Bondad llega en la forma del solitario, el enfermo y el marginado; y que la Belleza, en medio del crepúsculo moral de la iglesia, puede ser la última apologética que permanezca.

LEIF ENGER, autor de superventas de *Virgil Wander* y
Un río de paz

A veces, mientras estoy en un museo, pienso: *Quisiera que alguien que sepa algo me explicara esto.* Miro a un costado, y veo a alguien señalando con pericia cada detalle complejo de la pintura, y miro al otro costado, y veo a alguien aburrido mirando su teléfono. De alguna manera, este libro puede cautivar a personas en todas esas categorías. Russ Ramsey nos acompaña por un museo de artistas y obras de arte, mostrándonos cómo cada uno ilumina algo sobre Dios, la humanidad y el significado de la vida, y lo hace de una manera que no aburrirá al experto ni intimidará al novato. Los que aman el arte encontrarán aquí nuevos caminos al evangelio. Y los que aman el evangelio descubrirán que pueden amar el arte. Es mucho para pedirle a un libro, y este cumple con las expectativas.

RUSSELL MOORE, director del Proyecto de Teología
Pública de *Christianity Today*

En estos días fracturados por aquellos que buscan tomar el poder, oscurecidos por aquellos que juegan sucio en la política, y ensombrecidos por aquellos que usan las plataformas para polarizar, tal vez los artistas pueden llevarnos a buen puerto. Los artistas presentados en estas páginas —artistas que dedicaron su vida y su obra a todo lo bueno, lo verdadero y lo hermoso— nos recuerdan que también podemos (y deberíamos) hacer lo mismo.

KAREN SWALLOW PRIOR, profesora investigadora
de Inglés y Cristianismo y Cultura en el Seminario
Teológico Bautista del Sur, y autora de *On Reading Well*
[Cómo leer bien]

Russ Ramsey nos ayuda a ver algunas de las maravillas vistas y pintadas por grandes artistas del pasado. Este libro está lleno de sorpresas. Lo que ofrece nunca es cuestión de la belleza en sí misma, aunque somos arrastrados a una gloriosa travesía de belleza a través de las eras; tampoco se trata de habilidades y logros artísticos, aunque todo artista en el cual el autor se concentra podría afirmar haber dominado su arte. Este libro tampoco se podría resumir en un mero pantallazo fascinante de cinco siglos de creatividad humana, aunque las historias contadas proveen un soberbio punto de partida para el novato. El mayor gozo de este libro es que el efecto acumulativo de estos nueve artistas me ayudó a vislumbrar algo del mundo y de la humanidad como Dios nuestro Creador nos ve. ¡Qué regalo!

MARK MEYNELL, director (Europa y el Caribe) de Langham Preaching, crítico cultural y autor de *A Wilderness of Mirrors* [Una jungla de espejos] y *When Darkness Seems My Closest Friend* [Cuando la oscuridad parece mi amiga más cercana]

Russ Ramsey tuvo la amabilidad de darme un capítulo temprano de este libro hace varios años, mientras me preparaba para asistir a un retiro silencioso, y le había pedido una obra de arte en la que pudiera meditar. Gracias a la recomendación de Russ, pasé horas contemplando *La tormenta en el mar de Galilea*, de Rembrandt. Me conmovió la representación de esta escena y la pregunta de los discípulos a Jesús: «¿No te importa que perezcamos?». La guía bondadosa de Russ para mi comprensión de la pintura y de la historia bíblica detrás fue un bálsamo para mi vida justo cuando lo necesitaba. Sé que este libro hará lo mismo por ti.

SHAWN SMUCKER, autor de *The Day the Angels Fell* [El día en que cayeron los ángeles] y *The Weight of Memory* [El peso de la memoria]

Encontrarme con pinturas, dibujos y esculturas cuando era pequeño me preparó para mi trayectoria de vida; encontrar a Cristo me preparó para una historia de amor de por vida con mi Creador. Russ Ramsey se ha esforzado por examinar el arte y la fe de una manera que nos ayuden a definir nuestro camino hacia delante. La creación del arte es a veces una experiencia solitaria que requiere que confiemos solo en nuestra imaginación y talento. Este libro ilustra la cuerda floja por la que debemos caminar para encontrar la paz y la belleza en la expresión. A menudo, es difícil mantener el equilibrio frente a todo lo que la vida ofrece. *La desaparición de Rembrandt* nos ayuda a encontrar un camino hacia delante mediante ejemplos e historias de artistas que nos precedieron.

> JIMMY ABEGG, artista visual y músico junto a Rich Mullins y A Ragamuffin Band, Charlie Peacock y Steve Taylor & the Perfect Foil (jimmyabegg.com)

Es fácil creer que disfrutar y entender el arte es solo para aquellos que tienen un doctorado en historia del arte. Russ Ramsey nos recuerda cuán simple y santo es dejarse conmover por el misterio de las imágenes.

> JOHN HENDRIX, autor/ilustrador de *The Faithful Spy: Dietrich Bonhoeffer and the Plot to Kill Hitler* [El espía fiel: Dietrich Bonhoeffer y el complot para matar a Hitler] (johnhendrix.com)

Russ Ramsey es un profundo amante del arte y un estudiante de la historia del arte. En este libro, lleva al lector por una maravillosa excursión guiada a través de un museo de arte que no existe. En esta colección de arte cuidadosamente curada con piezas de todo el mundo, nos ofrece una experiencia como solo alguien que realmente ama el arte puede hacerlo. Este libro inspira al lector a abordar el arte de una manera reveladora y a entender cómo estas obras de arte famosas glorifican a Dios.

> NED BUSTARD, ilustrador de la serie Every Moment Holy, director creativo de Square Halo Books, y artista y autor de *History of Art* [Historia del arte] (worldsendimages.com; @nedbustard en Instagram y Twitter)

Russ Ramsey nos guía bien hacia uno de los mejores usos posibles de nuestro tiempo: participar del arte y la belleza.

MARK MAGGIORI, pintor galardonado del oeste estadounidense (markmaggiori.com; @markmaggiori en Instagram)

Russ Ramsey ha profundizado en las historias de nueve artistas y sus obras de arte para revelar cómo cada uno luchaba tanto con su talento como con su condición caída a la hora de crear belleza. Vuelvo a recordar cómo la belleza nos guía a Dios, el autor de la belleza. ¡No veo la hora de compartir este libro!

DEBBIE TAYLOR, artista visual (mayipaintyourdog.com)

El arte y el acto de crear son esenciales. Sin ellos, no estaríamos aquí. Notar la belleza implica estar plenamente vivos, y sin el acto de participar íntimamente de la vida, quedamos anestesiados a nosotros mismos y al mundo que nos rodea. Russ Ramsey nos señala a Dios a través del poder crudo y sensorial del arte, desestabilizando nuestra vida inconsciente que a menudo quiere volcarse a cualquier cosa que nos anestesie.

WAYNE BREZINKA, galardonado artista e ilustrador (waynebrezinka.com)

RUSS RAMSEY

LA DESAPARICIÓN

DE REMBRANDT

Rembrandt van Rijn, *La tormenta en el mar de Galilea*, 1633, óleo sobre lienzo, 160 × 128 cm, robado del Museo Isabella Stewart Gardner en marzo de 1990

RUSS RAMSEY

LA DESAPARICIÓN
DE REMBRANDT

APRENDIENDO A AMAR EL ARTE
A TRAVÉS DE LOS OJOS DE LA FE

ESPAÑOL
BRENTWOOD, TENNESSEE

Para Cathy Ferguson
y
Steve y Nancy Bayer,
mis maestros de arte

CONTENIDO

PRÓLOGO

Makoto Fujimura

Durante mi primer año como estudiante universitario, mi profesor de literatura en la Universidad de Bucknell, el profesor Taylor, nos pidió que lleváramos un diario. Cada semana, se nos pedía que escribiéramos un breve ensayo en respuesta a un cuento corto. Como estudiante bicultural, me costaba escribir en inglés... o en cualquier idioma. Cada jueves, terminaba en la oficina de este profesor para ver si había elaborado suficiente contenido como para entregar el viernes. Pero mi profesor veía más allá de mis deficiencias y, para mi asombro, me animaba a escribir más. En mi penúltimo año, terminé tomando varias clases de escritura creativa con él. En las entradas finales de mi tarea con el diario, medité: «¿Por qué el arte?». En respuesta a mi clamor, mi profesor respondió con la elocuencia que lo caracterizaba: «Mako, esa es una de las preguntas más importantes que se pueden hacer. Y quisiera empujarte a hacer una pregunta más profunda a través de tu arte y tu escritura: "¿Por qué vivir?"».

Desde entonces, he intentado abordar esta profunda pregunta —«¿Por qué vivir?»— en todo mi arte, mis escritos y mis conferencias.

El arte y nuestras vidas sin duda están íntimamente conectados. Los cristianos podríamos extender esa pregunta un paso más allá: «¿Por qué la fe?». Esta es la pregunta fundamental para hacernos mientras indagamos profundamente en nuestra psiquis, escribiendo en nuestros propios diarios llamados vida. La pregunta «¿Por qué la fe?» yace en el centro de las preguntas «¿Por qué vivir?» y «¿Por qué el arte?».

Un libro sobre arte, escrito por un pastor, puede parecer una fruslería superflua en nuestra época azotada, aun si sus ideas reveladoras sobre estas obras de arte conocidas y desconocidas son tan agudas como los comentarios de buenos historiadores del arte. Muchos cristianos tal vez consideren un debate sobre el arte algo secundario ante la obra principal de proclamar el evangelio a un mundo que muere. Queremos «usar las artes» para el bien del evangelio. En nuestras iglesias, las artes son, en el mejor de los casos, algo periférico a nuestra existencia, y se les asigna un valor extra a las realidades centrales de la fe.

¿Pero qué sucede si nuestro corazón debe estar lleno del fruto del Espíritu, pero en cambio está azotado por el temor, la envidia y el fruto cancerígeno de la carne? Ante tal dificultad, este libro revela su valor. Está escrito como resultado de buscar la belleza, el informe del viaje exterior de un pastor más allá de los límites de las paredes de la iglesia para ayudarlo a divisar lo desconocido. Al aprender a ver de verdad, descubrimos, de a una pintura a la vez, que la oscuridad en nuestro interior ya no está escondida, sino que se revela a la luz del semblante pintado, guiado por un pastor que deambula por los museos.

El pastor Ramsey escribe sobre el arte de una manera que trae sanidad al entender verdaderamente cada pintura y amar a cada artista. Aquí tienes su descripción en el apéndice 1 sobre el descubrimiento de Rembrandt:

> Descubrí que los pares de Rembrandt lo consideraban el Maestro incluso mientras vivía. Y descubrí que era un hombre que amaba el evangelio. Eso abrió un nuevo pabellón del museo para mí: el Renacimiento flamenco. Ahora, buscaba

a van Gogh y a Rembrandt. Al poco tiempo, Rembrandt me presentó a Caravaggio y a Vermeer, y van Gogh me presentó a Gauguin, Seurat y Cézanne.

Tal descubrimiento no podría suceder sin que alguien primero le enseñara a ver. Escribe: «En la escuela secundaria, tuve la buena fortuna de tener una maestra de arte que amaba el arte. Ella quería que nosotros también lo amáramos, así que no solo nos presentó grandes obras de arte sino que, algo más importante, nos mostró a las personas que lo crearon».

El entusiasmo y la franqueza del pastor Ramsey hacen que estas altas formas de arte sean accesibles y se conecten con nuestra vida cotidiana. El arte, entonces, está finalmente conectado a la vida, y la vida puede volverse parte de nuestro arte. Después de todo, la vida es el gran arte de diseño divino.

«Aquí es donde la belleza es tan esencial», observa Ramsey, mientras guía a los lectores desde van Gogh hasta Rembrandt. También les presta mucha atención a nombres poco conocidos como Tanner y Trotter. Ser un seguidor de Cristo es contemplar los fragmentos que tenemos por delante, prestar atención y «[observar...] los lirios»[1], especialmente a través de los ojos de alguien como Lilias Trotter, cuya mirada misionera sobre la belleza —no solo su arte sino también el arte de su vida— reveló una perspectiva asombrosa de la simple visión de una abeja: «Estaba revoloteando sobre unos ramilletes de zarzamoras, tocando unas florecitas aquí y allá, pero, de manera inconsciente, vida, vida, vida iba siendo dejada atrás con cada toque».

A todos nos cuesta escribir, pintar y bailar. Aun nuestras pequeñas luchas pueden llevar a una revelación más grande mientras prestamos atención a aquello que nos cautiva. También nos cuesta predicar, vivir nuestro llamado como seguidores de Cristo. Al igual que la abeja, nos dedicamos a dejar una estela de vida «con cada toque». Este libro es un regalo para la próxima generación y más allá.

«No hay nada que sea más genuinamente artístico que amar a las personas», dijo Vincent van Gogh.[2] El pastor Ramsey ha amado bien, y me alegra leer este relato de su travesía con estas obras de arte que nos alimentan el alma. Este libro nos recuerda la presencia humilde pero transformadora de los maestros cotidianos, los padres, los pastores y un sinnúmero de influencias que transforman nuestras vidas en la obra maestra de Dios.[3]

Entonces, «¿por qué vivir?». A través del arte, preguntas tan profundas quedan grabadas en nuestra mente y en la eternidad. Este libro aclara que el arte nos permite experimentar la nueva creación de este lado de la eternidad. Para poder vivir realmente, debemos aprender a ver a través de «los ojos de [nuestro] corazón»,[4] a través de los velos de nuestra lóbrega realidad hacia la iluminación de lo que los artistas han pintado.

Makoto Fujimura, artista y autor de
Culture Care, Silence and Beauty
[Cuidado cultural, silencio y belleza]
y *Art+Faith: A Theology of Making*
[Arte + Fe: Una teología del hacer]

EMBELLECER EL EDÉN

Por qué es importante buscar la bondad,
la verdad y la belleza

Vincent van Gogh, *Autorretrato con la oreja vendada*, 1889,
óleo sobre lienzo, 60 × 49 cm, Courtauld Gallery, Londres

Hay tanta belleza a nuestro alrededor para tan solo dos ojos. Pero dondequiera que voy, estoy mirando.

Rich Mullins

Henri Nouwen escribió en *El regreso del hijo pródigo*: «Nuestra quebrantación no tiene otra belleza que la que proviene de la compasión que la rodea».[1] Nuestras heridas no son hermosas en sí mismas; la historia que hay detrás de su sanidad lo es. Pero, ¿cómo podemos contar la historia de nuestra sanidad si escondemos las heridas que la necesitan? Este libro se trata de la belleza. Para llegar a ella, este libro está lleno de historias de quebranto.

Si alguna vez intentaste hacer un autorretrato realista, probablemente hayas descubierto algo: solo la verdad funciona. En mi clase de arte de la escuela secundaria, me dieron la tarea de dibujar un autorretrato. Mientras mis ojos iban y venían del espejo al papel, intenté dibujar lo que veía, con algunas mejoras. Me dibujé ojos más brillantes, una nariz más cincelada, pómulos más definidos y un poco menos de rostro de bebé. Mi vanidad resultó en un retrato de alguien que no se parecía a mí, y en un seis como calificación del trabajo.

Vincent van Gogh (1853-1890) pintó más de cuarenta autorretratos. Algunos no son para nada realistas. Por ejemplo, cuando estaba fascinado por el arte japonés, se representó con la cabeza rapada y los ojos asiáticos típicos de un monje budista. Pero uno de sus autorretratos se destaca por su sinceridad brutal: el *Autorretrato con la oreja vendada*. Lo pintó en enero de 1889, el año que pintó *La noche estrellada* y el año antes de que muriera de una herida de bala en el abdomen.[2]

Si sabes algo sobre van Gogh fuera de su arte, tal vez sepas que era un alma torturada. Vincent sufría de depresión, paranoia y arrebatos públicos tan desconcertantes que en marzo de 1889 (dos meses después de completar el *Autorretrato con la oreja vendada*), treinta de sus vecinos en el pueblito de Arles, Francia, le pidieron a la policía que lidiara con el *fou roux* (el lunático pelirrojo). Los oficiales respondieron sacándolo de su departamento alquilado, la casita amarilla que se hizo famosa en su pintura *El dormitorio*.[3]

Poco después de su aviso de desalojo, Vincent se recluyó en un hospital psiquiátrico para personas con enfermedades mentales: el asilo de San Pablo en Saint-Rémy-de-Provence. En aquellos días, a la mayoría de las afecciones psicológicas se las llamaba «demencia». La depresión debilitante, el trastorno bipolar e incluso la epilepsia aguda caían todos bajo el diagnóstico general de demencia. El «lunático pelirrojo» se internó allí y permaneció en Saint-Rémy durante un año, desde mayo de 1889 hasta mayo de 1890.

¿Qué hizo Vincent con su humillación como paciente en Saint-Rémy? Pintó. Es más, algunas de las obras más celebradas de Vincent —*Los lirios, La noche estrellada* y *Campo de trigo con cipreses*— fueron creadas en aquel hospital psiquiátrico. Durante su estadía pintó los jardines, las instalaciones y los corredores del lugar. Pintó los campos que podía ver más allá de las paredes del asilo y las arboledas de olivos por las que caminaba cuando, de vez en cuando, salía del complejo. Pintó retratos de sus cuidadores y de los demás pacientes. Hizo su propia versión de obras de otros artistas que le encantaban. Y pintó autorretratos. Tanta belleza salió de esa etapa de su vida, pero una gran humillación y rechazo público la facilitaron.

Belleza de las cenizas

¿Qué impulsó a Vincent a internarse en el asilo? ¿Qué hizo que sus vecinos creyeran que estaba loco y solicitaran que lo sacaran de su comunidad? Aunque hubo muchos factores que contribuyeron, el episodio más ubicuo vino varias semanas después de su desalojo de la casa amarilla. Él y su compañero de departamento, el impresionista Paul Gauguin, discutieron y Gauguin se fue. Poco después, Vincent tomó un cuchillo, se cortó el lóbulo de la oreja, lo envolvió en papel y se lo llevó a una prostituta local llamada Rachel, que al parecer era su amiga en su comunidad de marginados. Cuando le entregó el paquete empapado de sangre, le dijo: «Toma, te será útil».[4]

La noticia de este arrebato corrió como reguero de pólvora por el pueblo y, a la mañana siguiente, la policía encontró a Vincent dormido en su cama, cubierto de sangre. Lo llevaron al hospital y, durante su estadía, Vincent empezó a considerar el costo de su arrebato. Su compañero de departamento, amigo y colega en el arte se había ido, y Vincent se sentía responsable. Su cuerpo estaba permanentemente mutilado, y todos sus vecinos sabían por qué.

Por si fuera poco, en la época en que Vincent se cortó la oreja, su estrella recién empezaba a brillar en el mundo del arte. Después de años de anonimato estaba a punto de abrir brecha. Así que este espectáculo público, que llevó a su desalojo y detención en el asilo, fue la gota que rebalsó el vaso de vergüenza profesional.

Durante su año en el asilo, Vincent pintó más de 140 cuadros: un promedio de un lienzo cada tres días. De esas obras, al menos dos son autorretratos con su oreja vendada. En lugar de correr o esconderse de esta serie de sucesos humillantes, él captó el momento de su mayor vergüenza.

Es difícil hacer un autorretrato sincero si queremos disimular lo que no es atractivo y esconder lo que está roto. Queremos que parezca hermoso. Pero, cuando lo hacemos, escondemos lo que necesita redención, aquello que confiamos que Cristo redimirá. Y todo lo que Cristo redime se vuelve hermoso. El *Autorretrato con la oreja vendada* de Van Gogh nos acusa. ¿Cuán dispuestos estamos a reconocer que tenemos muchas cosas dentro de nosotros que no están bien? Una impresión del *Autorretrato con la oreja vendada* cuelga en mi oficina para recordarme que, si estoy dibujando un autorretrato de forma deshonesta —fingiendo que estoy bien cuando en realidad necesito ayuda—, les estoy ocultando a los demás la realidad de que estoy roto. Sin embargo, mis heridas necesitan vendas. Necesito asilo. Y si no puedo mostrar eso con sinceridad, ¿cómo podrán los demás ver a Cristo en mí? O peor aún, ¿a qué clase de Cristo verán?

En el caso de Vincent, la historia termina con un dejo dulce de ironía. *Autorretrato con la oreja vendada,* en el cual van Gogh captó el momento de su pobreza espiritual y relacional, ahora vale millones. Ese lienzo capta fielmente un momento decisivo de vergüenza y necesidad de rescate mostrando el lado vendado, y se ha vuelto un tesoro invalorable. Así es como Dios ve a Su pueblo. En nuestras falencias, estamos plenamente expuestos, pero somos de un valor inimaginable para Él. Así es como deberíamos ver a los demás y cómo deberíamos estar dispuestos a que otros nos vieran: rotos y de un valor incalculable.

En este libro exploraremos la vida de nueve artistas principales y de muchos otros en conexión con los nueve. Cada uno de ellos le regaló al mundo hermosas obras de un arte invalorable, pero sus historias están llenas de una medida sorprendente de quebranto; y, en algunos casos, de violencia y corrupción. Madeleine L'Engle nos recuerda que Dios a menudo obra a través de las personas que parecen menos calificadas para revelar Su gloria.[5] Lo mismo sucede con la Escritura. Hay belleza en el quebranto.

Eso es lo que este libro se propone descubrir, porque la belleza es importante.

Bondad, verdad, belleza, trabajo y comunidad

Desde Sócrates y Platón hasta Agustín, Tomás de Aquino, Maestro Eckhart e Immanuel Kant, los filósofos y los teólogos hace mucho que luchan con la pregunta: «¿Qué hace que la humanidad sea tan diferente de las demás formas de vida?». Tres propiedades del ser que trascienden las capacidades de todas las demás criaturas, conocidas como *trascendentales*, han salido a la superficie: el deseo humano de bondad, verdad y belleza.

La Escritura considera estos tres trascendentales como deseos humanos básicos que son esenciales para conocer a Dios.[6] ¿Por qué? Porque son tres propiedades que definen la naturaleza de Dios. El bien y el mal señalan a la realidad de una santidad inmaculada. La honestidad y la falsedad señalan a la existencia de una verdad absoluta. La belleza y el grotesco susurran a nuestras almas que existe la gloria. La bondad, la verdad y la belleza fueron establecidas para nosotros por Dios, el cual está definido por las tres cualidades.

El filósofo Peter Kreeft declaró: «Estas son las únicas tres cosas de las que nunca nos aburrimos, y de las cuales jamás nos aburriremos por la eternidad, porque son tres atributos de Dios, y por lo tanto [atributos] de toda la creación de Dios: tres propiedades trascendentales o absolutamente universales de toda la realidad».[7] Todo en la creación participa de cada propiedad de alguna manera. Y como la bondad, la verdad y la belleza son deseos compartidos de alguna manera por todas las personas, son, por naturaleza, comunitarios. Ninguno fue diseñado para existir o materializarse plenamente en aislamiento. La búsqueda de la bondad, la búsqueda de la verdad y la búsqueda de la belleza son, de hecho, fundacionales para la salud de cualquier comunidad.

No es tan solo una postura filosófica; es una postura bíblica. La vemos en los primeros capítulos del Génesis. ¿Cuáles son las primeras cosas que aprendemos de la humanidad en la Escritura? Aquí tienes cinco observaciones rápidas de Génesis 1–2. **La bondad.** Primero, en Génesis 1, descubrimos que cuando Dios nos creó declaró que Su creación era muy buena.[8] La bondad fue una parte fundacional de nuestro diseño desde el principio. Vivir según la bondad inherente en nuestra creación es cuestión tanto de carácter como de función; somos llamados a ser buenos y hacer lo bueno. **La verdad.** Segundo, así como fuimos creados con una bondad inherente y funcional, fuimos creados para obedecer a Dios. En otras palabras, fuimos creados para vivir según la verdad de Dios, la cual es verdad absoluta con una clara división entre lo que es malo y lo que es bueno.[9] Considera la importancia de la verdad. ¿Qué precipitó la caída de la humanidad? El engaño. La Escritura dice que la serpiente engañó a la mujer y al hombre, y ellos, a su vez, le mintieron a Dios y se mintieron a ellos mismos.[10] Ese rechazo de la verdad ha traído un dolor inmensurable sobre nuestra especie, y desde entonces hemos anhelado reclamar alguna medida de lo que es verdadero y bueno. En los confines de nuestro mundo creado, este es un fenómeno singularmente humano. Somos las únicas criaturas que tienen un interés consciente en la bondad y la verdad. **La belleza.** La belleza, por definición, eleva y da placer a la mente y los sentidos. Nos hace partícipes en diversos aspectos. Participamos de la belleza. Génesis 1 y 2 nos dicen que fuimos hechos a imagen de Dios, lo cual significa que fuimos creados para ser creativos.[11] Vemos esta responsabilidad de crear en el acto de nombrar a las aves y las bestias, una tarea que Dios le asignó a Adán.[12] Aunque eso tal vez no parezca creación en un sentido convencional, según la escritora Maria Popova, «nombrar una cosa es reconocer su existencia como algo separado de todo lo demás que tiene un nombre, conferirle la dignidad de la autonomía y, al mismo tiempo, afirmar su pertenencia con el resto del mundo nombrable; transformar su extrañeza en familiaridad, la cual es la raíz de la empatía».[13] La creatividad es un camino a la belleza. La obra creativa de nombrar es la obra de asignar dignidad y hablar verdad.

El trabajo. Cuarto, en Génesis vemos que la creatividad está ligada al acto de trabajar en sí. La obra creativa de Adán fue una obra de embellecimiento. Participó de la verdadera «profesión más antigua»: el paisajismo, o la jardinería. Adán no solo vivía en el Edén; trabajaba allí.[14] Nuestro llamado a crear brota del llamado de nuestros primeros padres de ocuparse del Edén *y embellecerlo*. Cada uno de nosotros tiene una ascua de aquel fuego todavía ardiendo en nuestros corazones. Cuando nos proponemos hacer algo hermoso, estamos apoyándonos en ese instinto antiguo —por más corrompido que esté por la caída— de cuidar y embellecer el Edén.

La comunidad. Quinto, descubrimos que no es bueno que la gente esté sola.[15] Cuando Dios creó a Eva, no le dio solamente una esposa a Adán; le dio comunidad. Y, juntos, Adán y Eva «crearon» a otros, en el sentido de que actuaron como «subcreadores», como describió J. R. R. Tolkien.[16] Fuimos creados para crear, y para hacerlo en el contexto de la comunidad y para el beneficio de la comunidad.

¿Por qué es importante la belleza?

Génesis describe nuestro origen como una unión de bondad, verdad y belleza diseñada para asistir en la tarea de edificar la comunidad. Sin embargo, nos cuesta dar bondad, verdad y belleza en igual medida. C. S. Lewis describió esta lucha de la siguiente manera:

Los dos hemisferios de mi mente presentaban un claro contraste. Por un lado, un mar poblado de islas de poesía y mitos [belleza]; por el otro, un «racionalismo» voluble y superficial [bondad y verdad]. Creía que casi todo lo que amaba era imaginario; y casi todo lo que creía real lo veía horrible y sin sentido.[17]

¿Sientes esa misma lucha? La verdad y la bondad pueden relegarse a lo empírico y mesurable (y a lo «horrible y sin sentido»), mientras que el «mar poblado de islas» de la belleza parece vivir en otro ámbito completamente distinto. Es como si la bondad y la verdad estuvieran hechas para ser tomadas en serio, pero la belleza fuera un mero juguete, un pasatiempo o incluso un obstáculo para el trabajo importante. A la belleza no le importa demasiado si los trenes funcionan a tiempo.

En mi experiencia, muchos cristianos en Occidente tienden a buscar la verdad y la bondad con la mayor de las intencionalidades, mientras que la belleza sigue siendo un tercero distante. Sin embargo, cuando descuidamos la belleza, descuidamos una de las principales cualidades de Dios. ¿Por qué lo hacemos?

Una razón es que podemos buscar formas de bondad y verdad mayormente aisladas si queremos. Podemos reducir estos dos conceptos a definiciones manejables, aunque deficientes. La bondad y la verdad pueden vivir mayormente en el ámbito de la conducta personal y el consentimiento intelectual. Podemos establecer ciertos códigos según los cuales vivir y concentrar nuestra mente e intereses en cuestiones más cerebrales, y de esa manera ocuparnos de la bondad que hemos reducido a la conducta y la verdad que hemos relegado a la posesión del conocimiento. Por supuesto, debemos transformarnos en legalistas en el proceso y minimizar la bondad y la verdad bastante para lograrlo, pero podemos buscar alguna semblanza de ambas de manera aislada. La gente lo hace constantemente.

Aquí es donde la belleza es tan esencial. La búsqueda de la belleza requiere la aplicación de la bondad y la verdad para el beneficio de otros. La belleza es lo que interpretamos de la bondad y la verdad. La belleza lleva la búsqueda de la bondad más allá de una mera conducta personal ética a la práctica de hacer el bien de manera intencional y por otros. La belleza lleva la búsqueda de la verdad más allá de la acumulación de conocimiento a la proclamación y la aplicación de la verdad en nombre de ocuparse de otros. La belleza nos atrae más profundamente a la comunidad. Anhelamos compartir la experiencia de la belleza con otros, mirar a alguien que está cerca y decir: «¿Escuchas eso? ¿Puedes ver eso? ¡Qué hermoso!».

La belleza es un poder blandido por la mano de Dios. Considera a Abraham. Cuando Dios le prometió a Abraham que se transformaría en el padre de una gran nación —una gran comunidad—, ¿qué hizo el Señor? Sacó a Abraham y lo puso bajo el cielo del desierto, y le dijo que contara las estrellas. Sus descendientes serían igual de innumerables. Dios quería que Abraham conectara la promesa del pacto de descendientes con un sentido de gloria.[18]

¿Alguna vez has visto un cielo nocturno en el desierto? Es una belleza. Los cielos se despliegan de horizonte a horizonte. La gloria, el misterio y los ecos de lo divino se desenvuelven delante de nuestra vista. Podemos mirar, pero *solo* mirar; no tocar. Desde el comienzo de los tiempos, semejante vista ha puesto en el alma de los hombres y las mujeres en todo el mundo un anhelo de más. Esa belleza, y el anhelo que la acompaña, es una fuerza formadora poderosa y necesaria para cualquiera que desee conocer a Dios. Tenemos una responsabilidad teológica de interactuar de manera deliberada y habitual con la belleza por tres razones. Primero, Dios es inherentemente hermoso. El libro de Éxodo nos dice que el deseo de Moisés de ver a Dios era un hambre de contemplar belleza.[19] El rey David expresó el mismo anhelo en el Salmo 27:

> Una cosa he pedido al Señor,
> y esa buscaré:
> Que habite yo en la casa del Señor
> todos los días de mi vida,
> Para contemplar la hermosura del Señor
> Y para meditar en Su templo.[20]

Moisés y David no solo querían ver belleza. Querían ver a Dios. Sabían que no había mayor belleza para ver.

Segundo, la creación de Dios es inherentemente hermosa. Hay belleza a nuestro alrededor por todas partes, y señala la gloria de Dios.[21] Cuando Dios descansó de crear, dijo que el mundo que había hecho era «bueno en gran manera».[22] Esta bondad no depende de los estándares de este mundo, sino de los de Dios. Y, por la bondad de Dios, la caída no borró la belleza de la creación. Está allí para que la contemplemos, si tan solo miramos. Y, cuando la veamos, nos enseñará sobre el Autor de la belleza.

Tercero, el pueblo de Dios se adornará de belleza por toda la eternidad. Aquellos que están en Cristo un día estarán preparados «como una novia ataviada para su esposo».[23] El Salmo 149 describe esta belleza como la gloria de estar «[adornado] de salvación».[24] Estos versículos están hechos para sacarnos una respuesta de alabanza. Deberíamos interactuar con la belleza de forma deliberada y habitual porque estas son las ropas con las que caminaremos toda la eternidad.

¿Qué hace la belleza?

Hemos hablado de algunas razones fundacionales y teológicas de por qué deberíamos interactuar con la belleza de manera deliberada y habitual. Pero, ¿qué hace realmente la belleza? ¿Qué hace por nuestras comunidades? Aunque perdemos de vista lo importante si nuestro objetivo es destilar belleza para transformarla en una lista de funcionalidades, hay verdaderos beneficios para obtener al interactuar en forma deliberada y habitual con la belleza.

Primero, la belleza atrae. Recuerdo la primera vez que vi a mi esposa. Me asombró su belleza. Tuve que mirar dos veces para asegurarme de que mis ojos no me engañaran. Su belleza me atrajo a cortejarla. Esa atracción me llevó a descubrir a la mujer detrás de la belleza, lo cual llevó a más de veintiocho años juntos, veintiséis de ellos como esposos. Formamos una vida juntos. Trajimos cuatro hijos al mundo y adoptamos uno más. También enviaremos estos hijos al mundo, Dios mediante, para que contribuyan con bondad, verdad y belleza a los lugares y las comunidades a los que se unan. Todo esto empezó porque me atrajo la belleza de mi esposa.

No solo somos atraídos por la belleza, sino que somos las únicas criaturas que participan de ciertas conductas puramente para encontrar belleza. Usamos días de vacaciones para conducir a lugares donde podamos ver el sol esconderse tras el océano. Visitamos museos de arte, teatros y sinfonías. Miramos la luna y las estrellas. Subimos a lagos en lo alto de la montaña para meter los pies en el agua helada, sentir la corriente y ver el reflejo de la cima en las ondas que hemos hecho. Ninguna otra criatura se detiene a contemplar algo hermoso por ninguna otra razón más que el hecho de que ha conmovido algo en su alma. Cuando hacemos estas cosas, ¿no somos como Moisés y David, con un hambre de ver la gloria de Dios?

Es más, podemos usar la belleza para atraer a otros a lo que es bueno y verdadero. Para el cristiano, esta es una parte importante de lo que significa llevar a cabo la Gran Comisión de Cristo, dar testimonio de la historia y el significado de la muerte y la resurrección de Jesús.[25] La verdad sin belleza no es suficiente. Lo mismo sucede con las buenas obras. Necesitan belleza que las acompañe. Sin la belleza, la verdad y la bondad quedan chatas, y no fueron creadas para eso. Fueron creadas para ser adornadas. Fueron creadas para ser atractivas.

Segundo, la belleza nos muestra en dónde estamos mal. En su libro *On Beauty and Being Just* [Sobre la belleza y ser justos], Elaine Scarry explora el concepto de que la belleza a menudo se nos aparece en forma inesperada, y cuando lo hace, ese momento puede transformar algo que tal vez habríamos considerado común y corriente o prosaico toda nuestra vida. Escribe: «Algo que no considerabas hermoso de repente aparece en tus brazos adornado de plena belleza».[26] La película de Pixar *Ratatouille* nos proporciona una excelente imagen de esto, cuando el crítico culinario imposible de conformar, Anton Ego, prueba a regañadientes un bocado de la comida de Remy, el protagonista, y queda asombrado por la clase de belleza simple que lo transporta a su infancia, cuando era feliz. La belleza de este plato revela que la vida austera y seria que eligió como adulto fue un error escogido por la autopreservación a expensas del gozo.

La belleza deja al descubierto el error cuando nos formamos impresiones de personas, lugares y cosas basadas en prejuicios. Sin una experiencia de primera mano, tal vez decidamos que no nos gusta cierto grupo de personas o algún país extranjero y creamos impresiones de esas personas o lugares en nuestra mente para apoyar nuestro desdén. Pero después tal vez nos encontremos compartiendo una comida con alguien a quien hemos visto principalmente a través de prejuicios o viajando a un país que evaluamos y descartamos sin haberlo visitado, y algo en la experiencia —algún encuentro con la belleza— nos hace cambiar de opinión y revela que las impresiones que teníamos estaban erradas.

¿Cómo puede la belleza tener este efecto? Trae especificidad al prejuicio. Scarry declaró: «La belleza siempre ocurre en
lo particular, y si no hay nada particular las posibilidades de
verla disminuyen».[27] La belleza corrige las impresiones generales
erradas al contrastarlas con verdades específicas. Cuanto más
interactuamos con la belleza, más entrenamos el corazón para
anticipar el encuentro con la belleza, hasta que, con el tiempo, la
estamos buscando dondequiera que vayamos.

Tercero, la belleza inspira creatividad. Interactuar con la
belleza aguza nuestra vista para encontrar lo que es agradable, y
expande nuestra imaginación de lo que podría ser. Los artistas
se inspiran en otros artistas, porque la belleza no solo nos llena
de asombro; también nos impulsa a ir y crear cosas hermosas
por nuestra cuenta. Scarry escribió: «La belleza crea copias de
sí misma. Nos hace dibujarla, tomarle fotografías o describírsela
a otras personas».[28] Los compositores de canciones no se van
derrotados a sus casas después de ver a Paul Simon en concierto;
vuelven a casa hambrientos de escribir canciones. Los poetas no
abandonan su arte cuando escuchan a Billy Collins leer sus obras;
empiezan a garabatear ideas en el dorso del programa incluso
antes de irse del lugar del evento.

Pero aquí no estamos hablando de mera inspiración, el
relámpago. La belleza inspira creatividad al enseñarnos algunos
principios fundamentales. Cuando interactuamos con el arte,
aprendemos sobre los principios de la composición, el diseño, el
color y la perspectiva. Afilamos nuestro instinto creativo. Mejo-
ramos. Cuando creamos, reflejamos la imagen del Creador. Hay
un ciclo de creación aquí: la belleza inspira creatividad, y la creatividad es un camino hacia más belleza.

Cuarto, la belleza genera creencia en Dios. La fe es un regalo
de Dios, pero Dios es un Dios de recursos. Él usa lo que es hermoso para despertar corazones quietos. Blaise Pascal escribió:
«Todo hombre casi siempre es llevado a creer no mediante

pruebas, sino mediante algo atractivo».[29] Esto es lo que sucede cuando la gente se para en el lado norte del Gran Cañón y es movida a adorar, aun si no sabe por qué. Dios usa la belleza para atraer y entibiar los corazones. La creación testifica de un Hacedor que se deleita en la belleza por el simple hecho de la belleza.[30] Considera la vida de Jesús. El Evangelio de Mateo cuenta la historia de una mujer que se acercó a Jesús apenas unos días antes de Su crucifixión para ungirlo con un perfume muy caro. Los discípulos reaccionaron como suelen hacerlo las personas, preocupados por el valor del perfume. Mientras el aroma llenaba la sala, parecía un desperdicio. Ellos se estremecieron. Pensaron en cuánto valía aquel perfume y en cómo podrían haber aprovechado su valor si hubiera sido de ellos. Expresar en voz alta ese análisis tal vez habría parecido vulgar, pero había que decir algo sobre la extravagancia de esta mujer, así que disimularon su indignación con el noble amparo de la preocupación por los necesitados: «¿Para qué este desperdicio? Porque este perfume podría haberse vendido a gran precio, y el dinero habérselo dado a los pobres».[31]

Esta es la perspectiva de un mundo concentrado en la función y la economía. El perfume se percibe como un bien tangible. Pero, ¿para qué sirve? Sirve para llenar un lugar con su aroma hermoso y sorprendente. En ese sentido, está hecho para ser «desperdiciado».

Para Jesús, no era ningún desperdicio. Mientras la fragancia electrificaba los sentidos de todos los presentes y empapaba la ropa y el cabello de Jesús, Él dijo: «Buena es la obra que me ha hecho».[32] La mujer estaba sacando el mayor valor de su precioso perfume. Para Jesús, este «desperdicio» era hermoso.

Hay tantas cosas en nuestro mundo que son hermosas y que no tenían por qué serlo. Dios eligió hacerlas de esa manera para capturar a Su pueblo por sus sentidos y despertarnos de la economía adormecedora del pragmatismo. Este despertar es una función vital de la belleza. Este es el regalo de la belleza del artista a su comunidad: despertar nuestros sentidos al mundo que Dios hizo y despertar nuestros sentidos a Dios mismo.

Nueve artistas

Los capítulos que siguen te llevarán por las historias de nueve artistas diferentes, que abarcan casi 400 años de historia del arte en Occidente. La historia es un caballo de Troya para la verdad. Puede meter la verdad más allá de las puertas de nuestras defensas y preparar nuestro corazón para escuchar cosas que quizás habríamos resistido si hubieran venido como meras declaraciones. Jesús se apoyó en las historias como método principal de enseñanza justamente por esta razón: para persuadir a los judíos a que sintieran empatía por los samaritanos, a los ricos a que cuidaran de los pobres, y a los religiosos a que tuvieran compasión de los marginados sociales.

Los siguientes capítulos contienen historia del arte, estudio bíblico, filosofía y análisis de la experiencia humana. Pero todos son una historia. He acomodado los capítulos en orden cronológico para proveer una pequeña muestra del arco de la historia del arte en Occidente desde el Renacimiento italiano hasta hoy. Hay mucho más que me habría gustado incluir, si los parámetros de este libro lo hubieran permitido. Algunos artistas que he incluido son conocidos; otros, no tanto. Algunos llevaron vidas de una rica fe en Dios; otros parecen haberse negado contra cualquier derecho que Dios pudiera tener sobre sus vidas. Sin embargo, todos ellos ilustran la lucha de vivir en este mundo y señalan la belleza de la redención a nuestro alcance en Cristo.

Miguel Ángel destaca nuestro hambre de gloria. Caravaggio presenta el enigma de que una persona completamente corrupta cree muestras trascendentalmente hermosas de la verdad del evangelio. Rembrandt nos lleva en un viaje que incluye el mayor atraco de arte en la historia de Estados Unidos, preguntándonos si sentimos lo roto que está el mundo y qué podemos hacer al respecto. Vermeer nos recuerda que nadie crea en un vacío, sino que nos apoyamos en las innovaciones tecnológicas de los demás. Bazille lo lleva un paso más allá, añadiendo que no solo nos apoyamos en las innovaciones de los demás, sino en los otros en sí para hallar comunidad y mostrar cómo la generosidad puede producir un beneficio exponencial para muchos. Van Gogh nos rompe el corazón como un ejemplo de alguien que se esfuerza por alcanzar la gloria mientras se vacía persiguiendo una belleza que lo esquiva. Henry O. Tanner desentrama cuestiones de raza, el rol de un artista a fines del siglo XIX que quería fomentar la dignidad de los marginados, y las elecciones complicadas que acompañaron su travesía. Edward Hopper profundiza en la soledad y el aislamiento humanos, recordándonos que el talento y la fama no pueden darle al corazón aquello que más anhela. Y Lilias Trotter nos muestra lo que significa dejar de lado una pasión por algo bueno para perseguir un llamado mayor, y revela las alegrías y las penas que suelen acompañar a la obediencia sacrificada.

Cada historia es diferente. Algunas terminan en un triunfo resonante, mientras que otras terminan con el golpe seco de la desesperación. Pero todas presentan preguntas importantes sobre el hambre de la humanidad y su capacidad para la gloria, y nos enseñan a ver y amar la belleza. Espero que esta sea tu experiencia al leer este libro.

En *Confesiones*, Agustín escribió: «¡He aprendido a amarte tarde, Belleza, a la vez tan antigua y tan nueva! ¡He aprendido a amarte tarde! Estabas dentro de mí, y yo estaba en el mundo fuera de mí mismo».[33] Nunca es tarde para entrenar nuestros ojos para ver la belleza. Mira a tu alrededor en el espacio donde estás ahora y, sin duda, encontrarás algo de belleza. Si todavía no has aprendido a amar la belleza, aprende a amarla tarde. Cultiva el hábito de buscar la belleza porque, como escribió Annie Dillard:

«La belleza y la gracia suceden, ya sea que las percibamos o no. Lo mínimo que podemos hacer es intentar estar ahí».[34]

La belleza es una reliquia del Edén, un remanente de lo que es bueno. Viene de una realidad más profunda. Se va filtrando en nuestra vida como el agua a través de una grieta en una represa, y lo que hay del otro lado de esa represa nos llena de maravilla y temor. Al otro lado, hay gloria. Y fuimos hechos para la gloria.

CAPÍTULO

EN BUSCA
DE LA PERFECCIÓN

El *David* de Miguel Ángel
y nuestra hambre de gloria

Foto del *David* de Miguel Ángel, cortesía de Guy Percival,
PublicDomainPictures.net.
https://www.publicdomainpictures.net/en/view-image.php
?image=476238&picture=michelangelos-david

Sin duda, esta figura ha dejado en las sombras a cualquier otra estatua, antigua o moderna, griega o romana... Por cierto, cualquiera que haya visto el *David* de Miguel Ángel no necesita ver ninguna otra cosa de ningún otro escultor, vivo o fallecido.

Giorgio Vasari, 1568

La piedra cruda yació sobre un costado en el patio trasero de la Catedral de Florencia durante décadas. Los custodios de la iglesia y los lugareños apodaron al monolito «El gigante». Lo talaron de las canteras de Fantiscritti en los Alpes Apuanos, apenas arriba de Carrara. Los Alpes Apuanos son sede de unas 650 canteras, de las cuales alrededor de la mitad sigue produciendo. Las canteras de Carrara producen más mármol que cualquier otro lugar sobre la tierra, y este mármol se ha incorporado a edificios y monumentos en todo el mundo, incluido el Panteón en Roma, el Arco de Mármol en Londres, la Ópera de Oslo en Noruega, y el mar de cruces y estrellas de David en el Cementerio Estadounidense de Normandía. La antigua Roma fue la primera en popularizar el mármol de Carrara, elaborando columnas, esculturas y calles en los tonos marfil y hueso de esta piedra particular. También era el medio elegido de los escultores del Renacimiento italiano, que buscaban evocar la obra de los antiguos.

El mármol es una roca metamórfica que se forma cuando la piedra caliza y otros minerales como el cuarzo, el óxido de hierro y el grafito son expuestos a una presión extrema y altas temperaturas por largos períodos de tiempo. La calcita en la piedra se cristaliza, formando una roca más densa hecha de agrupaciones de estos cristales duros. Las variantes de color en el mármol se deben a los distintos minerales presentes junto con la piedra caliza antes de la recristalización. El mármol es muy valorado por su pureza. La integridad estructural del material de construcción se mide en términos de resistencia a la tracción, esfuerzo de compresión y esfuerzo cortante. La resistencia a la tracción de un objeto está determinada por la cantidad de fuerza que hace falta para separarlo. Imagina un juego donde dos equipos tiran de una soga, uno de cada lado; la ropa necesita mucha resistencia a la tracción para no partirse al medio. El esfuerzo de compresión es lo opuesto. Los materiales con esfuerzo de compresión pueden soportar una fuerza interior; esta se mide según cuánta presión se requiere para aplastarlos. Las cajas para mudanzas necesitan un gran esfuerzo de compresión para cuando se las apila en el camión de mudanza; de lo contrario, las cajas (y todo lo que hay adentro) quedarán compactados. El esfuerzo cortante es un poco más complejo. Es la habilidad de un objeto para resistir las fuerzas cortantes: dos fuerzas no lineales que empujan en direcciones opuestas. Piensa en un papel que se corta a la mitad; una mano tira de la mitad de la página para arriba, la otra tira de la otra mitad para abajo, y el papel se rompe porque tiene un esfuerzo cortante menor que, digamos, un pedazo de madera. Es lo que sucede con una tijera afilada y cortante, las dos hojas aplican fuerza en direcciones opuestas a partes adyacentes de un objeto, dividiéndolo en dos.

FORMAS DE RESISTENCIA DE MATERIALES

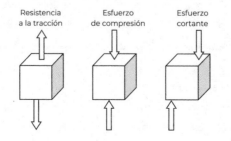

Resistencia a la tracción | Esfuerzo de compresión | Esfuerzo cortante

El mármol tiene un gran esfuerzo de compresión, pero poca resistencia a la tracción y un esfuerzo cortante bajo. La estructura cristalina del mármol hace que sea lo suficientemente fuerte como para soportar la fuerza de una montaña que lo comprime, pero lo suficientemente frágil como para quebrarse cuando se lo golpea con martillo y cincel.

Ese bloque de mármol particular que yacía sobre un costado en el patio trasero de la Catedral de Florencia era inmenso, y pesaba doce toneladas. Cómo llegó allí fue una maravilla de por sí.

La piedra

En 1463, un escultor italiano llamado Agostino di Duccio recibió un encargo de la Catedral de Florencia, también conocida como el Duomo, para tallar una serie de doce figuras del Antiguo Testamento para adornar los contrafuertes del exterior del Duomo. Donatello, el maestro del Renacimiento italiano, había empezado una serie cincuenta y dos años antes, en 1410, con una escultura de terracota de Josué. David sería el próximo, y Agostino había obtenido el contrato.

Aunque no tenía experiencia a la hora de seleccionar piedra en bruto, Agostino viajó a las canteras de Fantiscritti y contrató a los picapedreros para que le labraran una piedra de 5,5 metros (18 pies) de largo, que pesaba más de 10 000 kilos (24 000 libras). El bloque inmenso se desviaba del contrato del artista, el cual le permitía usar cuatro piedras separadas que más adelante se encastraran.[1] En cambio, Agostino decidió abordar el proyecto con una sola piedra inmensa. Con el bloque cortado, talló parte de la piedra que sabía que se quitaría durante el proceso de esculpido para aliviar el monolito, hizo un agujero en medio de donde estarían las piernas, y le encargó a un pequeño ejército de hombres que mudara la piedra por tierra y mar hasta Florencia.

El Gigante fue transportado desde la región de Carrara, primero por la costa occidental del Mar de Liguria hasta Pisa, y luego río arriba por el Río Arno hasta Florencia. El viaje desde la montaña a la ciudad llevó cerca de dos años.[2] En 1466, cuando los caballos y los hombres por fin entraron el bloque en el patio de la catedral, la gente se amontonó para ver. Nadie había visto un bloque de mármol tan grande en una sola pieza. Era una fascinación inimaginable pensar en cómo esta piedra había bajado desde las montañas para llegar a descansar en medio de ellos: un excelente ejemplo del ingenio y la tenacidad humanos. Habían pasado mil años desde que alguien había labrado un bloque de este tamaño. El pueblo se maravilló ante el logro de Agostino.

EL VIAJE DEL GIGANTE DESDE LA CANTERA DE FANTISCRITTI HASTA FLORENCIA

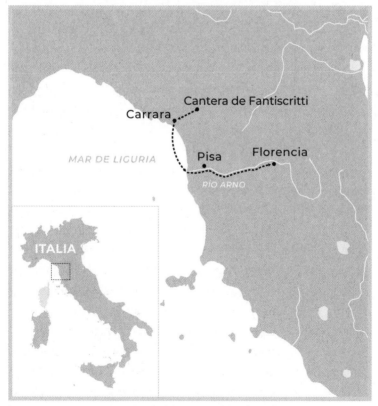

Diseñado por Brad Davis

Se maravillaron hasta que los artesanos que sabían algo sobre mármol empezaron a mirar más de cerca el bloque de Agostino.

Sam Anderson, en un artículo de la revista *New York Times* sobre la piedra, escribió:

Los líderes de la ciudad fueron a inspeccionar el bloque, y desfallecieron. No solo había sido mal escogido; también había sido mal tallado. Agostino, como era tradicional, había «bosquejado» el bloque en la cantera: un corte rápido para dejar solo lo que se necesitaría para la estatua futura. Sin embargo, al hacerlo, complicó su error anterior. El bloque ya era extrañamente angosto para empezar, y Agostino lo había dejado más angosto aún. Creó un hueco extraño en el medio. Era difícil ver cómo esta piedra podría adquirir una forma humana alguna vez. Algunos creían que estaba arruinada, y que la inversión de la ciudad se había perdido. A Agostino lo despidieron. El bloque quedó abandonado. Quedó ahí tirado, a merced de la lluvia, del granizo y de las heces de las aves.[3]

La piedra se transformó en una instalación fija para los residentes de Florencia: un símbolo tanto de logro increíble como de potencial sin cumplir. Permaneció inactiva durante diez años hasta 1476, cuando se contrató a otro escultor, Antonio Rossellino, para retomar la obra. Este trabajó en la piedra por un breve período pero no llegó demasiado lejos hasta que a él también lo despidieron del proyecto. El Gigante permaneció inalterado durante los próximos veintiséis años, expuesto a los elementos, endureciéndose al sol y volviéndose cada vez más frágil.

Aun así, el tamaño sin paralelos del bloque y la inversión que había hecho la ciudad para procurarlo hicieron que, en la mente de los habitantes de Florencia, siguiera siendo una especie de activo. En 1500, los representantes de la catedral decidieron que levantarían al coloso caído y buscarían una vez más un artesano adecuado para abordar el proyecto de tallar a David desde el Gigante. En 1501, un escultor de veintiséis años que había empezado a hacerse un nombre unos años antes cuando, a los veinticuatro años, le presentó su *Pietà* a Roma, convenció a los oficiales de la ciudad de que lo contrataran para terminar la escultura que Agostino había empezado once años antes de que él naciera. El 16 de agosto de 1501, Michelangelo di Lodovico Buonarroti Simoni, o Miguel Ángel, consiguió el contrato.

El escultor

Miguel Ángel nació el 6 de marzo de 1475, en el pueblito de Caprese, apenas al este de Florencia. Su padre trabajaba en actividades bancarias y en el gobierno. Mientras Miguel Ángel todavía era pequeño, su madre enfermó y su padre lo envió a vivir con una niñera cuyo esposo era picapedrero en la cantera de la familia en Arezzo. El niño creció rodeado de mármol.

Miguel Ángel atesoraba su infancia, y dijo: «Si hay algo bueno en mí, es porque nací en la atmósfera sutil de [...] Arezzo. Junto con la leche de mi nodriza recibí el talento de manejar el cincel y el martillo».[4]

Como muchos artistas a los cuales la historia los recuerda como una élite, a Miguel Ángel no le interesaba demasiado estudiar. Más que nada, quería crear. Copiaba pinturas que veía en las iglesias (las cuales podía reproducir de memoria después de verlas una sola vez) y buscaba la compañía de otros artistas. Al notar la pasión de su hijo por la creación, el padre de Miguel Ángel accedió a que, a los trece años, fuera aprendiz del pintor florentino Ghirlandaio. Allí, Miguel Ángel aprendió la técnica de pintura al fresco que más tarde usaría en el techo y las paredes de la Capilla Sixtina.

En 1489, a los catorce años, Miguel Ángel empezó a estudiar escultura clásica en los jardines del gobernador de Florencia, Lorenzo de Médici. Su talento y su posición lo pusieron en contacto con la élite de Florencia, lo cual le dio acceso a oportunidades y mentorías de algunos de los mejores escultores de su época. Con alegría, aprovechó esos regalos.

Miguel Ángel consideraba la escultura el pináculo del arte. Detestaba pintar; especialmente, la pintura al óleo, a la cual describía como «adecuada para las mujeres [...] o los ociosos».[5] Para Miguel Ángel, la pintura no tenía demasiada virtud. Pintar paisajes no era nada más que «bocetos vagos y engañosos, un juego para niños y hombres de poca educación»,[6] y los retratos eran algo más que «adulación de la curiosidad ociosa y de las ilusiones imperfectas de los sentidos».[7] En una carta a un amigo, Miguel Ángel escribió: «Cuanto más la pintura se parece a la escultura, más me gusta [...]. La escultura es la antorcha que ilumina la pintura, y la diferencia entre ellas es la misma que entre el sol y la luna».[8]

¿Acaso el hombre responsable del techo de la Capilla Sixtina, con sus miles de metros cuadrados de espacio y más de trescientas figuras individuales, realmente aborrecía tanto la pintura? Aparentemente. Respecto a ese proyecto en particular, escribió: «Esta no es mi profesión. Estoy perdiendo el tiempo, y para nada. ¡Que Dios me ayude!».[9]

Sabemos sobre su desdén por la pintura porque estuvo dispuesto a expresarla, e incluso a insultar a otros pintores en el proceso, tal como lo hizo con un comentario sarcástico apenas disimulado a su contemporáneo mayor, Leonardo da Vinci, quien sostenía que la pintura era el arte más noble. Miguel Ángel dijo: «Si el que escribió que la pintura es más noble que la escultura muestra ese mismo entendimiento en otras cuestiones como en ese comentario, a mi sirvienta le iría mejor».[10]

Miguel Ángel parecía deleitarse en provocar a otros. Cuando tenía diecisiete años, hizo un comentario despectivo sobre la obra de un compañero. Ese alumno respondió golpeando a Miguel Ángel en la nariz, y desfigurándolo de por vida.[11] Sería ingenuo imaginar que Miguel Ángel no se defendió. Tenía opiniones fuertes y un temperamento irascible, una combinación que no solo lo metió en muchas peleas, sino que también afinó su enfoque artístico. El biógrafo Gilles Néret escribió: «Miguel Ángel nunca escondió la realidad de que toda su vida, desde temprana edad, lo consumió la pasión».[12] Específicamente, la suya era una pasión por la belleza. Esta lo atrapaba. Y, como sucede con muchas grandes pasiones, su hambre de belleza se transformaría para él en fuente de tormento: un apetito que nunca pudo satisfacer por completo, aunque sus intentos de hacerlo tendrían un efecto degenerativo sobre su alma.

Miguel Ángel escribió: «Si en mi juventud me hubiera dado cuenta de que el esplendor sustentador de la belleza del cual estaba enamorado un día volvería a inundar mi corazón, allí para encender una llama que me torturaría sin fin, ¡con cuánto gusto habría apagado la luz de mis propios ojos!».[13] Esta declaración puede parecer algo dramática, pero detrás de esas palabras está la complejidad de su lucha particular. Los historiadores casi no tienen duda de que Miguel Ángel era homosexual.[14] Su sexualidad está presente en sus escritos, su arte y en los relatos de su vida personal. Al mismo tiempo, hay pocas dudas de su sentido personal de obligación hacia Dios. Su estilo de vida le daba la oportunidad de sucumbir ante cualquier apetito que tuviera —lo cual hizo—, y su ortodoxia luchaba para mantener su conciencia unida al amor y la ley del Salvador que él creía que sostenía su alma. Como joven, Miguel Ángel parecía no poder despojarse de su fe ni de sus búsquedas carnales. Este era su tormento, el cual se expresaba en su trabajo.

Como artista, Miguel Ángel poseía una habilidad sin paralelos. Era un prodigio. Su talento natural combinado con una habilidad cultivada le daban la capacidad de crear casi cualquier cosa que quisiera. A lo largo de su vida, produjo un conjunto de obras a la vez divinas y paganas, femeninas y masculinas, hermosas y violentas. En alguna parte entre los polos de lo pagano y lo divino estaban los seres humanos, anhelando gloria mientras al mismo tiempo consumían corrupción con un hambre insaciable. La pieza focal de su expresión creativa fue la forma humana. Lo fascinaba el cuerpo humano; el cuerpo masculino, en particular. En sus representaciones de personas vemos su lucha por representar una belleza a la vez sensual y divina, poderosa y vulnerable, masculina y femenina. La mayoría de sus obras son figuras masculinas, muchas de ellas desnudas, y casi todas especímenes de perfección física. Aun sus mujeres tenían la musculatura de la forma masculina. Néret escribió: «El cuerpo humano tal como salió de las manos del Creador fue el verdadero medio de expresión de Miguel Ángel, en el cielo sobre el altar papal y en todas partes. La belleza humana representada en su obra es un reflejo de belleza divina, y su contemplación lleva al alma inexorablemente hacia Dios».[15]

Las preferencias artísticas de Miguel Ángel eran una cuestión de convicción. Mucho más allá de los paisajes, los retratos y otros temas, estaba la forma humana. Por encima de la pintura, el aguafuerte, el dibujo y cualquier otra técnica, estaba la escultura. Y por encima de la arcilla, el bronce y cualquier otro material al cual se le pudiera añadir en caso de error, estaba el bloque singular, sólido e implacable de mármol. Y allí, en el patio del Duomo, descansando sobre un costado durante cuarenta años, yacía el Gigante. Llamaba a Miguel Ángel con la convergencia de sus tres grandes amores: una escultura del cuerpo humano desde un solo bloque.

Al otro lado del metafórico «valle de la consumación» estaba el maestro artesano, lleno de jactancia y arrojo, atormentado por un anhelo insaciable de contemplar y crear belleza, tironeado entre los polos de lo carnal y lo puro, lo pagano y lo divino, y con la habilidad de sacar de la piedra prácticamente lo que quisiera. Miguel Ángel era una contradicción caminante: espiritualmente complejo, con un talento natural inusual y la tenacidad incansable para practicar, practicar y practicar. Estas fueron las cualidades que prepararon al joven escultor para crear a David desde el Gigante.

El pastor

David es quizás el personaje más famoso del Antiguo Testamento. Todos conocen al menos una parte de su historia. Así que no es inusual que David fuera una de las primeras estatuas que el Duomo encargara para su serie de doce. Tampoco es difícil imaginar que a Miguel Ángel le atrajera el pastor-rey. La historia de David y la complejidad de su carácter, como adúltero y como un hombre conforme al corazón de Dios, al menos de algunas maneras, se alineaban con la lucha de Miguel Ángel entre la sensualidad y la devoción al Señor.

Un detalle curioso incrustado en el relato de David en la Escritura es la mención frecuente de su hermosa apariencia. La primera vez que lo conocemos se nos dan tres detalles: era el hijo menor de Isaí, era un pastor de ovejas y «era rubio, de ojos hermosos y bien parecido».[16] Unos versículos más tarde, después de que a David se lo recluta para el servicio de Saúl, el rey pregunta si hay alguien que pueda calmar su alma atormentada. Entonces, uno de los siervos de Saúl responde: «Yo he visto a un hijo de Isaí, el de Belén, que sabe tocar, es poderoso y valiente, un hombre de guerra, prudente en su hablar, hombre bien parecido y el Señor está con él».[17] Y por último, cuando David se enfrenta a Goliat, «cuando el filisteo miró y vio a David, lo tuvo en poco porque era un muchacho, rubio y bien parecido».[18] Tres veces se menciona la belleza de David. La Escritura llama la atención a la belleza de otros hombres y mujeres en el texto bíblico —Sara, Raquel, José, Saúl y Ester, por nombrar algunos[19]—, pero el reconocimiento de la apariencia hermosa de David no tiene rival, tanto en frecuencia como en detalle.

La belleza física de David no era su única cualidad atractiva. Considera qué más sabemos sobre él. Trabajaba en el campo, donde peleaba contra leones y osos, y los mataba cuando intentaban robar algún cordero de su rebaño. Tenía misericordia de sus enemigos (a veces). Escribía salmos. Fue ejemplo de confesión y arrepentimiento. Supervisaba proyectos de construcción. Su reinado fue, en la mente y el corazón de las generaciones siguientes, la era de Camelot de Israel. La gente suponía que reconocería al Mesías porque sería más como David de lo que el mismo David era. Las mujeres lo deseaban, los hombres querían ser como él: poeta, teólogo, músico, letrista, guerrero, amante, arquitecto y estratega. Y, junto con toda esta habilidad innata y belleza física, la Escritura dice que David también era un hombre conforme al corazón de Dios.[20] Es difícil no envidiar a este hombre.

Incluso cuando era joven y nadie lo conocía, todas las piezas para la grandeza estaban ahí. Considera la historia bíblica de su batalla contra Goliat.[21] Antes de que David se hubiera elevado a cualquier nivel de fama, sus hermanos partieron a la guerra. El rey de Israel, Saúl, y su ejército estaban atrincherados en el Valle de Ela, en la región montañosa de Judá. Al otro lado del valle estaban los filisteos, haciendo ruido con sus lanzas y sus escudos, con la esperanza de poner carnada para que el ejército de Saúl se dirigiera a los campos de matanza.

Cada día, su guerrero más fuerte y grande llamaba a gritos hacia el valle, para ver si alguien, cualquiera, se animaría a pelear contra él en un combate cuerpo a cuerpo. Se llamaba Goliat de

Gat. Medía casi tres metros de altura (nueve pies y nueve pulgadas). Estaba cubierto de cabeza a pies con su armadura de bronce, su cota de malla brillaba como las escamas de una serpiente al sol. Llevaba una jabalina sobre la espalda, una lanza en una mano y una espada en la otra. El gigante era un monolito, armado con hierro e impenetrable como una roca.

Todos los días, Goliat gritaba: «¿Para qué vinieron a la batalla si no van a pelear? Vamos a resolver esto hombre a hombre. Envíen al mejor que tengan; que venga hacia mí. El ganador se lleva todo».[22] A Saúl y sus líderes les descomponía el estómago escuchar el desafío de Goliat y no poder presentar ni a un guerrero que tuviera alguna oportunidad de derrotarlo. Era el guerrero perfecto. No tenían ninguna respuesta para darle.

Un día, David llegó al valle para llevar provisiones a sus hermanos. Su padre lo había enviado con un paquete desde su casa. Cuando llegó, sus hermanos y los demás soldados marchaban al enfrentamiento diario. David los siguió y vio al gigante salir al sol, destellando con su bronce. Goliat volvió a provocarlos. «¿Quién va a venir a pelear contra mí? ¿Alguno? ¿Nadie? ¡Cobardes!».

David observó cómo sus compatriotas se acobardaban por el miedo. Se dio cuenta de que no tenían ninguna intención de pelear, y esto lo ofendió. No eran cualquier ejército. Eran los herederos del éxodo, las tribus que vencieron a Canaán, a Edom y a Moab. Egipto había sido tragado en el mar detrás de ellos, y Jericó había caído ante ellos. No eran cualquier clan. Eran el pueblo escogido por Dios. ¿Cómo podían amedrentarse ante las provocaciones de un solo hombre?

David les dijo a los soldados que estaban cerca: «¿Quién se cree que es este tipo, para pararse aquí y desafiar a los ejércitos del Dios viviente?».[23] El hermano mayor de David, Eliab, escuchó lo que dijo David y lo reprendió: «¿Qué haces aquí? ¿Y quién está cuidando del rebaño en casa? Viniste a escondidas porque querías mirar la batalla, ¿no?». Otros se unieron a la reprensión, pero en vez de retroceder David se dirigió directamente al rey. Le dijo a Saúl: «Oiga, no hace falta que sigan haciendo esto. Yo voy a ir a pelear contra el gigante».

Saúl no podía creerlo. «No puedes pelear contra él. Eres un muchacho, y él es el guerrero más aterrador que he visto jamás». David respondió: «Yo sé cómo manejar esto. Mientras cuidaba el rebaño de mi padre, vino un león para robarse un cordero. Lo perseguí, le pegué y salvé al cordero de su boca. Cuando se volvió a atacarme, lo agarré por la barba, volví a golpearlo y lo maté con mi cuchillo. Este gigante al otro lado del valle va a terminar igual que ese león. Desafió a los ejércitos del Dios vivo, y el Señor lo entregará en mis manos».[24]

Saúl se dio cuenta de que el muchacho hablaba bien en serio y, como no tenía un mejor plan, le dijo: «Bueno, ve entonces. Y que el Señor te acompañe». Saúl sacó su mejor armadura y armas, y empezó a vestir a David con una cota de malla. Después, le entregó su espada. David se paró bajo el peso de la armadura, tomó la espada y dijo: «No me siento cómodo con esta armadura. No voy a pelear así». Entonces, se sacó todo, tomó su vara y su honda, puso cinco piedras lisas del arroyo de Ela en su bolsa y salió a enfrentar al gigante.

Goliat se quedó mirando al muchacho un momento, se rio y dijo: «¿En serio? ¿Creen que pueden espantarme con un palo y unas rocas, como si fuera un perro? Acércate si te atreves. Pero debes saber que, si lo haces, les daré de comer tu carne a las aves y los chacales».[25]

David respondió: «Tú vienes a mí con tu jabalina, lanza y espada, pero yo vengo en nombre del Señor al que has desafiado. Y antes de que termine este día, el mismo Dios te entregará en mis manos, te mataré y te cortaré la cabeza. Tú y todo tu ejército perecerán y cada uno se enfrentará al destino de las aves y los chacales. Entonces toda la tierra sabrá que hay un Dios sobre Israel que no necesita la espada ni la lanza de un gigante. Esta batalla le pertenece».[26] David observó cómo Goliat se ponía de pie y empezaba a acercarse al joven pastorcito. Entonces... congelen el cuadro.

La escultura

Ese fue el momento que captó Miguel Ángel: David mirando fijamente a su enemigo que se acercaba. La historia está toda ahí: en su postura, en sus manos, en su honda, en su vulnerabilidad, en sus ojos. La honda y la piedra nos muestran que David está mirando a Goliat, el cual está a punto de morir. La mirada de David nos dice que no tiene ninguna duda.

Tradicionalmente, las representaciones artísticas de David lo representan después de su victoria, parado triunfante sobre el Goliat derrotado. Otros artistas italianos anteriores a Miguel Ángel —como Verrocchio, Bellano y Donatello— mostraron a David parado sobre la cabeza cortada de Goliat. La obra estaba terminada. La victoria estaba ganada. Lección aprendida.

Miguel Ángel, no. Por primera vez, decidió mostrarnos a David antes de la pelea. Gilles Néret escribió que Miguel Ángel «abandonó la imagen tradicional de David como conquistador, inventando en su lugar un símbolo que unía *fortezza* (fuerza) con *ira* (enojo)».[27]

El mármol luce suave y terso, como la carne. El pastor es al mismo tiempo vulnerable en su desnudez como imponente en su tamaño, con casi cuatro metros de altura (más de trece pies). David está tenso, enojado y listo para moverse. Miguel Ángel lo capta en la cumbre de su concentración. El guerrero está alerta pero tranquilo, preparado pero paciente, atrevido pero confiado. Se para de una manera que comunica movimiento, como si acabara de alternar su peso o hubiera dado un paso: la pose clásica conocida como *contrapposto*, donde la figura se para con una pierna sosteniendo todo el peso y la otra adelante, haciendo que la cadera y los hombros descansen en ángulos opuestos, dando una leve curvatura en forma de S al torso de la figura. La postura comunica una idea de vida. Los artistas suelen usar esta técnica de exageración para comunicar alcance. Amplifican lo que se ve para dar a entender lo que no se ve. El pintor francés del oeste estadounidense, Mark Maggiori, usa esta técnica al pintar cielos con formaciones dramáticas y exageradas de nubes. Estas le proporcionan, dentro del marco de su lienzo, un sentido de la expansión celestial épica que los espectadores podrían ver más allá de él si estuvieran parados allí en persona. Quiere que obtengamos una idea del asombro que deben haber sentido las personas en sus pinturas cuando trataban de absorber todo.

En una manera similar de exageración, David se para desnudo e indefenso... un detalle que no está en la Escritura pero que se incluye para resaltar la comprensión del espectador de lo vulnerable que estaba frente a su enemigo que no se ve. El muchacho está desnudo, pero no es para nada débil. La determinación en su rostro y el arma en sus manos comunican no solo fuerza, sino también confianza en que tendrá la victoria. Esta no era una batalla contra carne y sangre.

Su mano derecha sostiene el agarre de la honda, y la izquierda sostiene la bolsa. La honda está solapada detrás de su espalda, escondida de Goliat, lo cual enfatiza que la victoria de David implicaba astucia y no fuerza bruta. Su enfoque era sofisticado y elegante. En su libro *David y Goliat*, Malcom Gladwell sugiere que en general leemos mal la historia, de la misma manera en que las fuerzas de Israel malinterpretaban la escena.[28] Miramos el gran tamaño de Goliat y la pequeña estatura de David, y suponemos que David no tiene ni la más remota posibilidad. Lo que deberíamos mirar, dice Gladwell, son las armas que hemos escogido para la batalla. Si nos concentramos ahí, vemos que la pelea terminó incluso antes de empezar, y que Goliat nunca tuvo una oportunidad. La espada, la jabalina, los músculos y la lanza de Goliat todos dependen de un combate de cercano a intermedio. La honda de David es un arma de alto alcance. Alguien con habilidad para la honda podía derribar a un oponente armado con espadas, lanzas y jabalinas sin jamás tener que acercarse al alcance de las armas de su enemigo. Es más, David creía que Dios mismo guiaría la piedra.

Por supuesto, David estaba muy seguro. Sabía que Goliat no lo tocaría. Sabía que el Señor lo libraría de la mano de este escarnecedor que los provocaba. David se presentaría a la batalla y lanzaría la piedra, y el Señor la llevaría hasta su destino. Y eso fue exactamente lo que sucedió. La historia es perfecta: un enemigo perfecto, un joven perfecto, un lanzamiento perfecto de una piedra letal, un final perfecto. Miguel Ángel concentró todas estas cosas en una estatua perfecta del héroe perfecto.

Quería trabajar con la piedra en privado, pero debido a su tamaño no se podía mover a un estudio. Así que, después de levantarla, los constructores edificaron un cobertizo sin techo alrededor del bloque gigante, donde Miguel Ángel desaparecía durante días, escondido en su trabajo. Fue un proceso de estudiar la piedra, aprender sus complejidades, su carácter, sus fallas, su veta y sus fortalezas. El escultor hizo un modelo de cera para tener como referencia y, durante dos años, fue esculpiendo el Gigante hasta que David emergió.

Una vez que la estatua estuvo terminada, con la excepción de retoques menores que Miguel Ángel añadiría más adelante, la ciudad diseñó un plan para mover a *David* 800 metros (media milla) desde el estudio hasta la Piazza della Signoria. Los historiadores escribieron sobre ese acontecimiento, describiéndolo como una empresa estresante y difícil.[29] El equipo que lideró el esfuerzo para mover al Gigante tuvo que desmantelar la arcada del patio del Duomo para sacarlo, debido a su tamaño. Toda la ciudad custodió el progreso. Giorgio Vasari describió un «fuerte marco de madera»[30] y un sistema de sogas que suspendían la estatua. El andamio se llevó rodando despacio sobre troncos engrasados. Se necesitaron cuatro días y cuarenta hombres para mover la estatua hasta su destino. A la noche, había vándalos que le lanzaban rocas en un intento de dañar la escultura, así que un guardia debía vigilar. Luca Landucci, un herbolario que vivía cerca, escribió en sus crónicas sobre el evento excepcional del transporte: «Era la medianoche del 14 de mayo y al Gigante lo sacaron del taller. Incluso tuvieron que quitar la arcada, por lo inmenso que era. Cuarenta hombres empujaban el carro de madera inmenso donde yacía David protegido por sogas, y lo deslizaron por la ciudad sobre troncos».[31]

Después de llegar a su destino, se hizo evidente que no había manera de levantar la estatua hasta el contrafuerte del Duomo. Además, la maravilla y la perfección de la pieza se perderían si estaba tan lejos. Entonces, decidieron poner a *David* sobre un pedestal en la plaza pública de Florencia, afuera del Palazzo della Signoria, la sede del gobierno cívico de la ciudad, donde la mirada lista para la batalla del joven pastor se dirigía hacia el Goliat de Roma. Llevó casi un mes colocarlo sobre su base.

Miguel Ángel siguió trabajando en los retoques finales. Ese verano, la honda y el tocón fueron recubiertos de oro, y se le agregó una guirnalda dorada de victoria alrededor del cuello de *David*. Desde entonces, el clima y el tiempo han destruido la corona y desgastado el baño de oro. Al elevarse más de cinco metros (diecisiete pies) sobre su pedestal, el *David* de Miguel Ángel se transformó en un símbolo de libertad para la gente, mostrando la presteza de Florencia para defenderse. David permaneció allí en frente del Palazzo della Signoria hasta 1873, cuando lo trasladaron a la Galería de la Academia de Florencia para protegerlo de las inclemencias del clima y de más daños. Hasta el día de hoy sigue allí, casi perfecto.

Trabajamos con lo que nos fue dado

Nadie es perfecto... no en esta vida. Vivimos en un mundo de límites. Todos nos encontramos con ellos y todos los tenemos. Si eres como yo, desearías que este no fuera el caso y te resulta difícil aceptarlo. Pero los límites son parte de la vida, y parte del diseño de Dios. Incluso nuestro primer padre, Adán, miró a su alrededor cuando estaba solo él y dijo: «Necesito ayuda. Necesito a alguien más».

Eva no resolvió el problema de las limitaciones de Adán. Dios no puso a dormir al hombre y le injertó todo lo que le faltaba. En cambio, Dios sacó algo del hombre e hizo una compañera para estar a su lado; útil pero distinta y singular. El regalo de Eva confirmó que así serían las cosas, cómo *debían* ser a partir de entonces. No dependeríamos solo de nosotros mismos. Se nos daría una ayuda. Y seríamos dados *para* ayudar.

A veces, la ayuda que se nos da requiere que nos adaptemos a un nuevo rumbo; la persona que se nos pone adelante o a nuestro lado tiene una personalidad que cambia el ritmo en el que avanzamos y trabajamos por nuestra propia cuenta. Tal vez es más rápida o más contemplativa que nosotros. Piensa en términos concretos, mientras que nosotros favorecemos lo abstracto. Trae matices y sutilezas a nuestros planes rígidos, estructura a nuestra visión nebulosa o realidades económicas a nuestros sueños. A veces, heredamos la obra de otros, y nos queda la responsabilidad de llevarla a buen puerto. Hay veces que otros heredan nuestra obra y edifican sobre lo que nosotros empezamos.

Una de las bellezas que veo en esta parte del diseño de Dios es que nuestros límites y nuestra necesidad de otros terminan produciendo resultados —resultados hermosos, útiles e inesperados— que ninguno de nosotros sabría cómo crear por su cuenta, o siquiera *pensaría* en crear. La historia detrás del *David* de Miguel Ángel nos ayuda a ver esto.

La estatua de Miguel Ángel empezó con límites. Estaba limitada a lo que la piedra podía rendir. Cuando empezó, Miguel Ángel tuvo que adaptarse a la obra de dos escultores anteriores, cuyas decisiones creativas y errores técnicos determinarían, hasta cierto punto, cómo se pararía *David*. La postura afectaría todo el resultado final; no solo la composición de la pieza, sino también su integridad estructural. Miguel Ángel recibió un bloque de mármol que otros ya habían empezado a modelar.

Trabajamos con lo que nos fue dado. Ninguno de nosotros edifica sobre un fundamento virgen. Muchas personas y sus muchas decisiones —para bien o para mal— han jugado un papel a la hora de determinar adónde están plantados nuestros pies. Y es muy probable que estemos formando algún aspecto de un fundamento sobre el cual, algún día, otra persona se parará.

Señor, ten misericordia.

¿Cuán diferente habría sido el *David* de Miguel Ángel si el artista hubiera empezado con una piedra virgen? ¿Qué decisiones artísticas distintas habría tomado? ¿Acaso esa escultura sería tan amada como la que recibimos? Miguel Ángel fue tallando la piedra que tenía por delante. Tuvo que adaptarse a la visión de otros escultores. Tuvo que adaptarse a las dimensiones que le entregaron los canteros que labraron el mármol de los Alpes Apuanos. También tuvo que adaptarse a la palabra escrita de la Escritura; la historia de David no era suya para inventar. Estas restricciones jugaron un papel a la hora de sacar de aquella piedra al pastor de ovejas sobre el cual había leído y se había imaginado. Algunas de las decisiones ya habían sido tomadas por él. Sin ellas, tendríamos algo, pero no sería el *David* de Miguel Ángel.

No se me ocurre ni una sola cosa en mi vida que no tenga la huella de otros. Supongo que a ti tampoco. Por supuesto, quisiéramos que algunas de esas marcas de cincel jamás hubieran ocurrido: las que nos suscitan una súplica de misericordia, las que encienden un hambre de la renovación de todas las cosas.

Pero otras marcas han sido necesarias para darnos ojos para contemplar la bondad, la verdad y la belleza que, de otra manera, no habríamos conocido.

Vivir con límites es una de las maneras en las que entramos a una belleza que de lo contrario no habríamos visto, buenas obras que no habríamos elegido, y relaciones que no habríamos atesorado. Para los cristianos, aceptar nuestros límites es una de las maneras en las que somos moldeados para encajar juntos como piedras vivas en el cuerpo de Cristo. Por más que nuestras fortalezas sean regalos para la iglesia, nuestras limitaciones también lo son.

Buscar la perfección en un mundo que se consume

En los tobillos de David hay grietas.

Durante más de 500 años, más de 2500 kilos (6000 libras) de mármol han estado haciendo presión sobre las piernas de David. Sin embargo, sigue de pie. A través de siglos de sol, lluvia, temblores de trueno y más de varios ataques de vandalismo —uno reciente en 1991, cuando un hombre de 47 años llamado Piero Cannata golpeó con un martillo el pie izquierdo de David, astillando uno de los dedos antes de que lo prendieran contra el suelo, no la policía sino los demás visitantes del museo[32]—, David sigue de pie. El esfuerzo de compresión de sus piernas de piedra ha soportado.

Sin embargo, David está un tanto inclinado, lo cual añade esfuerzo de torsión a la presión que su peso genera sobre esas pequeñas fisuras. El esfuerzo de torsión requiere resistencia a la tracción, algo que el mármol prácticamente no tiene. De maneras casi incalculables, esas fracturas están creciendo y subiendo por sus piernas. Este deterioro es irreversible.

Florencia está ubicada sobre fallas activas que envían temblores por la ciudad. A medida que la ciudad se desarrolla, los equipos de construcción sacuden la tierra. Y mientras las filas diarias de turistas se extienden fuera de la Academia, los pasos de millones de peregrinos al año de todo el mundo crean una actividad sísmica casi inmensurable pero constante alrededor de la base de la estatua.

Un día, David caerá. Con toda probabilidad e ironía, será derribado por una piedra; no por la fuerza de una piedra arrojada hacia él, sino por las limitaciones de la misma piedra en la que está tallado. Terminará colapsando bajo su propio peso debido a sus propias fallas.

Una de las muchas fracturas provocará un fallo catastrófico en la integridad compresiva del mármol; el peso de la parte superior de su cuerpo empezará a trasladarse; y la presión, el esfuerzo de torsión y el impulso terminarán con la tarea.

En su artículo *«David's Ankles: How Imperfections Could Bring Down the World's Most Perfect Statue»* [Los tobillos de David: Cómo las imperfecciones podrían derribar a la estatua más perfecta del mundo], Sam Anderson imaginó la escena:

> Lo primero en tocar el suelo es su codo izquierdo doblado, el brazo que sostiene la honda heroica, y revienta por las líneas de sus fracturas anteriores, viejas cicatrices que quedaron de un incidente en el siglo XVI que involucró una turba indómita y un banco. Después, el resto del mármol se encontrará con el suelo, y la física a partir de allí será rápida y sencilla: la fuerza, la resistencia y la fragilidad de los cristales de calcita, el corte de los granos microscópicos a lo largo de los ejes sobre los que se alinean. El *David* de Miguel Ángel explotará.[33]

El museo y los oficiales gubernamentales de Florencia insisten en que las fracturas no están creciendo y en que la estatua está ubicada de manera de minimizar la presión de la fuerza descendiente de su peso. No creen que la estatua corra ningún peligro grave. En este momento, la mayor preocupación son los terremotos, y el consenso es que, si un terremoto importante afectara Florencia, *David* no sería la única obra de arte invalorable que sufriría.

Un pequeño consuelo: este recordatorio de que el mundo en sí, que se está consumiendo, es completamente indiferente a la hora de preservar el arte más fino que sus habitantes pueden producir. Así como la presión y el tiempo comprimen y cristalizan la piedra caliza para transformarla en mármol sin jamás preguntarse qué haremos con él, las placas tectónicas debajo de la superficie de la tierra no tienen ni la más mínima consideración de *David* ni de ninguno de nosotros. El tiempo y la presión suceden ahora.

Esos mismos tiempo y presión que nos dieron la piedra de la cual fue esculpido *David* podrían reclamarlo en cualquier momento. La piedra estaba llena de toda clase de imperfecciones cuando los canteros la tallaron de la montaña, antes del primer golpe del martillo y el cincel del primer escultor. Aunque el mármol pudo adaptarse al desgaste físico de los miles de golpes de las herramientas del escultor, y aunque se las ha arreglado para permanecer en pie durante más de 500 años soportando su propio peso en toda clase de condiciones, *David* está hecho de materiales perecederos. Aun así, vamos en masa a observarlo, parado ahí en toda su gloria.

Para entrar a la sala donde está *David*, debes pasar por el Salón de los Esclavos: un pasaje lleno de obras sin terminar que Miguel Ángel había empezado. Estos Hércules a medio terminar luchan, acurrucados y congelados en sus prisiones de piedra, rogando por el reconocimiento de las masas que no pueden evitar desviar la mirada porque allí, al final de la sala, se levanta la obra de arte más perfecta que cualquiera haya logrado.

Somos atraídos a la belleza, y de manera instintiva sabemos que, en alguna parte, de alguna manera, existe la perfección. Buscamos tanto la belleza como la perfección, a un gran costo de dinero y tiempo. A la belleza podemos encontrarla. Nos rodea por todas partes, de un millón de maneras diferentes. La perfección, por otro lado, nos esquiva. Es como si, tomando prestada una expresión atribuida al Maestro Eckhart, la perfección habitara en nuestro verdadero hogar, pero estamos caminando en un país lejano. Somos como apariciones. Al otro lado del velo está la gloria tangible de una perfección infalible, pero está fuera de nuestro alcance. Entonces, nos hemos dedicado a hacer copias del polvo de la tierra, comprimidas por el tiempo, moldeadas por la presión, pero concebidas por algo más que mera imaginación. Nuestros mejores intentos de alcanzar la perfección de este lado de la gloria vienen de una conciencia innata de que no solo existe, sino que fuimos hechos para ella.

En mi investigación, me encontré con un detalle que no puedo olvidar. El brillo del exterior de *David* es, en parte, piel humana.[34] La pátina que cubre el cuerpo de *David* está compuesta de una combinación de polvo florentino y el detrito de cien millones de turistas que tosen y arrastran los pies cerca de él, mudando su piel para dársela a él. Hemos añadido a la obra de Miguel Ángel, puliéndolo con nuestra misma presencia hasta dejarlo bien suave. Nosotros, que portamos la imagen de Dios, hemos tomado a este hombre de piedra y lo hemos espolvoreado con carne. ¿Cuánto más nosotros, que nos dirigimos a la gloria, nos despojaremos de los límites y las imperfecciones de estos armazones perecederos para recibir cuerpos que soportarán para siempre bajo el peso eterno de la gloria?[35]

Hasta entonces, nos guardamos días de vacaciones, planeamos itinerarios y nos abrimos paso a través de océanos, montañas y ciudades, y por los largos tramos de autopistas que atraviesan el campo para ocupar nuestro lugar en la fila y poder vislumbrar la gloria más profunda para la cual sabemos que fuimos hechos. Elaine Scarry dijo que nos aseguramos de estar «mirando en la dirección correcta cuando un cometa destella a través de algún pedacito de cielo».[36] Vamos al Louvre en París, al Met en la ciudad de Nueva York, al Rijksmuseum en Ámsterdam, y a la Academia en Florencia. Vamos al Gran Cañón en el Oeste de Estados Unidos, la Calzada del Gigante en Irlanda del Norte, los bosques de Asia oriental y las islas del Pacífico sur. Vamos a una pizzería en Brooklyn, un bar de Oxford, un viñedo en el Valle de Sonoma y un café en París.

¿Por qué? Todo para unir lo carnal con lo divino. Todo para acercarnos más a la gloria.

LO SAGRADO Y LO PROFANO

Caravaggio y la paradoja
de la corrupción y la gracia

Michelangelo Merisi da Caravaggio, *La vocación de San Mateo*,
1600, óleo sobre lienzo, 322 × 340 cm, San Luigi dei Francesi, Roma

En un sentido muy real, ninguno de nosotros
está calificado, pero pareciera que Dios
continuamente elige a los menos calificados para
hacer Su obra, para manifestar Su gloria.

Madeleine L'Engle

A lo largo de los Evangelios, Jesús se encontró con marginados sociales y les mostró compasión, y reservó Sus palabras
más duras para aquellos que consideraban que los «cobradores
de impuestos y pecadores» eran personas que no merecían la dignidad básica de la bondad. No nos atrevemos a romantizar esta
parte del ministerio de Jesús al considerar que estos marginados
eran simplemente malentendidos. En muchos casos, la manera
en que vivían añadía dolor sobre dolor a sus seres queridos.
Ellos elegían el egoísmo y la satisfacción de los apetitos a costa
de las relaciones y el honor. Vivían cada día con la miseria que
sus decisiones acarreaban. Aquellos que los amaban vivían con el
dolor de llorar por la pérdida de un pródigo, una de las penas más
amargas, porque el pródigo se ha ido, pero a la vez sigue estando.

Es importante recordar esto si queremos entender la manera
en que Jesús amaba a los pecadores. Los amaba sabiendo que sus
vidas estaban plagadas de problemas. Y la forma en que los recibía
no siempre los libraba de inmediato de las complicaciones de sus
decisiones. Con el joven rico,[1] la mujer junto al pozo,[2] o la mujer
atrapada en adulterio,[3] los primeros encuentros de Jesús con estas
personas —los cuales consistieron en una invitación a dejar sus
vidas de pecado y seguirlo— no restablecieron automáticamente

sus vidas. Más bien, las complicaron. El joven rico debería repensar su adoración del mundo material. La mujer junto al pozo tendría que permitir que las palabras de confrontación de Jesús arrojaran luz sobre áreas rotas de su vida que ella se había acostumbrado a defender. La mujer atrapada en adulterio debería cortar varias relaciones y buscar reconstruir otras, y tendría que hacerlo en medio de un sistema injusto que sometía a las mujeres a un nivel de escrutinio público que los hombres no tenían que soportar.

El llamado de Jesús a veces puede ser difícil de ver en la vida de otra persona. Y puede ser complicado. Pero lo que vemos en la Escritura es que Él se movía en amor y recibía a las personas que voluntariamente vivían en oposición a Su palabra. Llamaba a las personas más improbables al arrepentimiento. Obraba a través de los menos calificados de maneras que, incluso hasta hoy, confunden a los sabios.

Caravaggio en Roma

Michelangelo Merisi da Caravaggio (1571–1610) fue uno de los pintores más influyentes e importantes del arte italiano, un país que dominó el arte europeo durante la Edad Media. Es difícil exagerar su trascendencia. En 1920, Roberto Longhi, historiador del arte italiano, declaró: «La gente habla de Michelangelo de Caravaggio, llamándolo ahora un maestro de la sombra, ahora un maestro de la luz. Lo que se ha olvidado es que Ribera, Vermeer, la Tour y Rembrandt jamás habrían podido existir sin él. Y el arte de Delacroix, Courbet y Manet habría sido completamente distinto».[4]

El biógrafo Andrew Graham-Dixon dijo: «Era una tormenta eléctrica. Hay arte antes de Caravaggio y arte después de Caravaggio, y no son lo mismo. Toda la carrera de Rembrandt es una respuesta al trueno de presenciar el arte de Caravaggio».[5]

Caravaggio nació en Milán el 29 de septiembre de 1571. En 1576, su familia se mudó al pueblo cercano de Caravaggio para escapar de una plaga. Más adelante, él tomó el nombre del pueblo como propio. Al año siguiente, tanto su padre como su abuelo murieron el mismo día, dejando al niño de seis años sin ningún otro hombre en la familia. Su madre murió siete años después. Como huérfano de trece años de edad, se inscribió en una pasantía de cuatro años para estudiar arte bajo Simone Peterzano, un estudiante de Tiziano. No se sabe si realmente hizo la pasantía, porque durante esos años nunca aprendió la técnica de pintura al fresco, que habría sido estándar para cualquier estudiante de arte de aquella época. Es posible que haya pasado esos años «inspeccionando» su educación formal, mientras desarrollaba un estilo y talento propios.

A los dieciocho años se mudó a Roma, la capital cultural del mundo. Roma tenía todo, y eso era lo que Caravaggio quería. Un estudioso dijo que llegó «desnudo y en extrema necesidad [...] sin una dirección fija y sin provisiones [...] muy corto de dinero».[6] Lo que sí tenía era una habilidad comercializable. El muchacho sabía pintar.

En aquella época, Roma hacía una distinción entre lo sagrado y lo profano. Lo sagrado abarcaba cosas separadas para un propósito santo; lo profano, por contraste, incluía cuestiones individuales y mundanas. El mundo profano estaba compuesto de aquello que las personas podían conocer con sus sentidos: el mundo natural de la vida cotidiana que experimentamos como comprensible.[7] El mundo sagrado era todo lo que está más allá de lo que experimentamos con nuestros sentidos. Si la cognoscibilidad era la marca de lo profano, entonces el asombro y el temor reverencial pertenecían a lo sagrado.

Aunque los temas sagrados eran más comunes entre los artistas de Roma, Caravaggio se sintió atraído a lo profano: escenas de la vida cotidiana con personas comunes que hacían cosas comunes. En la calle, vendía lienzos con ramos de flores y tazones de fruta. Estas naturalezas muertas lo aburrían, pero las hacía porque, como artista desconocido, necesitaba desarrollar su reputación si quería que su carrera despegara.

En 1596, a los veinticinco años, pintó la composición profana *Jugadores de cartas,* que muestra a dos buscavidas estafando a un pueblerino ingenuo. La noticia de la pintura corrió por la ciudad, y gente de todas partes se acercó a verla. Una de las razones por las que la pintura se volvió popular fue que tenía humor, un elemento poco común en la mayor parte del arte de esa era. El joven jugador de carta en primer plano, de la misma edad que su ingenuo oponente, tiene varias cartas extras escondidas en su cinturón, las cuales se pueden ver. El mango visible de su daga revela que está listo para lidiar con cualquier disputa que se genere. El buscavidas mayor en el fondo, el mentor, le señala a su protegido qué cartas sostiene el muchacho al que están estafando. Los dedos de sus guantes están gastados: un truco usado por estafadores experimentados para sentir las cartas que marcaron en sus mazos. El estafado no tiene idea de en qué se ha metido. Ese es el chiste.

Caravaggio, *Jugadores de cartas,* aprox. 1596, óleo sobre lienzo, 94 × 131 cm, Museo de Arte Kimbell, Fort Worth

Pero la pintura era más que un chiste. Era un comentario sobre la vida en las calles de Roma; mientras alguien saca provecho de la inocencia de un joven, la inocencia de otro también es corrompida a medida que aprende a estafar. Ambos muchachos están perdiendo algo aquí. Caravaggio se sentía atraído por escenas como esta porque representaban a la clase de personas entre las cuales vivía. Vivía en una época violenta, y Roma era un lugar violento poblado en su mayoría de soldados solteros y desocupados, y lleno de salas de juegos y burdeles.

Caravaggio no solo se sentía fascinado por el lado más sórdido de Roma. Era parte de él. En el transcurso de su vida se metió en muchas peleas, que incluyeron varios encontronazos con la ley y períodos en la cárcel. Es más, mucho de lo que sabemos sobre él además de su arte viene de documentos del juzgado, de los cuales hay muchos. Es un hombre al que no solo se lo conoce por su arte, sino también por sus antecedentes penales.

Jugadores de cartas captó la mirada del cardenal Francesco del Monte, que lo admiraba tanto que lo compró y se transformó así en uno de los primeros mecenas de Caravaggio en Roma. El cardenal compró varias otras pinturas de Caravaggio, incluidas *Los músicos, Apolo tocando el laúd* y *Chico mordido por una lagartija*; cada una profana en su temática. Del Monte también permitió que Caravaggio se alojara con él en el centro de la ciudad y presentó al joven pintor a muchos de sus amigos pudientes e influyentes en la iglesia, lo cual llevó a otros encargos y a una mayor exposición.

Aunque Caravaggio tenía un don para pintar la temática de lo profano, y aunque podía vender su producción, el verdadero dinero estaba en el arte religioso. Por supuesto, había razones altruistas para esto. La iglesia sabía que estas obras ayudaban a ilustrar los relatos bíblicos y los principios religiosos a personas que no tenían una Biblia o que no sabían leer. El arte era una forma de evangelización: una bienvenida pictórica a la fe con el objetivo de inspirar devoción a Dios y a la iglesia. Por eso gran parte del arte de Europa en la Edad Media, antes de la fotografía o los viajes generalizados, mostraba relatos bíblicos en un contexto europeo. Una gran mayoría de la arquitectura, la ropa, la tecnología e incluso los tonos de piel de los personajes bíblicos —incluido Jesús— lucían europeos para enfatizar que la historia de la Escritura se aplicaba a personas en su contexto. Mostrar a Jesús como realmente era —un judío de piel oscura de Oriente Medio— no tenía valor en esa época, porque el objetivo del arte no era la exactitud histórica, sino la accesibilidad. Por eso tantas pinturas europeas de historias bíblicas de aquella época son tan osadamente europeas en apariencia.

El arte sagrado en la iglesia desarrolló un rico sistema de simbolismo que la gente aprendió a «leer». A menudo, las pinturas contenían pistas para ayudar al espectador a entender la historia que contaban: halos y hojas de oro rodeaban la santidad, una paloma representaba al Espíritu Santo, una serpiente señalaba al diablo, un contraste entre la luz y la oscuridad ilustraba la tensión entre el bien y el mal, y más. A medida que los espectadores desarrollaron su vocabulario visual, llegaron a poder pararse frente a una pintura y leer todo un sermón en una sola viñeta.

Pero otra razón para la abundancia de arte bíblico era que el arte requería un patrocinio, y uno de los mayores mecenas de la época —casualmente también era el lugar más público y por lo tanto el que brindaba la mayor posibilidad de que la obra de un artista fuera vista por otros— era la iglesia. Las contrataciones mejor pagas de la época venían de instituciones religiosas.[8] Los mecenas del arte religioso buscaban contratar a los mejores artistas, y los artistas buscaban superarse unos a otros para obtener los mejores trabajos.

Caravaggio nació poco después de la Reforma, cuando los líderes protestantes se distanciaron del arte narrativo basado en textos bíblicos y prohibieron ciertas imágenes (en particular, imágenes de la Deidad) en sus iglesias. La Iglesia Católica adoptó otra postura, incorporando imaginería e iconografía de una manera controlada. Gilles Lambert, estudioso de Caravaggio, expresó: «Los papas y los jesuitas contrarrestaron la austeridad de Lutero y Calvino, los cuales desterraron las pinturas y las esculturas de la iglesia, con una proliferación de imaginería, ornamentación, colores, contrastes y decoraciones teatrales, capaces de deslumbrar al creyente y reafirmar el predominio de Roma».[9]

Roma tampoco estaba jugando. El uso de imaginería en la adoración católica estaba bajo el control de los obispos, los cuales rendían cuentas al papa. El biógrafo de Caravaggio, Sebastian Schütze, escribió:

> Las imágenes sagradas debían comunicar temas teológicos de una manera clara e inequívoca y ganar al espectador apelando a los sentimientos. La precisión de la representación y su correspondencia con las fuentes bíblicas y la doctrina de la iglesia debían ser garantizadas por consejeros teológicos, y las tradiciones iconográficas establecidas, junto con sus interpretaciones artísticas, debían permanecer estrictamente subordinadas a la autoridad de la palabra escrita.[10]

Para los artistas, había mucho en juego. Schütze continúa: «Los artistas estaban expresamente obligados a presentar para aprobación sus bosquejos [...] de las historias que representarían. Las infracciones de estas normas eran penables con multas de hasta 50 escudos de oro o se pagaban con la prisión, el exilio y "otros castigos capitales"».[11] Desafiar a Roma era peligroso. En 1600, un autor llamado Giordano Bruno escribió algunos ensayos que criticaban a la iglesia. Cuando se lo confrontó, él se negó a retractarse y lo quemaron en la hoguera.[12]

La mayor parte del arte religioso de la época de Caravaggio seguía las normativas de la iglesia, que incluían cierta clase de serenidad e uniformidad, incluso en las escenas más dramáticas.

La obra religiosa, hasta entonces, estaba idealizada y presentaba personajes piadosos y correctos, con bordes suaves y rasgos perfectos. Wolfgang Kallab, quien estudiaba a Caravaggio, dijo: «Los artistas jóvenes que llegaban a Roma a fines del siglo XVI estaban en peligro no solo de quedar destinados a una imitación servil de los viejos maestros, sino a deshacerse de su idealismo y su experiencia técnica en favor de un modo hueco y superficial: pinturas hechas más para contemplar que para estudiar».[13]

Temprano en su carrera, Caravaggio no tuvo más opción que acceder y pintar según las convenciones. Pero ese enfoque le resultó demasiado académico y restringido. Con el tiempo, empezó a explorar los límites de lo que era aceptable, «rompiendo las convenciones que mantenían la pintura como una ficción posible, en lugar de una extensión de la experiencia cotidiana».[14] Caravaggio es uno de los padres del período barroco, que usaba una paleta de color más rica y oscura para impartir energía y animación a personajes que, por otro lado, eran impersonales. Los artistas que lo precedieron, como Rafael y Tiziano, usaban una técnica de pintura llamada *claroscuro*, que comunica drama a través del contraste de la oscuridad y la luz. Caravaggio desarrolló una forma exagerada de claroscuro llamada *tenebrismo*, que iba más allá del drama a la provocación. Obligaba a los espectadores a concentrarse en la realidad de sus escenas, las cuales solían ser más gráficas y llenas de suspenso de lo que la gente estaba acostumbrada a ver. Desarrolló un realismo firme con una aguda observación física que era al mismo tiempo accesible y sustancial, grotesca pero emocionalmente atractiva, y enérgica pero contemplativa. Para muchos, la combinación de drama y realismo de Caravaggio se interpretaba como vulgar.

En *El sacrificio de Isaac* (1598), por ejemplo, Abraham sostiene un cuchillo en una mano mientras que con la otra agarra a su hijo por el cabello. Prácticamente se pueden sentir el dolor y la agresión en la tirantez del cuero cabelludo de Isaac. El cuerpo del patriarca está vuelto hacia su hijo, lo cual indica que este era el preciso momento en que estaba por llevar a cabo su impensable cometido.[15] Pero su cabeza está volteada, como si fuera de repente, hacia el ángel, al cual se lo presenta más como humano que divino. Solo sus alas emplumadas revelan su identidad. El rostro de Abraham está quebrantado por la angustia; ya está sufriendo, ya está sintiendo el peso de lo que le está haciendo a su único hijo. Pero la expresión del ángel es tranquila y sosegada, mientras acaricia con la mano derecha a un carnero cuya barbilla descansa pacíficamente cerca de la rodilla de Isaac.

Al colocar el rescate divino en el contexto de la agonía humana de toda la situación, Caravaggio cuenta la historia sagrada al enfatizar lo profano, asombrando así a los espectadores con su intensidad y franqueza. Él no quería hacer arte que solo fuera para contemplar. Quería crear una experiencia visceral para sus espectadores: algo que los hiciera detenerse, los perturbara o despertara lo que estaba dormido en sus almas. Usaba modelos de la vida real —a menudo, prostitutas o campesinos— para enfatizar la intersección entre el cielo y la tierra. No le gustaba la imagen idealizada de la humanidad y prefería mucho más pintar a las personas tal cual eran, con sus fallas y sus defectos a la vista. Era un pintor para los pobres, cuya misión era enfatizar que el evangelio era para los pobres. Quería dejar espacio para la ambigüedad, la duda y la pena. Quería que la simple dificultad de vivir en este mundo estuviera dibujada en el rostro de sus sujetos.

Muchos en Roma consideraban que la obra de Caravaggio era escandalosa. Su contemporáneo francés en el estilo barroco, Nicholas Poussin, llegó a decir que Caravaggio «vino a destruir la pintura».[16] El secretario de un cardenal dijo sobre su pintura *Madonna con el niño y santa Ana* (1605), donde se veía a María con la falda enrollada sosteniendo a un Jesús desnudo mientras pisan juntos la cabeza de una serpiente: «En esta pintura, no hay más que vulgaridad, sacrilegio, impiedad y repugnancia [...]. Se podría decir que es una obra hecha por un pintor que sabe pintar bien, pero que tiene un espíritu oscuro».[17]

Tal vez combinar lo sagrado con lo profano era autobiográfico. Quizás era lo único que Caravaggio conocía. Algo es seguro: la gente se identificaba con el arte de Caravaggio y, al poco tiempo, empezó a venerarlo por su habilidad. En 1599, el cardenal del Monte aseguró el primer encargo público crucial de Caravaggio, que consistía en dos lienzos: *La vocación de San Mateo* y *El martirio de San Mateo*, para la Capilla Contarelli en San Luigi dei Francesi.

El martirio de San Mateo muestra al apóstol muriendo en el altar por la espada de un soldado enviado por el rey de Etiopía. El relato tradicional se asemeja a la historia de Juan el Bautista; el rey de Etiopía buscaba una relación ilícita con su propia sobrina. Mateo criticó públicamente su inmoralidad, así que el rey lo mandó a matar. Caravaggio se pintó a sí mismo en la escena como uno de los adoradores que miraban conmocionados y descreídos.

En *La vocación de San Mateo*, los cobradores de impuestos están sentados a la mesa contando dinero. A su derecha, Jesús está entre las sombras, con Pedro a su lado. El brazo de Jesús está extendido, señalando a uno de los hombres. Un cobrador de impuestos, con una mirada de sorpresa, responde señalando, posiblemente a él mismo, identificándose como Mateo.

O tal vez está señalando al hombre más joven al final de la mesa, que está tan ensimismado contando monedas que todavía no se ha dado cuenta de que ha sido llamado a seguir a Jesús. De cualquier manera, Mateo saldrá de esa habitación unido con Cristo para siempre, lo cual, para muchos, era difícil de comprender o aceptar. La ventana entre los cobradores de impuestos y Jesús está cubierta con vitela. La luz alumbra tenuemente.[18] Sobre la vitela, Caravaggio coloca la claridad de una cruz. La luz que ilumina la escena viene del lado de Cristo. Mateo se levantará de esa mesa y seguirá a Jesús, y su vida cambiará de tal manera que se transformará en el sujeto de obras de arte que se mostrarán en iglesias y museos en todo el mundo.

Después de que la gente viera *La vocación de San Mateo* y *El martirio de San Mateo*, a Caravaggio nunca más le faltaron mecenas ni oportunidades para pintar por encargo.

La vocación de San Mateo

Un día, mientras estaba en Capernaúm, Jesús salió a caminar.[19] Pasó junto a un hombre que todos conocían, pero al que pocos querían: Mateo. Hebreo de nacimiento, Mateo se ganaba la vida cobrando impuestos para Roma. Cuando eligió su carrera, sabía lo que significaría para su lugar en la comunidad. La mayoría de sus compatriotas veían a los cobradores de impuestos como traidores que debilitaban a Israel y fortalecían a Roma, mientras que se enriquecían en el proceso, tomando más de lo que necesitaban para vivir del excedente. Con el correr de los años, Mateo se había acostumbrado al desprecio de sus vecinos. El dinero que le ingresaba aliviaba el dolor de la comunidad que había perdido. Sin embargo, nunca estaba plenamente en paz con la vida que había elegido.

Al igual que el resto de los residentes de Capernaúm, a Mateo lo fascinaba Jesús de Nazaret. Así que, cuando vio que Jesús pasaba por su casilla de recolección de impuestos, dejó lo que estaba haciendo para observar. Jesús se detuvo y miró a Mateo.

«Sígueme», le dijo Jesús.

Mateo salió desde atrás de su mesa y los dos hombres se miraron. Mateo buscó desprecio en los ojos de Jesús pero no lo encontró… tan solo una invitación de ir con Él. Dejó todo como estaba y caminó junto a Jesús por las calles de Capernaúm.

«Cenemos juntos esta noche», le dijo Jesús.

Mateo trató de absorber esas palabras. *¿Cenar? ¿Juntos?*

«Sí. Hagámoslo», respondió Mateo, y de inmediato empezó a preparar el festín. Invitó a todos los que pensaba que podían ir;

mayormente, otros cobradores de impuestos, junto con algunos amigos que vivían al margen de la sociedad. Cuando los fariseos vieron que Jesús comía con los amigos de Mateo, reclinado como si fuera una visita cómoda, les preguntaron a Sus discípulos: «¿Por qué su maestro come con semejante gentuza?».

Cuando la pregunta llegó a oídos de Jesús, Él se puso tieso. «¿Con qué regla creen que Dios mide Su favor? ¿Les parece que lo que quiere es precisión religiosa? ¿Creen que porque han creado reglas y las cumplen Dios los prefiere antes que aquellos que saben que sus vidas se han derrumbado? Los enfermos, y no los sanos, son los que necesitan un médico. Pero ustedes desprecian a los que están enfermos de pecado. ¿Acaso Dios no dijo, a través de Oseas, "misericordia quiero, y no sacrificio"?[20] ¿Acaso aprenderán alguna vez lo que esto significa? Me acerco a los quebrantados para que puedan escuchar la voz de la misericordia. No estoy aquí para hacerlos cambiar de opinión; estoy aquí para sanar sus corazones».

Mientras escuchaba cómo Jesús y los fariseos discutían sobre él y sus amigos, Mateo decidió en silencio que, a partir de allí, seguiría a Jesús. Nunca nadie había defendido su dignidad de esa manera. Jesús conocía la fea verdad: sabía que Mateo había escogido el dinero por encima de Dios. Sin embargo, ahí estaba Jesús en su casa, defendiendo Su derecho de ser amigo de los marginados y los rechazados. No importa adónde lo llevara ni cuál fuera el costo, él seguiría a Jesús, aun si eso implicaba seguirlo hasta el final de su vida.[21]

La vocación de San Mateo fue una de las pinturas más importantes de Caravaggio, porque lo estableció como maestro. Mateo era una paradoja: un pecador que se ganaba la vida quitándoles dinero a los demás, y también un hombre que dejó todo para seguir a Jesús. Caravaggio se sentía atraído por estos momentos transformadores en la Escritura, como cuando el Jesús resucitado guio el dedo sucio de Tomás a la herida abierta a Su costado; o cuando Saulo se cayó de su caballo, golpeado por el poder y la presencia de Cristo, el cual lo convirtió sin advertencia; o cuando Pedro negó conocer a Jesús en el mismo momento en que su Señor estaba siendo entregado para morir.[22]

Caravaggio gravitaba hacia situaciones en las que lo sagrado confrontaba a lo profano, y lo conmovía el poder de Cristo para cambiar el corazón de las personas. El tema de la necesidad de rescate del pecador y el poder de Cristo para proveerlo atraviesa todas sus obras. Era una historia que contaba una y otra vez, a lo largo de toda su vida, probablemente porque seguía necesitando escucharla.

El carnaval y la Cuaresma, sin nada en el medio

El biógrafo Andrew Graham-Dixon dijo: «Caravaggio vivió como si solo existieran el carnaval y la Cuaresma, sin nada en el medio».[23] Cuando estaba pintando, trabajaba con una concentración inamovible. Pero cuando había terminado y había cobrado por el encargo, bebía, se iba de juerga y se metía en peleas durante meses. Un informe dice: «Después de una quincena de trabajo, anda pavoneándose por alrededor de un mes o dos, con una espada a su costado y un siervo por detrás, de un campo de juego a otro, siempre listo para meterse en peleas o discutir, y resulta sumamente incómodo llevarse bien con él».[24] Este patrón nunca se controló.

El 29 de julio de 1605, un joven escribano llamado Mariano Pasqualone entró tambaleándose a una oficina legal, sangrando de una herida de arma blanca. En una declaración bastante larga, dijo:

> Estoy aquí en la oficina porque fui atacado por Michelangelo da Caravaggio, el pintor [...]. Mientras Messer Galeazzo y yo [...] paseábamos por la Piazza Navona frente al palacio del embajador español, de repente sentí un golpe en la parte de atrás de la cabeza. Caí al suelo al instante y

me di cuenta de que me habían herido en la cabeza con lo que creo que fue una espada [...].

No vi quién me hirió, pero nunca tuve ninguna disputa con nadie más que con Michelangelo. Hace varias noches, él y yo discutimos en el Corso por una mujer llamada Lena [...]. Es la mujer de Michelangelo. Por favor, discúlpenme, pero debo atender a mis heridas.[25]

A Caravaggio lo detuvieron, pero pronto lo liberaron bajo fianza de sus mecenas.[26] Poco después, «para complicar las cosas, ahora había un nuevo "incidente": durante una cena donde bebió mucho en Albergo del Moro, Caravaggio consideró que lo trataron mal y arrojó un plato con alcachofas hirviendo en el rostro de un mesero, provocando una pelea que se esparció por todo el lugar. La corte volvió a arrestar al malhechor, y sus mecenas volvieron a liberarlo».[27]

Durante el período de estos altercados, Caravaggio pintó *San Juan el Bautista en el desierto* (1604), que ahora se exhibe en el Museo Nelson-Atkins en la ciudad de Kansas. El Juan el Bautista de Caravaggio no es el profeta triunfante que denuncia con vehemencia los pecados del mundo y llama a la gente al arrepentimiento. No hay nada de jactancia en él. En cambio, es un hombre encapotado de privacidad. No podemos discernir casi nada sobre él desde su apariencia, excepto que algo lo carga en su mente. La placa en la pared de la galería dice:

El concepto de la imagen en sí es notable, ya que el Bautista casi nunca había sido representado con una figura aislada y sentada, a la cual, es más, le faltan sus atributos usuales del halo, el cordero y el estandarte. Los contrastes marcados de luz y oscuridad acentúan la percepción de que la figura está inclinada hacia delante, saliendo de las profundas sombras del fondo hacia el ámbito más iluminado del espacio del propio espectador [...]. Parecería, por cierto, que Caravaggio le inculcó a esta imagen un elemento del pesimismo esencial de la predicación del Bautista, de la absurda tragedia de su martirio temprano, y tal vez incluso cierta medida de la psiquis atribulada del pintor.[28]

Tal vez la obra quiere comunicar que Caravaggio se inclina a salir de su existencia ensombrecida para hacer la pregunta: «¿Puede la proclama de la venida de Cristo penetrar realmente en el corazón de una manera que lleve al arrepentimiento?». Es como si, para el peleador borracho con la espada en la mano, la misión de Juan el Bautista de preparar el camino para el ministerio de Cristo fuera una carga que aísla, y que tal vez, por momentos, parece sin propósito.

En 1605, después de otra noche de consumo exagerado de alcohol, un sargento de policía detuvo e interrogó a Caravaggio. Esa noche, el oficial murió de un golpe misterioso que le aplastó el cráneo. Caravaggio testificó que, sí, el oficial lo había interrogado, pero que durante el interrogatorio una roca había caído de uno de los techos y había golpeado al alguacil en la cabeza. Los amigos de Caravaggio apoyaron su testimonio, pero el tribunal consideró que la coincidencia era imposible. Arrestaron a Caravaggio y lo pusieron en la cárcel, donde lo torturaron por la sospecha de su crimen... lo ataron al potro y lo azotaron. Sus amigos temían que fueran a matarlo en la cárcel, así que coordinaron su escape: sobornaron a dos de los guardias para que lo soltaran de sus cadenas, y uno de los mecenas de Caravaggio, Scipione Borghese, que era el líder del sistema papal de justicia, hizo la vista gorda... esta vez. Pero el escape de Caravaggio tuvo un costo. Aunque se las arregló para escabullirse en medio de la noche, ahora era un fugitivo, lo cual lo llevó más hondo al corazón oscuro de Roma.

Poco después de su tortura en la prisión romana, Caravaggio pintó *Ecce Homo*, que en latín significa «He aquí el hombre», una referencia a la declaración de Poncio Pilato cuando presentó al Cristo golpeado ante la multitud para Su crucifixión.[29] La luz es dramática. Las figuras llenan el lienzo. El Jesús golpeado lleva una corona de espinas mientras uno de Sus atormentadores le coloca en forma burlona un manto real sobre los hombros. La imagen expresa tanto la brutalidad de los soldados como el estado lamentable de su prisionero. Jesús luce frágil, pero decidido en Su misión. Sus muñecas están atadas. En una mano tiene una vara de bambú, probablemente una herramienta que usaron para azotarlo. Pilato mira a los espectadores de la pintura, como si fuera a hacernos la pregunta que le hizo a la multitud en el Evangelio: «¿Es esto lo que querían?».

Caravaggio siguió peleándose y bebiendo, sin ningún indicio de que tuviera planes de parar. El 29 de mayo de 1606, una pelea entre cuatro hombres por una aparente apuesta en una cancha de tenis derivó en una cuestión de honor más innoble que se resolvió con espadas.[30] El informe policial del incidente perduró, indicando que Caravaggio y su oponente, Ranuccio Tomassoni, habían intentado cortejar a la misma mujer, y que su pelea se había visto «incitada por constantes provocaciones, pretensión de superioridad, arrogancia y celos».[31] Caravaggio apuñaló a Tomassoni en la arteria femoral, llevando a que algunos especularan que en realidad estaba intentando castrar a su enemigo, el cual se desangró y murió más tarde aquella noche. Caravaggio también fue herido en el intercambio, pero se las arregló para escabullirse otra vez y evitar el arresto. Después de la muerte de Tomassoni, Roma acusó a Caravaggio de asesinato.

Alrededor de esa época, y como fugitivo buscado por asesinato, Caravaggio pintó *La muerte de la virgen.* Aquí, María ha muerto, y quienes la conocían y la amaban —María Magdalena y los apóstoles— se reúnen alrededor de su cuerpo para llorarla. Caravaggio dejó de lado los estándares simbólicos y convencionales para representar a la madre de Jesús, excepto por un finísimo halo que adorna su cabeza, y la representó simple y rigurosamente como un cadáver, hinchado y frío. El dolor por la tragedia de su pérdida es palpable en el rostro de sus amigos que la miran llorando. En el Louvre de París, el título de la galería para esta pintura dice: «En ciertos sentidos, este es un dolor silencioso, no hay un velorio para lamentarse. El llanto ocurre en un silencio emocional y despersonalizado. Al suprimir cualquier detalle anecdótico, Caravaggio le infunde a esta escena apagada una monumentalidad extraordinaria a través de la sola presencia de estas figuras y la intensidad de sus emociones».[32]

El apóstol Juan es la figura más cercana a María, que se inclina sobre ella, presionándose los ojos con sus puños para contener las lágrimas. Suponemos que este es Juan, porque mientras Jesús moría en la cruz «dijo a Su madre: "¡Mujer, ahí está tu hijo!". Después dijo al discípulo [Juan]: "¡Ahí está tu madre!". Y desde aquella hora el discípulo la recibió en su propia casa».[33] Juan es un hijo que llora por su madre. Hasta el día de hoy, muchos de los que pasan junto a esta pintura también lloran.[34]

Después de la muerte de Tomassoni, el exmecenas de Caravaggio, Scipione Borghese, emitió una orden de muerte sobre su cabeza, lo cual significaba que cualquier oficial de policía podía matar a Caravaggio apenas lo viera. Si no podían llevar el cuerpo del criminal a Borghese, la cabeza alcanzaría. Caravaggio no tuvo más opción que huir de Roma. Tenía treinta y cinco años cuando comenzó a huir, y lo hizo como uno de los pintores más famosos que la ciudad había conocido.

Perseguido por sus enemigos

En octubre de 1606, buscado por asesinato, Caravaggio huyó a Nápoles, una de las ciudades más pobladas de Europa en ese momento, y fuera de la jurisdicción legal de Roma. Se refugió en la casa de una vieja amiga de su padre, Costanza Colonna Sforza.

La familia Colonna estaba bien conectada y podía protegerlo. La reputación del artista lo precedía, y a Caravaggio el criminal lo recibieron como Caravaggio el pintor maestro. Los encargos empezaron a llegar rápidamente, y el pintor más famoso de Roma pronto se transformó en el pintor más famoso de Nápoles también.

Michelangelo Merisi da Caravaggio, *Siete obras de misericordia*, 1607, óleo sobre lienzo, 390 × 260 cm, Pio Monte della Misericordia, Nápoles

Los ocho meses de Caravaggio en Nápoles fueron prolíficos. Pintó dos escenas de *La flagelación de Cristo,* apoyándose en su propia experiencia de tortura en la cárcel de Roma. También pintó la obra maestra *Siete obras de misericordia,* que ilustra las seis misericordias enumeradas en Mateo 25:35-46, con el tradicional entierro de los muertos incluida como la séptima.

En un solo cuadro, una mujer le da leche de su propio pecho a un anciano en la puerta de la prisión (*Tuve hambre, y ustedes me dieron de comer; [...] en la cárcel, y vinieron a Mí*), un hombre corta su túnica a la mitad para compartirla con un mendigo desnudo y enfermo (*estaba desnudo, y me vistieron; enfermo, y me visitaron*), un posadero le da agua a un hombre (*tuve sed, y me dieron de beber*), otro recibe a un peregrino cubierto de polvo del camino (*fui extranjero, y me recibieron*), y por último dos hombres se encargan del entierro de un muerto, al cual se muestra tan solo por sus pies. En un solo cuadro, Caravaggio presenta la misericordia como algo costoso, algo que no puede hacerse sin entrar de lleno a la miseria y la necesidad del otro. Los ángeles observan desde arriba con una especie de asombro que recuerda las palabras de Pedro, el cual describió vivir el evangelio como «cosas a las cuales los ángeles anhelan mirar».[35]

En julio de 1607, Caravaggio partió de Nápoles a Malta. La razón de su partida no está clara. Algunos sugieren que se enteró de que los mercenarios romanos habían llegado a Nápoles para buscarlo, pero lo más probable es que haya ido a Malta para transformarse en caballero, algo que contribuiría en gran medida a asegurarle un perdón papal después de la muerte de Tomassoni.[36] Caravaggio se presentó frente a Alof de Wignacourt, el gran maestro de la Orden de Malta, el cual le ofreció la caballería a Caravaggio a cambio de una pieza para el altar de su iglesia. Caravaggio pintó *La decapitación de San Juan Bautista* —su pintura más grande y la única que lleva su nombre— para la

Concatedral de San Juan en La Valeta, Malta, donde permanece hasta el día de hoy. Antes de su nombre, está la letra «f», por «Fra», que indicaba que era un caballero.[37] El escudo de Wignacourt se pintó en el marco. La fama y la reputación de la pintura fueron casi instantáneas. Los pintores europeos vinieron de todas partes de La Valeta para verla.[38]

Pero el ritmo de Caravaggio de carnaval y Cuaresma siguió, y en agosto de 1608 empezó otra riña en la cual le disparó a otro caballero llamado Giovanni Rodomonte Roero. Los caballeros de La Valeta lo arrojaron en la prisión del Castillo de Sant'Angelo para aguardar el juicio y, probablemente, la ejecución. Una vez más, se las arregló para escapar, descendiendo 60 metros (200 pies) desde la pared de la prisión hasta la costa más abajo, y nadando casi 5 kilómetros (3 millas) alrededor de la isla, para abordar un barco rumbo a Sicilia.

La orden consideraba que huir de la isla era abandono y alta traición. Ese diciembre, lo rotularon «miembro corrupto y pestilente» y le quitaron su caballería, transformando al pintor más famoso de Roma, Nápoles y ahora Malta en un criminal que no solo era buscado por el papa, sino también perseguido por los caballeros de La Valeta.[39]

En Sicilia, Caravaggio se quedó con su viejo amigo Mario Minniti. Los dos hombres viajaron por la isla hasta Siracusa, Mesina y Palermo. Caravaggio no estaba bien ni mental ni físicamente. Posiblemente, estaba combatiendo una infección por la golpiza que recibió en la prisión maltesa. Su conducta era errática y volátil. Al poco tiempo, Minniti ya no soportaba la manía de su amigo y regresó a su casa. Caravaggio iba de ciudad en ciudad, con constante temor de que lo atraparan. Habló de ser «perseguido por su enemigo», probablemente una referencia a los amigos del caballero al que le había disparado.[40]

Durante su tiempo en Sicilia, Caravaggio pintó *Adoración de los pastores*, que representa el misterio del nacimiento del

Salvador en colores reales y una luz llena de confianza, y *La resu-rrección de Lázaro,* que muestra al bebé ahora crecido, tomando autoridad sobre la muerte, para la maravilla y el terror de los presentes. Cuando estaba en medio de la desesperación y temía por su vida, creó estas dos obras que cuentan la historia del naci-miento del tierno Salvador que creció para transformarse en un hombre que lloró por el sufrimiento, la enfermedad y la pérdida mientras demostraba Su poder sobre la misma muerte. Esta es la paradoja de Caravaggio: trajo tanto sufrimiento sobre sí mismo, con tanta bravuconería y acrimonia, pero cuando tomaba su pin-cel el Cristo que representaba era el Redentor de los vulnerables.

A fines del verano de 1609, después de tan solo nueve meses en Sicilia, regresó a Nápoles para eludir a los caballeros de Malta y tratar de influenciar a Roma para obtener un indulto. Poco después de su llegada, lo atacaron y lo dejaron para morir en la calle. Su atacante —probablemente, un amigo de la Orden— lo acuchilló en el rostro, dejándolo groseramente desfigurado. Se corrió la voz de que había muerto, pero sobrevivió, aunque estaba gravemente herido.

Durante su convalecencia, pintó dos cuadros notables: *Salomé con la cabeza de Juan el Bautista* y *David con la cabeza de Goliat.* Envió *Salomé con la cabeza de Juan el Bautista* a Wignacourt. Andrew Graham-Dixon dijo: «La pintura es un acuerdo de culpa-bilidad».[41] Roberto Longhi escribió: «La iluminación turbulenta y dramática aquí adquieren una nueva intensidad, como si fuera el último lamento salvaje del artista».[42] La cabeza sobre la bandeja es la de Caravaggio, como si reconociera el destino que merecía, o al menos, del que no podía escapar.

La segunda pintura —y probablemente, la última del pintor— fue *David con la cabeza de Goliat.* Aquí, la cabeza también es la de Caravaggio. David el conquistador luce abatido y apesa-dumbrado, como si el absoluto caos de este mundo fuera tan abrumador que incluso el vencedor encontrara poco consuelo en su triunfo. El rostro de Goliat —el de Caravaggio— tiene una mirada fija de asombro ante su derrota, ansiedad por su muerte y resignación ante su destino. Caravaggio le envió esta pintura a su exmecenas, Scipione Borghese, el hombre que tenía la autoridad de conceder y retener indultos papales, con la esperanza de ganarse algo de misericordia.[43]

Al parecer, su apelación a Roma funcionó, porque en julio de 1610 tomó un barco al norte de Nápoles hacia Roma. Viajar por mar parecía más seguro que por tierra.[44] En el camino se detuvo en Porto Ercole, a un día de viaje de Roma, para esperar la noticia de que su indulto estuviera listo. Apenas bajó del barco en Porto Ercole, lo arrestaron por razones que no están claras. Le quitaron todas sus posesiones. Sus protestas de que era un caballero cayeron en oídos sordos, sugiriendo que su arresto había sido orquestado por la Orden de Malta. O quizás era obra de los amigos del asesinado Tomassoni.

Caravaggio se las arregló para que lo liberaran. Cómo lo hizo no está claro. Tal vez fue para preparar lo que venía. Aunque los detalles de lo que le sucedió a Caravaggio después de que lo liberaron están incompletos, Lambert escribe: «En uno de los relatos, aparece demacrado, hambriento, enfermo y agotado, buscando el falucho que había contratado, o algún otro barco. Se dice que sus heridas se habían infectado y le habían generado fiebre. En otro relato, confió en unos merodeadores en la playa y lo asesinaron».[45]

Más allá de lo que haya sucedido aquella noche, Caravaggio nunca llegó a Roma. En julio de 1610, lo encontraron enfermo de muerte en la playa de Porto Ercole. Lo llevaron al hospital, donde murió pocos días después, el 18 de julio. El cuerpo del pintor fue enterrado en una tumba común en el predio del hospital.[46] Tenía treinta y ocho años.

Poco después de su muerte, el papa Pablo V le concedió un indulto.

Los viajes de Caravaggio
Diseñado por Brad Davis

Lo que empieza con la obra de Caravaggio

El crítico estadounidense de arte Bernard Berenson dijo de Caravaggio: «Con la excepción de Miguel Ángel, ningún otro pintor italiano ejerció tanta influencia».[47] Temprano en su carrera, cuando el estilo de Caravaggio estaba empezando a apartarse de la convención popular pero su temática seguía en mayor medida alineada con las expectativas de un pintor religioso, los artistas más jóvenes lo aclamaron como un visionario. Apenas unas décadas después de su muerte, Giovanni Bellori declaró: «Los pintores de Roma estaban muy impresionados por su atractivo novedoso, y los más jóvenes especialmente lo rodeaban y lo alababan como el único verdadero imitador de la naturaleza. Al considerar que sus obras eran milagros, se superaban unos a otros para seguir sus métodos».[48]

Pero cuando falleció esa reverencia se evaporó. Los registros de su vida —muchos de ellos, registros criminales— presentaron a un asesino perturbado y corrupto. Su vida dura y muerte temprana, junto con su estilo provocador, mancharon su imagen a los ojos de sus contemporáneos. Su reputación era demasiado fuerte para superarla. Pasarían casi 300 años para que su nombre regresara y se estimaran sus obras.

Aun así, el historiador Giuliano Briganti dijo: «Después de él, la pintura nunca volverá a ser la misma. Su revolución fue una modificación profunda e irreversible de la relación emocional e intelectual entre el artista y su sujeto».[49] ¿Cómo es esto posible si «inmediatamente después de su muerte, la gente se olvidó de él, y lo descartó como un talento desperdiciado»?[50]

Aunque su nombre fue olvidado, su influencia siguió adelante en otros pintores cuyas vidas fueron formadas por su arte: Rembrandt, Vermeer, Delacroix, Manet y muchísimos otros. El historiador de arte Andre Berne-Joffrey expresó: «Lo que empieza con la obra de Caravaggio es, sencillamente, la pintura moderna».[51]

¿Por qué permaneció su influencia? Porque su arte está compuesto de la oscuridad y la luz. Es glorioso y a la vez grotesco, divino pero cercano a la tierra, sumamente inteligente y a la vez fácil de entender. Le presenta el evangelio al pobre. A pesar de lo que muestran los registros, Caravaggio entendía que el evangelio no era tan solo una historia, sino un poder vital para quien languidece. Era un mensaje de valor y esperanza para los viles y los desesperados. Era la promesa de un Dios que estaba obrando en un mundo de prostitutas y magistrados y asesinos y aquellos perseguidos por los sabuesos del cielo.

Caravaggio sabía lo que era ser perseguido, vivir una existencia tan violenta que este mundo no le daría cuartel a alguien como él. Sabía lo que era tener la capacidad de representar una belleza que podía llevar a alguien a las lágrimas y, a la vez, no poder vivir libre de su propia conducta destructiva. Pudo sacar provecho de algo trascendente, representar una escena conocida de una manera que impulsara a millones a venir de todo el mundo tan solo para pararse delante de la pintura y llorar. Se transformó en la inspiración de algunos de los nombres más famosos de la historia del arte, que no solo aspiraban a igualar su talento, sino de alguna manera conectarse con su visión, su inteligencia y su perspectiva espiritual.

Las prostitutas y los vagabundos que le servían como modelos eran la mujer junto al pozo, el joven rico, y la joven virgen madre: personas comunes y corrientes que llevaban una vida dura y que fueron atraídas por la historia de la salvación, demasiado buena como para ser cierta.

¿Conoció Caravaggio el amor de Cristo? Cuando Jesús se paró ante Poncio Pilato, a punto de ir a la cruz, Pilato le preguntó si era el rey. Jesús respondió: «Para esto yo he nacido y para esto he venido al mundo, para dar testimonio de la verdad. Todo el que es de la verdad escucha mi voz».[52] El arte de Caravaggio revela a un hombre que parecía escuchar a Jesús de alguna manera. Revela a alguien que personificaba una pobreza de espíritu. Revela a un joven rico —rico en talento bruto y en una mirada perspicaz—, el cual, según sus antecedentes penales, tal vez se haya alejado de Jesús, pero, según su arte, parece haber conocido la esperanza de gracia que viene solo de Cristo.

Al igual que con el joven rico que se alejó de Jesús muy triste,[53] el resultado de la travesía espiritual de Caravaggio está fuera de nuestro conocimiento. No sabemos lo que había en su corazón mientras yacía moribundo en la playa en Porto Ercole. Pero sí conocemos el evangelio que pintó. Sabemos que, mientras todavía estaba pecando, estaba produciendo algunos de los comentarios más profundamente misericordiosos y elocuentes sobre la Escritura que se han pintado. Según el contenido de su arte, junto con la verdad bíblica de que la misericordia de Dios es producto de Su amor y no de nuestra conducta,[54] no podemos afirmar que Caravaggio no haya entrado al reino de Dios. No podemos llegar a la conclusión de que su conducta fuera tan destructiva que destrozara la gracia del Señor que había pintado con tanta reverencia.

Martín Lutero describió a los cristianos como *simul justus et peccator* (al mismo tiempo pecador y justificado). En toda la Escritura, el Señor obró a través de personas con defectos trágicos: Moisés el asesino,[55] Jacob el mentiroso,[56] David el adúltero,[57] Salomón el mujeriego,[58] y Jonás, a quien le molestaba que Dios les mostrara misericordia a Sus enemigos, y mucho más que le pidiera que les diera la noticia.[59] En el Nuevo Testamento, Jesús recibió a las prostitutas,[60] comió con cobradores de impuestos y pecadores,[61] y llamó a ser Sus discípulos a personas que terminarían negándolo.[62] Saulo de Tarso se convirtió mientras intentaba destruir a la iglesia.[63] El patrón en la Escritura es que Dios obra a través de siervos improbables para la gloria de Su nombre y la extensión del evangelio.

La vida de Caravaggio nos recuerda que nosotros, que personificamos lo sagrado y lo profano, tenemos una enorme capacidad de lastimarnos unos a otros. Caravaggio vivió una vida destructiva. Pero su arte grita a ese caos que, así como Cristo pudo llamar al cobrador de impuestos a seguirlo o sacar de los rincones del corazón más duro la belleza y el asombro que se derramaban de Caravaggio entre sus temporadas de carnaval, la capacidad de nuestro Señor de extender gracia es más grande aún. Y la gracia transforma el corazón más duro.

LA DESAPARICIÓN
DE REMBRANDT

La tragedia de la profanación y
la esperanza de la redención

Rembrandt van Rijn, *La tormenta en el mar de Galilea*,
1633, óleo sobre lienzo, 160 × 128 cm, robado del Museo
Isabella Stewart Gardner en marzo de 1990

La vida se graba en nuestros rostros a medida
que envejecemos, mostrando nuestra violencia,
nuestros excesos o nuestra bondad.

Rembrandt van Rijn

El guardia de seguridad sentado detrás del escritorio principal del Museo Isabella Stewart Gardner levantó la mirada de sus papeles cuando escuchó el timbre de la entrada de la calle Palace. En la pantalla, vio a dos policías uniformados que estaban parados afuera. Los oficiales le dijeron por el intercomunicador que habían recibido un informe de un disturbio en el patio del museo y necesitaban verificarlo.[1]

Era la 1:24 de la mañana, el 18 de marzo de 1990. Aunque la medianoche marcaba oficialmente el final del Día de San Patricio, los bares del vecindario Fenway en Boston todavía seguían sirviendo pintas y desbordando de personas tambaleantes con espíritu festivo cuando, contra el protocolo, el guardia dejó entrar a los oficiales.

Una vez que estaban adentro, el oficial a cargo le preguntó al guardia si había notado algo inusual y si había alguien más de guardia esa noche.

El guardia respondió que sí, tenía un compañero en el piso de arriba, y que no, no habían visto nada fuera de lo común.

El oficial dijo: «Llame a su compañero para que venga aquí».

El segundo oficial estudió el rostro del guardia mientras este hacía la llamada.

«Su rostro me resulta conocido», le dijo al guardia. «¿No hay una orden de arresto contra usted?».

El guardia de seguridad se sorprendió e insistió en que no era así, pero la pregunta en sí lo puso nervioso, y su negativa tan solo pareció intensificar la sospecha del policía. «Por favor, venga aquí y muéstreme su identificación», dijo el oficial de policía.

El guardia de seguridad salió de atrás del escritorio y se alejó del único botón de alarma silenciosa del museo. Le entregó su licencia de conducir y la identificación del Berklee College of Music al oficial. Después de estudiar la licencia un segundo, el oficial esposó al guardia y le dijo: «Queda usted bajo arresto. Necesitamos llevarlo en custodia».

Justo entonces, el segundo guardia que estaba trabajando esa noche, un aspirante a músico, llegó al lugar, y los oficiales lo esposaron de inmediato también.

Sorprendido, el segundo guardia preguntó: «¿Por qué me arrestan?».

Los oficiales respondieron: «No los estamos arrestando. Los estamos robando. Si no nos dan problemas, no los lastimaremos».

Los ladrones entonces ataron a los guardias, les cubrieron los ojos y la boca con cinta, y los encadenaron a tuberías en lados opuestos del sótano. Después de esto, los ladrones pasaron los próximos ochenta y un minutos seleccionando y cargando piezas irremplazables de arte a un vehículo que esperaba afuera. A continuación, partieron tranquilamente, pasando por las casas y los negocios de Fenway, para no volver a ser vistos jamás.

La tormenta

El mar sube y baja. El pequeño bote pesquero no tiene esperanzas de aferrarse a la espuma que se agita debajo. La proa se eleva sobre una ola rompiente, mientras que la popa se hunde hacia el valle debajo. Las olas estallan contra los costados. La media docena de hombres a la derecha de Rembrandt gritan y tironean de las velas, luchando para evitar que el barco vuelque. Los cinco hombres a la izquierda le ruegan a Jesús de Nazaret que los salve. Rembrandt está parado en el medio del barco, su mano derecha aferrada firmemente a una soga, mientras con la izquierda sostiene su sombrero sobre su cabeza. Su nombre está garabateado en el inútil timón, como si fuera su barco sobre su mar, y todos estuvieran atrapados en su tormenta. Él y todos los demás en el barco están a punto de quedar perdidos, a menos que su líder intervenga.[2]

No pensamos demasiado en nuestra mortalidad, pero la pregunta nunca está lejos. Viene en un instante, y a menudo trae consigo un sentido inherente de reverencia. La vida es algo frágil y sagrado. Esta fragilidad sagrada ha jugado un papel central en la creación de gran parte del arte del mundo. Nos maravillamos ante la ágil perfección física de juventud en el *David* de Miguel Ángel. Nos preguntamos qué clase de carga tiene tan afligido a *El pensador* de Rodin.[3] Desviamos la mirada de la muerte en *Lamentación por la muerte de Cristo* de Rubens, mientras José de Arimatea y Nicodemo colocan el cuerpo sin vida de Jesús sobre una losa.

Cuando nuestros océanos están en calma, los consideramos seguros. Decimos: «Conozco estas aguas como la palma de mi mano». Pero lo que queremos decir es: *Conocemos estas aguas cuando están tranquilas y cuando nuestra barca anda bien y cuando el sol brilla en lo alto y no nos faltan provisiones.* Y resulta ser que eso no tiene nada que ver con saber realmente qué se agita en las profundidades o qué se reúne en los cielos. Cuando se desata la tormenta, tenemos mucho que aprender.

Para los hombres en la barca con Rembrandt, esta tormenta no era su primer encuentro con su mortalidad. Temprano en el ministerio de Jesús, Él y Sus discípulos llegaron a una ciudad llamada Naín, al pie del Monte Tabor, al sudeste de Nazaret.[4]

Mientras se acercaban al lugar, escucharon los inconfundibles lamentos de duelo que venían de la entrada a la ciudad. La tragedia de esta comunidad, sea cual fuera, era reciente y las heridas estaban frescas.

Los discípulos observaron mientras los dolientes fluían lentamente como lágrimas desde la puerta de la ciudad. Detrás de los dolientes, venían cuatro hombres llevando a un muerto sobre una camilla. La madre del muerto los seguía, llorando. Los discípulos miraron en busca del padre o los hermanos del fallecido. No había ninguno. La gente de la procesión dijo que esta madre era una viuda, y que ese era su único hijo. Una pérdida como esta significaba que la viuda no tendría a nadie que la cuidara en su ancianidad. Quienes conocían su situación sentían la misma pena. Ninguna madre debería tener que enterrar a su propio hijo.

En aquella época, la gente se volcaba a los líderes religiosos para que la ayudara a encontrarle sentido a la muerte y al dolor que esta producía. Pero cuando los discípulos de Jesús se volcaron a su maestro, no vieron a un hombre que estuviera componiendo un discurso. En cambio, vieron a un hombre que lidiaba con Su propio dolor. Jesús observó cómo la madre del joven muerto lloraba sobre sus manos. Se acercó a ella y se paró delante de ella, hasta que la mujer lo vio.

«No llores», le dijo. Sus palabras eran tiernas, pero las palabras solas no podían detener esas lágrimas. Ambos lo sabían. Aun así, Jesús interrumpió su duelo lo suficiente como para que ella levantara la mirada y viera Su compasión por ella.

Jesús se acercó al féretro y tocó el paño mortuorio. Los que cargaban el cuerpo se detuvieron. Es más, en ese momento, todo pareció detenerse. Cuando Jesús tocó la tabla donde llevaban al muerto, varios dejaron escapar un grito ahogado, porque tocar a un muerto contaminaba la pureza ceremonial de un rabino. *¿En qué estaba pensando? ¿Se había hundido de tal manera en Su propia empatía que se había olvidado de sí mismo?*

Jesús susurró: «Joven».

La angustia de la madre del muchacho muerto se tornó en confusión. ¿Acaso el rabino acababa de susurrarle algo a su hijo?

Jesús dijo: «Joven, escucha mi voz. Levántate».

Un largo suspiro ahogado salió de la camilla, mientras el cuerpo se levantaba como un resorte, como alguien que se despierta sobresaltado por un trueno. El joven se sentó y preguntó por qué estaba sobre aquella camilla y por qué todos parecían tan aterrados. Jesús lo ayudó a bajar y se lo entregó a su madre. El miedo se apoderó de la multitud de dolientes. No estaban seguros de qué debían sentir. Algunos se pusieron a llorar con más fuerza. Otros se reían, descreídos. Uno dijo lo que todos estaban pensando: «Un gran profeta ha surgido entre nosotros. Dios ha visitado a Su pueblo. Jesús de Nazaret habla y los muertos se levantan».[5]

Los discípulos tenían bien presente el tema de la mortalidad, pero la manera en que Jesús respondía a esto no se parecía a nada de lo que ellos, o el resto del mundo, hubieran visto jamás. Los informes de aquel milagro se esparcieron por toda Judea y los alrededores. Grandes multitudes seguían a Jesús. A medida que esas multitudes crecían, Jesús seguía adelante por Su camino, para manejarlas de la mejor manera posible.

Era un mundo donde no escaseaban las necesidades, y la gente seguía trayéndoselas de a montones. Después de un día particularmente intenso de ministerio junto al Mar de Galilea, Jesús les pidió a Sus discípulos que partieran en una barca para descansar un poco. Agotado, Jesús fue a la proa del barco y se acostó. Acunado por el suave movimiento del mar, se quedó dormido.

Despertó frente a rostros empapados y desesperados a centímetros del suyo, que le gritaban por encima del ruido de una tormenta repentina: «¡Despierta! «¿No te importa que perezcamos?».[6]

Los vientos de los desfiladeros habían azotado el lago de tal manera que las olas estaban empezando a romper a los costados del barco. Se estaban hundiendo. La mayoría de los que estaban a bordo eran marineros experimentados y, de hecho, todos ellos menos Jesús estaban trabajando furiosamente para mantener el barco a flote y así conservar sus vidas.

«¡Jesús! ¡Nos morimos! ¿Acaso no te importa?», le gritó Pedro.

Era una pregunta irónica. La razón por la cual Jesús y Sus discípulos estaban en la barca en primer lugar era para escapar de las multitudes que constantemente se agolpaban alrededor de Jesús porque se lo conocía como un sanador que podía levantar a los muertos.[7] Las masas lo buscaban porque no solo le importaba que murieran, sino que lo evitaba. Incluso era capaz de *revertir* la muerte.

Pero allí en la barca, paralizado sobre un mar blanco como la lepra, ellos sabían que esto podía terminar de dos maneras: en la muerte o en un milagro. A pesar de sus mejores esfuerzos, se dirigían a la muerte, y estaban desesperados. ¿Jesús tendría algo para ellos como lo que le había dado al hijo de la viuda de Naín? Aun si fueran solo palabras, necesitaban algo.

El maestro

La tormenta sobre el mar de Galilea, la única escena marítima conocida de Rembrandt Harmenszoon van Rijn (1606-1669), es una de sus pinturas más dramáticas, que capta ese momento justo después de que los discípulos supieran que morirían si Jesús no los salvaba, y justo antes de que Él lo hiciera. El lienzo de 152 por 123 cm (5 por 4 pies) colgó en la sala holandesa del segundo piso del Museo Isabella Stewart Gardner por casi cien años. Todos los que lo miraban veían lo mismo: Rembrandt nos miraba desde el marco, nos miraba directo a los ojos. El terror sobre su rostro nos preguntaba lo mismo que los discípulos le preguntaban a Jesús: «¿No te importa que perezcamos?».

Rembrandt, a quien se lo conocía incluso entre sus contemporáneos como «El maestro», era tanto un narrador como un pintor.[8] Le importaban los relatos detrás de sus pinturas y las pintaba para que contaran tanto de la historia como se pudiera incluir en una sola imagen. Una de las formas en que lo hacía era pintándose a sí mismo en varias escenas bíblicas. No lo hacía por vanidad, sino por el bien de la historia. Quería llevarnos a la historia, captar nuestra imaginación, instruirnos sobre cómo deberíamos interactuar con lo que sucedía en el lienzo, y ser testigos de lo que él creía que era cierto sobre el mundo que pintaba y su lugar en él.

Por ejemplo, en *El levantamiento de la cruz*, Rembrandt se esfuerza junto con otros tres hombres para levantar la cruz de Jesús hasta su base en el Gólgota. Él y Jesús son los únicos dos hombres que no están envueltos en sombra. El contraste entre ellos es extremo. Jesús está desnudo, pálido y ensangrentado; Rembrandt está vestido con una costosa y limpia túnica azul, y una boina que hace juego. Rembrandt quiere que sepamos que, aunque creía que todos tenían su parte en la crucifixión de Jesús (como se ve en la diversidad de soldados, campesinos, políticos y figuras sin rostro escondidas en el fondo), en su opinión, la persona cuya culpa brilla más fuerte en el asunto es la propia.

En su pintura *El hijo pródigo en la taberna*, Rembrandt es el hermano más joven, borracho y con ojos vidriosos que nos mira sobre su hombro izquierdo mientras sostiene una pinta con una mano y una mujer con la otra. La mujer en la pintura es su esposa, Saskia. Al pintarse a sí mismo en esta escena, Rembrandt confiesa su gran capacidad para la insensatez, así como su inminente necesidad de misericordia. Lo observamos con una mezcla de lástima y compasión. Sabemos lo que el hombre de la historia ha malgastado y lo que ha dejado atrás. Sabemos que su mundo está a punto de derrumbarse. Pero también sabemos que su padre lo ama y que probablemente está mirando el horizonte en busca del regreso del joven en ese mismo momento. Y sabemos que el pródigo regresará al amor de su padre, pero no antes de quebrarse.

Al pintarse a sí mismo en el barco de *La tormenta en el mar de Galilea*, Rembrandt quiere que sepamos que cree que su vida se perderá en un mar de caos o será preservada por el Hijo de Dios. Esas son sus únicas dos opciones. Y al espiar a través de la tormenta y desde el lienzo a nosotros, nos pregunta si no estamos en la misma barca.

El coleccionista

La primera gran coleccionista de arte de Estados Unidos, Isabella Steward Gardner (1840-1924), tuvo un encuentro bien cercano con la muerte cuando su hijo de dos años falleció en 1865. Devastados, ella y su esposo Jack empezaron a viajar por el mundo, en un intento de aliviar su dolor. Tanto Jack como Isabella venían de familias adineradas, así que nunca tuvieron necesidades financieras. Esto los liberaba para aventurarse adonde quisieran. Y eso fue lo que hicieron. En sus viajes, empezaron a coleccionar arte, tanto popular como fino, de todas partes del mundo.[9]

Aunque su dolor por la pérdida de su hijo fue decreciendo, su apetito por el arte no disminuyó. En 1890, después de veinticinco años de reunir arte, se dieron cuenta de que habían amasado los componentes necesarios para una colección permanente de arte fino de primera clase que cualquier museo habría deseado poseer. Entonces, dejaron el arte popular de lado y se concentraron en obtener obras de muchos de los mejores artistas del mundo: Botticelli, Tiziano, Rafael, Manet, Degas, Vermeer y Rembrandt. Su colección, dijo Isabella, «debería tener tan solo algunos, y todos *números 1*».[10]

Al poco tiempo, la colección de Isabella y Jack había crecido tanto que ella sintió que sería inapropiado conservarla para ellos solos. Quería crear un hogar permanente para su arte, «un museo para la educación y el disfrute del público para siempre».[11] Ella y Jack compraron un terreno en el vecindario Fenway de Boston y empezaron a soñar.

Entonces, en 1898, la tragedia volvió a golpearlos. Jack murió. Una vez más, Isabella se sumergió en su dolor y, como había hecho cuando perdió a su hijo, se volcó al arte para ayudarla a atravesar su pena. Solo que esta vez, en lugar de reunir más arte que otros hubieran creado, quiso crear algo propio... su propia obra maestra, *su* museo: Fenway Court.

Isabella se entregó en alma y cuerpo al proyecto. No se contentó simplemente con encontrarse con los constructores y pagarles a los contratistas. Diseñó cada aspecto del museo ella misma. Su arquitecto, William Sears, bromeaba diciendo que, en ese trabajo en particular, él era poco más que un carpintero y un ingeniero mecánico que llevaba a cabo la visión de la verdadera arquitecta. Isabella diseñó un palazzo de renacimiento italiano con grandes salones que enmarcaban un inmenso atrio en el centro, igual que aquellos en Venecia, donde ella y Jack solían quedarse cuando eran más jóvenes y el mundo estaba a sus pies.

En los años siguientes, el Fenway Court, de cuatro pisos, se elevó desde el pantanal como uno de los especímenes más bellos que sus vecinos habían visto jamás. Cuando la estructura se completó en 1902, Isabella pasó todo un año trabajando en el diseño interior. No la impresionaban los museos tradicionales con estilo de galería, porque para ella eran tan solo salas aburridas y vacías con pinturas colgando de las paredes, así que organizó su colección para deslumbrar a sus invitados con la sensación de que estaban obteniendo una experiencia realmente íntima con algunas de las creaciones más magníficas del mundo.

Cada sala sería su propio diorama vivo y lleno de pinturas, tapices, muebles y esculturas, organizados para sumergir al usuario en una experiencia de una cultura y una era que jamás podría encontrar en otra parte que no fuera su museo. «El amor al arte, y no el conocimiento sobre la historia del arte, era su objetivo»,[12] explicaba la historia oficial del museo.

Desde las piezas de su colección, el lugar donde las colocó en el palazzo, la arquitectura, los muebles y hasta cada planta, Fenway Court era todo lo que Isabella quería. Ella insistió en que permaneciera así, tanto que, en su testamento, estipuló que si se hacía algún cambio a su colección después de su muerte —si los futuros administradores permitían que cualquier cosa entrara o saliera del lugar—, toda la colección debería ser entregada a Harvard para su liquidación.[13] Añadir cualquier cosa a su colección sería como añadirle largo al cabello de la Mona Lisa, así como quitar algo equivaldría a cortárselo.

Isabella Stewart Gardner, una mujer de dolores y experimentada en angustias, quiso traer algo a este mundo que no pereciera. Eligió el arte. Cuando falleció en 1924, Isabella había acumulado más de 2500 tapices, manuscritos, libros antiguos, esculturas, muebles y obras maestras de Tiziano, Vermeer, Flinck, Miguel Ángel, Rafael, Whistler, Degas, Manet, Sargent, Botticelli y el mismísimo maestro holandés: Rembrandt. Les había dado un hogar. Más que eso, les había dado lugares de honor para ser saboreados por «los rostros extasiados y felices de aquellos que aman el arte».[14]

Cuando le preguntaron por qué era tan protectora en cuanto a mantener Fenway Court tal como lo había creado, la viuda que enterró a su hijo tantos años atrás respondió: «Mi museo vivirá».[15]

La captura

Los sensores en la puerta de seguridad revelaron que los ladrones tuvieron que hacer dos viajes. Las trece obras robadas incluían *El concierto*, de Johannes Vermeer (una de las 34 obras confirmadas de Vermeer que existen), un paisaje de Flinck, un jarrón chino de 3000 años de la Dinastía Shang, una pintura de Manet, cinco obras de Degas, un capitel con un águila de bronce, y tres Rembrandts: un autorretrato del tamaño de una estampilla grabado al aguafuerte; su formal *Dama y caballero de negro*; y, por último, una de las obras exhibidas en un lugar más prominente del museo, *La tormenta en el mar de Galilea*. Juntas, las trece obras de arte robadas constituyeron el robo de bienes más grande de la historia estadounidense, con un valor estimado de más de 500 millones de dólares.

Las obras más valiosas se tomaron de la Sala Holandesa del museo, en el segundo piso. «Las personalidades fuertes dominan esta sala», dice la guía del museo. «Mirando desde las paredes, encontramos a una reina, un médico, una archiduquesa, un abogado, un artista e incluso un coleccionista».[16] Aun en la compañía de élite de las demás obras de arte holandesas y flamencas de Isabella, era indiscutible que *La tormenta en el mar de Galilea*, de Rembrandt, era la reina de la sala.

Rembrandt pintó *La tormenta en el mar de Galilea* en 1633, poco después de mudarse de su casa en Leiden a Ámsterdam. Quería establecerse como uno de los maestros de la ciudad de retratos y escenas históricas bíblicos y geopolíticos. Las finas pinceladas y la paleta luminosa de Rembrandt fueron características de su estilo temprano, con detalles tan elaborados como la trenza de una soga o las patas de gallo alrededor de los ojos de un hombre.

La «habilidad [de Rembrandt] de no solo representar una historia sagrada, sino también de captar nuestra atención y sumergirnos en un drama gráfico para desdoblar»,[17] hace que *La tormenta en el mar de Galilea* trascienda la escena en sí. La historia aquí se trata de mucho más que un grupo de hombres que se ven atrapados en esa tormenta aquella tarde. Esta pintura se trata de todos nosotros. Rembrandt vuelve sobre la antigua historia que enfrenta a la humanidad contra la naturaleza, mientras

el enfurecido mar sacude la embarcación completamente apare-
jada con sus pasajeros aterrorizados, como si fuera un juguete. Y
enfrenta lo vulgar contra lo divino, donde uno de los discípulos
vomita a sotavento mientras otro, a pocos pasos de distancia, se
aferra a la segunda persona de la bendita Trinidad, rogándole
que los salve.

La escena del crimen reveló que, aunque los ladrones tuvieron tiempo de sobra para manejar con cuidado el arte, decidieron no hacerlo. Uno de los Rembrandts quedo atrás, doblado y
lleno de rozaduras en el suelo. *El concierto* de Vermeer había
sido sacado a golpes de su marco, al igual que *Chez Tortoni,* de
Manet. En lo que solo se podría considerar un acto de escarnio,
los ladrones dejaron el marco vacío de Manet en una silla en la
oficina del supervisor de seguridad.

La tormenta en el mar de Galilea, de Rembrandt, tuvo un
peor destino. En vez de arriesgarse a que los atraparan con el
lienzo de un metro y medio de largo (cinco pies), los ladrones
tomaron un cuchillo y cortaron la pintura de las tablillas que
lo sostenían. El marco, junto con la pequeña placa de bronce
en la parte inferior que decía simplemente «Rembrandt», quedó
colgado vacío en la pared.

El mercado

Anthony Amore, el director de seguridad del Museo Gardner,
dijo: «El arte no es robado por maestros criminales, sino por criminales comunes [...]. Esto se parece menos a *El secreto de Thomas Crown* y más a una película de los hermanos Coen».[18] Los
ladrones de arte rara vez son coleccionistas de arte. Los coleccionistas quieren mostrarles a otros lo que tienen. Los criminales
quieren mantener su botín escondido y transformarlo en dinero
lo más pronto posible. Como los ladrones de arte no suelen ser
coleccionistas de arte, no siempre saben lo que se están llevando.

En 2003, un ladrón se escapó con *La virgen de la rueca* de Leonardo da Vinci, sin darse cuenta de que había robado una de las pinturas más famosas y valiosas del mundo. Cuando intentó venderla, nadie quería saber nada porque era demasiado famosa.[19]

El arte robado es una carga que pocos pueden manejar. ¿Qué puede hacer un ladrón con 500 millones de dólares en arte robado, cuando las pinturas sustraídas en el atraco aparecen en todos los periódicos, revistas y noticias en el mundo? El ciudadano promedio que respeta las leyes se queda atascado en esta pregunta, porque supone que lo que quiere el ladrón es obtener algo cercano a lo que vale la obra de arte. Un Vermeer robado de cien millones de dólares, incluso con descuento, debería conseguirle al ladrón unos cincuenta millones, ¿no?

No. Los ladrones que poseen obras de arte reconocidas —de Vermeer, Rembrandt, Monet, da Vinci, etc.— saben que intentar vender esas obras casi seguro garantiza su arresto. Entonces, ¿qué pasa una vez que roban las obras? En general, especialmente en la época anterior a internet, una obra de arte robada tendría uno de cuatro destinos: sería destruida, retenida a espera de un rescate, usada como divisa en el mercado negro o vendida como una réplica de excelente calidad.

Por supuesto, hay ocasiones en las que los ladrones roban obras de arte porque quieren conservarlas, pero eso casi nunca termina bien. Stéphane Breitwieser, un mesero de treinta y dos años que vivía con su madre en el este de Francia, robó cientos de obras de arte de museos en Alemania, Suiza y Francia. Las robó porque le gustaban; y las tenía exhibidas en la casa de su madre. Cuando lo arrestaron por robar un clarín, entre todo lo que podía robar, su madre, en un intento de esconder sus crímenes, quemó muchas de las obras de su colección. Cuando arrestaron a Breitwieser, ya había acumulado cerca de 2000 millones de dólares en arte robado.[20]

Los investigadores estiman que un 20 % de todo el arte robado corre un destino similar. El estrés y la inconveniencia de retener estos tesoros públicos tan preciosos termina siendo más de lo que los ladrones habían previsto. Sin dónde ir y sin manera de devolver lo que robaron, destruyen su premio.

El FBI dice que solo el 5 % del arte robado del mundo se recupera alguna vez. A menudo, esas obras se robaron con el propósito de pedir un rescate. Ese arte suele volver a las paredes del museo. Para algunos ladrones, este siempre fue el plan: robar una pintura, recortar letras de algún periódico, pegarlas en una nota de rescate y esperar lo mejor.

Otros buscan un rescate de otro tipo. Algunos criminales anticipan que, debido a su estilo de vida al margen de la ley, probablemente algún día los arresten por algo. La cuestión no es si los arrestarán, sino cuándo. Facilitar la devolución de un tesoro robado se transforma en una estratégica moneda de cambio cuando intentan alegar que les reduzcan la sentencia. Los criminales saben que las autoridades quedan muy bien ante la mirada pública cuando recuperan arte robado, y nunca se puede tener demasiado renombre entre la comunidad a la que sirven.

Esto deja aproximadamente un 75 % del arte robado del mundo con un paradero desconocido... desaparecido. Cuando el arte de Gardner salió pesadamente del museo en la parte trasera de una camioneta, adoptó un propósito completamente nuevo. Dejó de existir, según Gardner había diseñado, «para la educación y el disfrute del público para siempre», y probablemente se transformó en alguna forma de moneda. Las pinturas y esculturas en el mercado negro terminan viajando por el mundo como un billete de veinte dólares.

¿Cómo funciona esto? Supongamos que alguien se escapa con un Monet que vale diez millones de dólares. Esa pintura tal vez se pueda intercambiar enseguida por un millón de dólares de cocaína de alta calidad. Después, el vendedor de cocaína espera con la pintura durante un año, mientras las noticias al respecto se van desvaneciendo. Después, se la intercambia a un traficante de armas por una reserva de armas para su cartel. Pasa otro año, y el traficante de armas intercambia el Monet a un distribuidor de armas que conoce a un traficante de arte en el mercado negro. Hasta entonces, la pintura estuvo desaparecida durante varios años y está a una distancia de cinco personas del ladrón y su crimen, sin que ni un dólar haya intercambiado manos. El mercado negro ha lavado la pintura y el recuerdo de su robo hasta el punto en donde puede empezar a aparecer en tratos corruptos y pasar de una venta privada a otros durante años, e incluso décadas, antes de que emerja en el mercado abierto o sea descubierta en el ático de alguna venta inmobiliaria. El arte robado se vende por alrededor del 10 % de su valor real en esa primera venta. Pero cuanto más viaja para alejarse del crimen, mayor es la negación plausible del comprador y, por ende, más segura es la compra y más elevado el precio.

Las leyes que respectan al robo de arte no necesariamente disuaden a los ladrones. Ellos saben cómo funciona el sistema. En Estados Unidos, la ley nacional sobre bienes robados protege a los coleccionistas de ir a la cárcel por poseer arte robado, a menos que se pueda probar que sabían que estaban comprando mercancía robada, lo cual es prácticamente imposible de demostrar con el arte lavado, ya que una de las marcas del mercado negro es la confidencialidad. En Holanda, la ley estipula que después de veinte años una obra de arte robada se transforma en propiedad legal de cualquiera que la posea.

En 2004, seis hombres robaron *El grito*, de Edvard Munch (valorado en más de cien millones de dólares) de la pared de un museo en Oslo. Fueron arrestados, pero solo a tres se los condenó, y solo dos fueron a la cárcel; uno estuvo preso seis años y el otro, cuatro. Stéphane Breitwieser, el mesero francés, pasó solo cuatro años en la cárcel por robar casi 2000 millones de dólares en obras de arte.

Un exladrón de arte dijo en una entrevista que los criminales saben que si roban un Rembrandt pueden llegar a ir presos entre tres y cinco años, pero si roban el equivalente a lo que vale ese Rembrandt en efectivo o activos, pueden llegar a darles entre veinte años a prisión perpetua.[21] El arte robado siempre ha sido valorado como moneda de bajo riesgo y grandes beneficios para solventar la actividad criminal.

Si esas obras del museo de Gardner no han sido destruidas, retenidas como rescate o pasadas de mano en mano como un maletín lleno de dinero, lo más probable es que caigan en otro destino sombrío... uno que habría sido mucho más sencillo de alcanzar en el mundo anterior a internet del robo del Gardner. Tal vez se las haya vendido como réplicas de excelente calidad.

Digamos, por ejemplo, que un ladrón roba un Rembrandt menos reconocido. Rembrandt tuvo muchos alumnos en su vida, pintores jóvenes que estudiaban junto al maestro. Estos alumnos aprendieron a imitar la técnica y el estilo de Rembrandt. Muchos de sus protegidos se volvieron tan expertos en el arte de la imitación que los historiadores han debatido la autenticidad de cientos de lienzos y grabados que se le atribuyen a él. El historiador alemán de arte Wilhelm von Bode bromeó: «Rembrandt pintó 700 cuadros. De ellos, 3000 siguen existiendo».[22]

Un estafador habilidoso con un blanco ingenuo podría convencer a su posible comprador de que la pintura que tenía para vender provenía de uno de los alumnos del mismo Rembrandt. Lo único que debería hacer para argumentar su caso sería volverse al cuadro en sí. El detalle en la copia del artista desconocido habría requerido un acceso sin obstáculos al original. Mire cómo la luz cae sobre la nariz de la mujer de la misma manera en que Rembrandt la habría pintado. Observe los detalles de las borlas en la túnica del hombre. Lleve una muestra de pintura a un laboratorio, si así lo desea. Descubrirá que es, por cierto, pintura del siglo XVII, de origen holandés. Tal vez no sea un verdadero Rembrandt, explica el estafador, pero viene del pincel de uno de los protegidos del maestro. La paleta, la escala, el detalle e incluso la firma afirman que se trata de una obra singular por derecho propio... y que fácilmente vale un porcentaje de la obra maestra que imita. Por el módico precio de 100 000 dólares, usted podría tener una pintura del siglo XVII del estudio del mismísimo Rembrandt. Tal vez incluso se pintó en el mismo atril que el original.

Esta tiene que ser la opción más insidiosa de las cuatro. En lugar de reducir la obra de arte a cenizas, el ladrón la quema de nuestra memoria. En lugar de retenerla para un rescate digno de su abolengo, soporta la indignidad de ser vendido por una miseria. En lugar de hacer circular la pintura entre amantes del arte, por más corruptos que sean, el ladrón saca la pintura de circulación y la destierra a un destino peor que el fuego: una vida de anonimato, donde seguirá existiendo en un mundo que jamás la encontrará. Su nuevo dueño no sabe que es real, y el vendedor ruega que jamás se entere.

La tormenta en el mar de Galilea, de Rembrandt, ha estado desaparecida por casi treinta años ya. Hay una recompensa de cinco millones de dólares por la recuperación del arte de Gardner. Hasta ahora, nadie se ha presentado a reclamarla. No ha habido ningún arresto. Ninguna exigencia de rescate. Nadie parece haber visto las obras. A pesar de miles de pistas, indicaciones y sospechosos que ha barajado el FBI, la fiscalía estadounidense del Distrito de Massachusetts, y las autoridades locales, federales e internacionales, nadie sabe quién robó las obras ni dónde están.

Ron Gollobin, un reportero de la sección policial en Boston, dijo: «Hay una recompensa de cinco millones. Esa es una declaración poderosa. Absoluto silencio. Ni un indicio de quién puede haber estado detrás de esto».[23] Aunque pueden estar en manos de alguien que sencillamente se está tomando su tiempo, el silencio sugiere la posibilidad aleccionadora de que no veamos más *La tormenta sobre el mar de Galilea.*

Aun así, cada año, en el aniversario del robo, el Museo Gardner saca un comunicado de prensa pidiendo que devuelvan las obras. En el comunicado, así como el padre de un niño diabético que ha sido secuestrado describe por televisión cómo usar adecuadamente un autoinyector de epinefrina, el museo explica que el arte faltante debe mantenerse a 20 °C (68 °F), con un 50 % de humedad.

El marco

El empapelado gris parduzco con iris en la Sala Holandesa ahora llena el marco de Rembrandt como una calma escalofriante después de una tormenta violenta. Además de quizás un par de fibras del lienzo y trocitos de pintura del siglo XVII incrustados en las hendiduras del piso del museo, no queda señal alguna del barco de Rembrandt ni de ningunas de las almas a bordo. Están perdidos.

Quienes visitan el museo pasan por la Sala Holandesa como dolientes que pasan junto a la tumba de un ser querido. Describen el marco vacío de Rembrandt como «una tragedia perversa, una corrupción monstruosa de la belleza».[24] Algunos se niegan incluso a entrar a la sala. Quienes saben cómo surgió el museo se sienten ofendidos por el robo, no por lo que valen las obras de arte robadas, sino porque lo que hicieron los ladrones fue una falta de respeto. Fue irrespetuoso para con el regalo de Isabella y desconsiderado con su dolor.

Isabella Stewart Gardner caminó por la senda de la viuda de Naín y llevó sus penas a este lugar, con la esperanza de encontrar algo de descanso. Cuando perdió su bebé en un mar de dolor, se volcó a la belleza para hallar sanidad. Cuando perdió a su esposo, se decidió a crear algo que no pereciera: un museo que viviría para siempre. Y ella se lo regalaría al mundo.

Isabella fue una persona de una larga línea de muchas que, a su manera, han intentado detener la decadencia de una creación moribunda. Quiso darnos algo hermoso, algo duradero, algo pleno nacido de un lamento demasiado profundo para palabras.[25] Fue un acto desafiante de guerra contra la muerte, usando la belleza como su arma.

Quienquiera haya cortado *La tormenta sobre el mar de Galilea* de su marco lo hizo mientras Rembrandt lo miraba a los ojos. ¿Acaso los dos hombres habrán hecho contacto visual? ¿Acaso el hombre disfrazado de policía de Boston habrá entendido lo que Rembrandt intentaba decir?

Este es un mundo difícil, donde los niños mueren y las viudas lloran. Esta es la naturaleza de la tormenta en la que todos aparecemos pintados. El mismo mar que nos atrae con su belleza y abundancia emerge con un poder que puede destruirnos sin advertencia. Y, tarde o temprano, llega el momento de rendir cuentas. Rembrandt lo sabía bien. También Isabella Stewart Gardner. Los hombres en el barco también lo sabían.

¿Acaso el ladrón lo sabrá? ¿O seguirá con los ojos vidriosos en un bar en algún país lejano, inconsciente de que ahora se ha pintado en la tormenta de Isabella? Su obra ahora cuelga en el lugar de la de Rembrandt, dejando atrás un marco que se ha transformado en una especie de escondite secreto, un lugar donde se intercambian mensajes personas que no pueden revelar su identidad.

El marco vacío es una nota del ladrón que le dice a Isabella que, aunque ella quiera crear algo que supere el alcance de la muerte, eso no es algo que este mundo pueda dar. Puede adornar el dolor todo lo que quiera, pero nada que ella haga durará para siempre. Este es un mundo donde los ladrones penetran y roban.[26] Es un lugar donde las cosas bellas son destruidas, donde los tesoros valiosos se venden por una miseria, donde los talentos se entierran y nunca más son hallados. Es un mundo donde constantemente estamos intentando decirnos unos a otros que no somos lo que en realidad somos. La penumbra de la criminalidad nos envuelve. El ladrón lo sabía bien. Rembrandt también. Los hombres en el barco también lo sabían.

¿Lo sabría Isabella?

Las cosas no serán así para siempre. Un día, cuestiones tristes como estas dejarán de ser.[27] El apóstol Pablo dijo que quienes ponen su fe en Jesús son como vasos terrenales llenos de gloria... marcos que sostienen obras de arte:

> [Estamos] afligidos en todo, pero no agobiados; perplejos, pero no desesperados; perseguidos, pero no abandonados; derribados, pero no destruidos. Llevamos siempre en el cuerpo por todas partes la muerte de Jesús, para que también la vida de Jesús se manifieste en nuestro cuerpo. [...]
>
> Por tanto no desfallecemos, antes bien, aunque nuestro hombre exterior va decayendo, sin embargo nuestro hombre interior se renueva de día en día. Pues esta aflicción leve y pasajera nos produce un eterno peso de gloria que sobrepasa toda comparación.[28]

La pregunta del discípulo resuena a través de los siglos... ¿acaso a Dios le importa que perezcamos? Jesús vino caminando sobre nuestros mares más agitados, para hablar paz al vendaval. Y lo hará otra vez. Su triunfo sobre la tumba llama a aquellos que perecen a renacer en una esperanza nueva y viva. La paz que Él trajo con Su resurrección no es ni un mito ni una fantasía. Es una herencia que jamás perecerá, viva para aquellos que creen, por la eternidad.[29] El suyo es un reino que permanecerá. Pero es el único en su especie.

Si *La tormenta sobre el mar de Galilea* todavía existe, Rembrandt, en toda su gloria, está metido en algún armario, ático o bóveda, escondido del mundo. Sigue aferrándose a aquella cuerda, intentando evitar que su sombrero se le vuele de la cabeza. Y está mirando hacia nuestro mundo, con la esperanza de que alguien haga contacto visual. Si sigue existiendo, está atrapado en una tormenta brava.

Pronto, si la Biblia es veraz, Jesús se levantará y les dirá a las viudas y los ladrones por igual: «¡Cálmate, sosiégate!».[30] Sus palabras vendrán seguidas de una calma eterna y sin precedentes.[31] Saber esto nos ayuda ahora. No importa lo que suframos, no tenemos por qué entristecernos como los que no tienen esperanza.[32] Así que aprendemos a esperar en un reino venidero. Pero lo hacemos sabiendo que, en este, al menos por ahora, Rembrandt sigue desaparecido.

Museo Isabella Stewart Gardner, Sala Holandesa,
el marco que solía contener la obra de Rembrandt
La tormenta en el mar de Galilea
Foto de Kate Charlton, utilizada con permiso

LUZ PRESTADA

Johannes Vermeer y el
misterio de la creación

Johannes Vermeer, *La lechera*, aprox. 1658–1660,
óleo sobre lienzo, 46 × 41 cm, Rijksmuseum, Ámsterdam

Una gran cantidad de luz cae sobre todo.

Vincent van Gogh

En el principio Dios creó los cielos y la tierra. La tierra estaba sin orden y vacía, y las tinieblas cubrían la superficie del abismo, y el Espíritu de Dios se movía sobre la superficie de las aguas.

Entonces dijo Dios: «Sea la luz». Y hubo luz. Dios vio que la luz era buena; y Dios separó la luz de las tinieblas. Y Dios llamó a la luz día y a las tinieblas llamó noche. Y fue la tarde y fue la mañana: un día.

Génesis 1:1-5

La primera frase en la Biblia se trata de la creación: de hacer algo que antes no existía. Dios creó los cielos y la tierra de la nada: *ex nihilo*. Entonces, Dios habló a la oscuridad: «Sea la luz», y en un momento la creación pasó de un vacío sin forma a un lugar de definición discernible. Sea lo que fuera que existiera ahora sería visible para todas las criaturas bendecidas con la facultad de la vista, porque la luz caería sobre ello.

Aunque se nos dice que Dios hizo el mundo, no se especifica cómo. Él habló y las cosas existieron. Sin duda, esa frase se despliega como un paraguas sobre una cantidad inmensurable de especificidad. Estudiamos la expansión del universo y la conducta de los objetos en el espacio; unimos ciertos detalles y sacamos algunas conclusiones de la mejor manera que podemos. Pero mientras estemos atados por la gravedad al punto de vista de la tierra, aun los mejores intentos de nuestras mentes más brillantes apenas si pueden aventurarse un poco hacia atrás en el tiempo y en las profundidades del alcance del espacio antes de que debamos admitir que gran parte de lo que hay para saber sobre cómo Dios hizo el cosmos está, y seguirá estando, cubierto de misterio.

En referencia a la tierra, Isaías nos recuerda que «no la hizo un lugar desolado, sino que la formó para ser habitada».[1] El logro más alto de Su creación habitable fue la humanidad: aquellos que llevan Su imagen y fueron hechos a Su semejanza.[2] Reflejamos a Dios de maneras que ninguna otra cosa creada puede hacerlo. Y, como seres humanos que reflejan al Creador, nuestro llamado es a imitarlo, no solo en Su ética moral, sino también en Su obra creativa. Fuimos creados para crear. Cuando los seres humanos participan de la obra creativa —de traer algo a la existencia que antes no existía— reflejan esa parte de Dios como Creador.

Cuando Dios hizo el mundo, lo creó *ex nihilo*, de la nada. Aunque nosotros no poseemos esa habilidad, aun así fuimos creados para hacer cosas tomando lo que encontramos en el suelo de la creación. Y lo hacemos. Pero, en realidad, nunca trabajamos solos.

El patrimonio de Vermeer

Johannes Vermeer murió repentinamente a los cuarenta y tres años. Aunque siempre indicaba su profesión como «pintor», Vermeer se ganaba la vida como marchante. Vendía sus propias pinturas, pero la gran mayoría de sus ingresos provenían de vender las obras de otros artistas. Para construir su inventario, Vermeer primero tenía que comprar esas obras a crédito, el cual podría pagar después de venderlas. Su sustento dependía de su capacidad para vender el arte que compraba o pintaba.

En 1672, tres años antes de la muerte de Vermeer, la República Holandesa fue atacada por Inglaterra y Francia. Vermeer se unió a la milicia de Delft y pasó los últimos años de su vida sirviendo en el ejército, lo cual restringió su capacidad no solo para pintar, sino también para vender. Las obras que había comprado a crédito quedaron abandonadas. Con un inventario que no podía mover, tenía una deuda que no podía pagar. Su viuda, Catharina, a la cual dejó con once hijos, diez de los cuales seguían viviendo en su casa, creía que él murió del estrés de luchar para proveer para su familia.[3] En una petición a los acreedores de Vermeer, Catharina escribió sobre la muerte de su esposo:

> Durante la destructiva guerra con Francia, no solo no pudo vender ninguna de sus pinturas sino que, para su gran perjuicio, se quedó con las pinturas de otros maestros que también tenía a la venta. Como resultado, y debido a la gran carga de proveer para sus hijos, cayó en gran deterioro y decadencia, y esto lo afectó de tal manera que fue como si hubiera caído en un frenesí; en un día y medio pasó de gozar de buena salud a estar muerto.[4]

Catharina nunca se había encargado de las finanzas de la familia, y el patrimonio de los Vermeer era complicado. Debían mucho y tenían poco. Después de que Johannes murió, Catharina hizo lo mejor que pudo para tratar con sus acreedores antes de que los auditores vinieran y vendieran lo que quedaba. Con ayuda de su madre, Maria Thins, hizo inventario de las posesiones de la familia y le asignó titularidad a cada elemento. Cuando el escribano fue de habitación en habitación, haciendo inventario de qué objetos se podían vender, la mitad de las posesiones de Catharina estaban catalogadas como pertenecientes solo a ella, y la otra mitad como propiedad de ella y su madre. Esos objetos no se podían rematar legalmente. Otras posesiones que no estaban en el inventario se le habían transferido directamente a Maria, y otras se cree que fueron escondidas para que no se pudieran vender para pagarles a los acreedores.

Las posesiones que Catharina catalogó como propias eran cosas como ropa y muebles gastados, vajilla vieja y unos treinta libros. También anotó algunas pinturas de otros artistas que valían algo de dinero, pero no demasiado. Además, enumeró los materiales artísticos de su esposo como bienes: «un atril, tres paletas, un tiento con tirador de marfil, seis paneles de madera, diez lienzos y tres lotes de grabados».[5]

La lista de Catharina era curiosa. Las pinturas de su esposo presentan muchos objetos valiosos: un cántaro bañado en oro, cortinas y alfombras ornamentadas, instrumentos musicales y mapas. Pero ninguno de estos objetos valiosos que aparecían en las obras de Vermeer estaban incluidos en su inventario, y la lista de herramientas usadas para su estudio era demasiado básica para un artista de su calibre. Vermeer tal vez haya vendido algunas de estas cosas durante su vida para cubrir gastos, pero no hay ningún registro de esto. Y, como pintor de poco más de cuarenta años de edad, es difícil imaginar que haya vendido las herramientas que necesitaba para producir su ingreso.

Ordenar el patrimonio de los Vermeer sería un proceso complicado, pero Catharina estaba perdiendo dinero. Tenía que encontrar una manera de saldar sus deudas de la manera más rápida y oficial que fuera posible. En la misma petición en la que describió la muerte de Johannes, también le pidió al tribunal que la librara de sus propias deudas. Su petición decía:

> La suplicante, la cual quedó a cargo de once hijos, debido a que su antes mencionado esposo, durante la guerra reciente con el rey de Francia hace unos años, pudo ganar muy poco o prácticamente nada, y a que el arte que había comprado para vender tuvo que venderse con una gran

pérdida para alimentar a sus [...] hijos, por lo cual luego tuvo que incurrir en más deudas [...], no puede pagarles a todos sus acreedores.[6]

El tribunal tuvo misericordia y declaró que Catharina Vermeer estaba en bancarrota, y le asignó un albacea para manejar el patrimonio: un fabricante de lentes de Delft llamado Antoine van Leeuwenhoek. Él decidiría qué se vendería de los bienes que quedaban, a qué acreedores se les pagaría y cuánto recibirían. Van Leeuwenhoek debía representar a la familia Vermeer, reconciliar a Catharina y sus hijos con la comunidad, y liberarlos de la deuda de Johannes.

El encuentro con Vermeer

Descubrí las obras de Johannes Vermeer de la manera en que la gente suele descubrir a artistas desconocidos: prestando atención a otro. Cuando era adolescente, me encontré atraído por las obras de Rembrandt. Mi maestro de arte le mostró a mi clase *La tormenta en el mar de Galilea*, y me sentí atrapado por esa pintura apenas la vi. Conmovió algo profundo en mi interior y, desde entonces, Rembrandt captó mi atención.

Más adelante, me enteré de que *La tormenta en el mar de Galilea* había sido robada en un atraco de arte en Boston en 1990. Leí todos los artículos y libros que pude encontrar sobre el robo y descubrí que una de las trece obras robadas aquella noche representaba alrededor de la mitad de la pérdida total estimada. Esa pieza era *El concierto* de Johannes Vermeer, cuyo valor estimado era 200 millones de dólares.

Hasta que leí eso, nunca había escuchado el nombre de Vermeer. Pero no se me ocurría nada más en este mundo que valiera 200 millones de dólares, así que lo busqué. Descubrí que una de las razones por las cuales no sabía nada de Vermeer es que no hay mucho para saber. Los registros oficiales sobre su vida son escasos. Hay tan solo treinta y cuatro pinturas verificadas de Vermeer, de un supuesto total de cuarenta y cinco. No sabemos quién le enseñó a pintar. Durante su vida, prácticamente no tuvo reconocimiento. Y aunque sus obras fueron elogiadas por algunos en los siglos XVII y XVIII, recién con la llegada del impresionismo en el siglo XIX, unos 200 años después de su muerte, Vermeer llegó a ser venerado dentro de la comunidad artística.[7]

Compré el breve volumen *Vermeer: La obra completa*, de Norbert Schneider, en una tienda de libros usados, y les di una mirada superficial a todas sus obras. Esto me llevó tan solo unos treinta minutos, pero esa experiencia fue diferente de cualquier otra que hubiera tenido a la hora de descubrir un artista nuevo. No fue porque sus pinturas me resultaran mejores o más conmovedoras que las obras de otros. Pero, mientras miraba sus composiciones, fue como si algo estuviera errado. En ese entonces, no podría haber dicho qué era, pero había algo extraño en sus obras. Lo sentía en mis entrañas.

Considera una selección de esas obras, creadas en un espacio de unos diez años, de 1660 a 1670. Tal vez, mientras las busques, también percibas algo inusual.

- *La lección de música interrumpida*, 1660
- *Mujer con laúd*, 1663
- *La lección de música*, 1664
- *El concierto*, 1665
- *El arte de la pintura*, 1666
- *Mujer leyendo una carta*, 1667
- *El astrónomo*, 1668
- *El geógrafo*, 1669

Estas imágenes aparecen a color en la sección de fotografías.

Cuanto más investigaba la obra de Vermeer, más descubría que no era el único que sentía que había algo extraño en sus pinturas. Muchos se han sentido perplejos ante este artista. Reconociendo el misterio de Vermeer, uno de sus propios biógrafos se refirió a él como «la esfinge de Delft».[8]

En su libro *Inteligencia intuitiva*, Malcolm Gladwell menciona cómo nuestros instintos nos suelen decir la verdad incluso cuando una montaña de información parece señalar en la dirección opuesta.[9] Da el ejemplo de un marchante que se puso en contacto con el Museo Getty en 1983 para vender una escultura que se creía que databa del siglo VI a. C. Todo respecto a la estatua era correcto: el mármol, la técnica, la temática, el tamaño, la pátina, su procedencia.

Después de unos catorce meses de investigar la pieza, el museo hizo una oferta para comprarla.

Después de que la oferta se había presentado pero antes de concretarse la compra, el Getty convocó a Thomas Hoving, exdirector del MET en la ciudad de Nueva York, para que viera la estatua. Hoving le dio una mirada, la palabra *fresco* le vino a la mente y le dijo al curador de Getty: «¿Ya la pagaron? Si lo hicieron, intenten recuperar su dinero. Si no la pagaron, no lo hagan».[10] Al instante, supo que la pieza no era auténtica. No pudo explicar por qué. Sencillamente, algo no estaba bien. Resultó ser que estaba en lo correcto. Con preocupación, el Getty organizó un simposio especial en Atenas para debatir sobre la escultura, y uno de los asistentes, Angelos Delivorrias, director de un museo en Atenas, dijo que sintió una ola de «repulsión intuitiva» la primera vez que la vio.[11] La repulsión no era tanto un desagrado, sino más bien una sensación visceral de que la historia que se contaba no tenía sentido.

Sentí esta repulsión intuitiva la primera vez que miré el catálogo de Vermeer. No era que no me gustara lo que veía, o que pensara que fuera fraudulento en algún sentido. Al contrario, me pareció que Vermeer era maravilloso y me alegró, como todavía me alegra, haber descubierto su trabajo. No, mi reacción se basaba en que el relato que había formado en mi propia mente sobre cómo los maestros pintores producían su obra no encajaba con Vermeer. Mi relato era que los maestros pintores se destacaban por su capacidad para reproducir a mano con precisión cualquier cosa que percibieran con los ojos. Suponía que un maestro podía crear composiciones impecables mediante la sola observación directa. Pero algunas de las cosas que Vermeer plasmaba en sus obras no parecían humanamente posibles, y no se parecían a nada que otros pintores de su época hubieran pintado. No podía entender cómo un hombre con pincel y atril pudiera lograr lo que Vermeer había logrado.

¿Y si mi relato sobre cómo surgen las grandes obras de arte no es la historia completa? ¿Y si mis suposiciones son erradas? ¿Qué pasa si hay más detrás de lo que podemos ver? ¿Y si Vermeer estaba viendo algo que sus contemporáneos no podían ver?

La esfinge de Delft

Las treinta y cuatro obras existentes de Johannes Vermeer se pintaron en el lapso de unos veinte años, desde 1655 a 1675. Los primeros años incluyen una combinación de escenas en interiores y al aire libre, con sujetos que van desde lo bíblico a lo mitológico a reuniones sociales y vistas de la ciudad. Pero a fines de la década de 1650 pasó toda su operación a escenas de interior, y pintó casi exclusivamente escenas contemporáneas, que representaban casi siempre a mujeres haciendo cosas cotidianas como cocinar, tocar música y leer cartas.

No era inusual que un artista de su época trabajara en un estudio interior establecido.

Vermeer pintó antes del plenairismo, en el siglo xix, donde los impresionistas tomaron el invento revolucionario de John Goffe

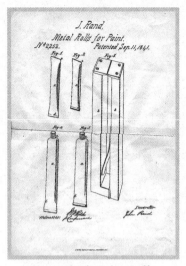

Bosquejo de John Goffe
Rand de su tubo de estaño,
presentado en la oficina
de patentamiento

Rand —el tubo de pintura hecho de estaño— y lo llevaron al aire libre. Antes de la invención del tubo de pintura, gran parte del arte mundial (como el de Vermeer) se creaba en los estudios de los artistas, con las herramientas cerca y a la mano. En aquella época, los artistas tenían que preparar sus propias pinturas con aceite de lino, barniz y pigmento. Los colores estaban limitados a lo que los artistas podían mezclar o comprar localmente.

El invento del tubo de estaño cambió el paisaje del arte, de manera literal. Se puede ver en las paredes de los museos en todos lados. En algún momento a mediados del siglo xix, las escenas al aire libre pasaron de ser cuestiones oscuras pintadas en interior a campos coloridos y bañados de la luz del sol. Esto sucedió porque la innovación tecnológica cambió la manera de trabajar de los artistas. La portabilidad y la consistencia manufacturada de la pintura en un tubo de metal hizo que fuera fácil para los pintores hacer algo que había sido muy difícil para las generaciones anteriores: pararse afuera en un campo y pintar bajo la luz del sol.

Para entender a Vermeer, debemos comprender esto: la tecnología modela el arte. Lo que solía ser fijo se vuelve portátil. Lo que solía ser caro se vuelve asequible. Lo que solía llevar horas cargar en un mundo analógico ahora lleva segundos procesar digitalmente. Cada generación de artistas se apoya en el progreso tecnológico de las generaciones anteriores. Y cada generación hace avanzar la tecnología para aquellos que vendrán después. Esto refleja el concepto de la luz prestada: la luz que se filtra de una habitación a otra que, de lo contrario, estaría en penumbras. Rembrandt produjo sus obras porque estudió a Caravaggio. Van Gogh estudió a Rembrandt. Y casi todos los artistas reconocidos en los últimos cien años han estudiado a los tres.

Tomamos prestada la luz de otros para iluminar los lugares en donde estamos trabajando, y luego nuestra obra ilumina el camino de otros. Esto no solo se aplica a los artistas que toman prestado de otros artistas. Tomamos prestada luz de otras disciplinas. El que toca la guitarra toma luz prestada del que fabrica la guitarra. El cocinero toma luz prestada del forjador que fabrica la sartén de hierro. El constructor toma luz prestada del arquitecto y el arquitecto, del agrimensor.

Una de las cosas que hace que Vermeer sea un misterio tan grande es que sabemos muy poco sobre sus inspiraciones o su capacitación. No dejó un registro escrito, así que la mayoría de lo que sabemos sobre él viene de referencias secundarias. Incluso su travesía artística es ambigua. Era común que los artistas de su era aprendieran con un maestro y, más adelante, abrieran un taller propio para otros jóvenes aspirantes a pintor. No hay ningún registro de que Vermeer hiciera algo de esto. Es más, la evidencia sugiere que no lo hizo. Martin Bailey observó que la «poca producción [de Vermeer] y la realidad de que se hayan encontrado tan pocas pinturas con un estilo lo suficientemente cercano como para ser de sus alumnos sugiere que trabajaba mayormente solo».[12]

Otra singularidad sobre su obra es que lo único que tenemos de él son pinturas, ningún bosquejo. Era común que los pintores bosquejaran estudios de sus composiciones y trabajaran a partir de esos dibujos mientras pintaban. No existen dibujos de Vermeer de este estilo. También era común que los pintores hicieran bosquejos rudimentarios de sus composiciones en sus lienzos para guiar su obra. Escaneos de los lienzos de Vermeer no revelan ninguna de estas marcas.[13] Lawrence Gowing dijo: «No ha habido ninguna corrección, ni hay evidencia de líneas o un diseño [...] El método de ningún otro artista revela esta objetividad inmediata y perfecta».[14] Parecería que Vermeer trabajaba de la mano al pincel al lienzo, sin ninguna línea que lo guiara. Si esto es verdad, entonces algunos de los detalles en su obra desafían las explicaciones. Considera el mapa sobre la pared en *Militar y muchacha riendo*, el detalle del virginal *La lección de música*, o la complejidad de la alfombra oriental en la misma pintura.

Laura Snyder, experta en Vermeer, afirmó: «La experiencia de ver las pinturas de Vermeer en la era prefotográfica habría sido similar a la de ver películas cinematográficas por primera vez: perturbadora, extraña e incluso quizás (como en el caso de las audiencias que se dice que huyeron de la película de 1895 donde se aproximaba una locomotora) un tanto aterradora».[15]

No es inusual que el estilo y la capacidad de un artista se desarrollen con el tiempo. Pero parecería que las pinturas de los últimos quince años de la vida de Vermeer —las obras en estudio interior— pudieran provenir de un artista completamente distinto del que hizo las anteriores. Por ejemplo, las pinceladas en su pintura temprana *Cristo en casa de Marta y María* (1655) eran algo planas, pero *La lechera*, pintada tan solo tres años más tarde (1658), tiene casi una calidad fotográfica. La luz resplandece y destella como el sol que brilla sobre el rocío. Diez años después de *Cristo en casa de Marta y María*, Vermeer pintó *El arte de la pintura*. Cuando se los compara lado a lado, con tan solo diez años en el medio, está claro que algo significativo cambió.

Vermeer cambió. Las pinturas de los últimos quince años de su vida son las que captaron mi atención en un principio. Están cuidadosamente escenificadas; Vermeer era un maestro de la composición. Pero, también, son curiosamente *parecidas*.

Un piso de baldosas blancas y negras aparece en forma prominente en al menos doce obras distintas. La ventana de vidrio
repartido en esa sala, con su característico patrón, aparece en
otras tres pinturas. Algunas de estas composiciones revelan que
la sala está revestida de azulejos típicos de Delft, y unas pesadas
vigas de madera recorren el techo a lo largo. Martin Bailey también observa los muebles de Vermeer:

> Algo igualmente típico son las peculiares sillas con
> remates de cabeza de león, la alfombra oriental que cubre
> una mesa y la jarra de vino hecha de cerámica blanca.
> Incluso la ropa de las figuras parece haber venido del
> guardarropas de la familia; el «elegante manto amarillo
> decorado con piel blanca», enumerado en el inventario de
> 1676 de las posesiones de Catharina, aparece en al menos
> seis pinturas.[16]

Y las pinturas de Vermeer no solo presentan la misma habitación y muebles; están todas pintadas desde la misma posición
básica: el pintor abajo al centro, la ventana (una fuente de luz) a
la izquierda al medio, y el sujeto arriba al medio.

Lo inusual de las pinturas de Vermeer no es que hayan sido
pintadas en la misma habitación, sino que son pinturas *de* la
misma habitación desde el mismo punto de vista. De todas las
cosas que podría haber elegido pintar, ¿por qué seguiría pintando
la misma habitación desde la misma posición? ¿Y por qué esas
últimas pinturas, sin indicios de bosquejos ni marcas ni correcciones, quedarían como los logros técnicos más grandes de la
historia del arte?

Tal vez la respuesta esté en otra persona, alguien escondido
a simple vista: Antonie van Leeuwenhoek, el fabricante de lentes
de Delft que se transformó en el albacea del patrimonio Vermeer.

Jan Verkolje, *Antoni van Leeuwenhoek*, aprox. 1686,
óleo sobre lienzo, 56 × 47,5 cm, Museo Boerhaave, Leiden

Antonie van Leeuwenhoek

Antonie van Leeuwenhoek no era cualquier hombre en la ciudad.
Era un verdadero hombre del Renacimiento, un estudiante tanto
de ciencia como de arte. A Leeuwenhoek se lo considera el padre
de la microbiología, y trabajó 200 años antes de que Louis Pasteur
apareciera en escena. Era un experto en el campo de fabricar
y usar lentes y espejos, y de controlar la luz para hacer que el

mundo microscópico fuera visible a la vista humana. Examinó todo: desde semen, sangre y saliva hasta la anatomía de los organismos que vivían en ellos.

Leeuwenhoek también se rodeaba de artistas y los empleaba para ilustrar sus observaciones científicas. Quería que otros científicos vieran lo que aparecía en sus lentes, así que contrataba a artistas para que fueran a su laboratorio y pintaran lo que veían a través de sus microscopios. También se sentó a posar para varios retratos, posiblemente incluso dos para Vermeer —*El astrónomo* y *El geógrafo*—, lo cual habría sido adecuado, ya que cada uno mostraba a un científico. Estas son las únicas dos obras de Vermeer que muestran a un hombre solo como su sujeto. Una pintura más tardía de Leeuwenhoek por Jan Verkolje muestra a un hombre que bien podría ser el *geógrafo* de Vermeer veinte años antes.

Aunque era mayormente autodidacta, Leeuwenhoek era muy respetado en la comunidad científica, algo que se hizo evidente cuando fue nombrado miembro de la Sociedad Real de Londres por sus logros científicos. Diseñó un microscopio de una sola lente que intensificaba la luz y mejoraba el aumento a través de la incorporación de un espejo cóncavo, la luz focal de una sola vela en una sala oscura y agua sobre el lente del microscopio. Un miembro de la Sociedad Real que visitó a Leeuwenhoek en 1685 se sorprendió de la calidad del microscopio de Leeuwenhoek, maravillándose ante su «extrema claridad [...] que representaba todos los objetos con tanta precisión».[17]

Para cuando murió, Leeuwenhoek tenía 247 microscopios en su colección personal, muchos de los cuales había fabricado él mismo. Anthony Bailey escribió: «Para mirar a través de un microscopio, Leeuwenhoek primero tuvo que fabricar uno. Tuvo que conseguir los materiales para el vidrio, soplarlo, amolarlo y pulirlo, y después encajar la lente en un soporte de plata o bronce. Aprendió a soplar vidrio de un soplador profesional que había

conocido en una feria en Delft, y después practicó en su casa».[18]
En aquellos días, los científicos tenían que fabricar muchas de
las herramientas que usaban para su investigación. Leeuwenhoek
fabricaba microscopios, y de los buenos.

¿Cómo llegó un científico como Leeuwenhoek a ser el albacea del patrimonio de un pintor en bancarrota? La explicación
más probable es que se conocían. Aunque se acostumbraba que
los tribunales asignaran albaceas para manejar los patrimonios
de aquellos que no tenían ningún otro apoderado, Leeuwenhoek
tan solo sirvió como albacea cuatro veces en su vida. En cada
uno de los otros tres casos, tenía una conexión personal con el
fallecido o con el patrimonio: el primer caso era su cuñada, otro
su proveedor de vino (Leeuwenhoek era un experto en vino, lo
cual lo hacía especialmente adecuado para manejar el patrimonio
de un comprador de vino) y el tercero una familia que conocía a
través de la comunidad artística de Delft, a la cual tanto él como
Vermeer pertenecían.[19] Con las miles de muertes que ocurrie-
ron en Delft durante su vida, y con los otros tres albaceazgos
conectados a personas que conocía, parece poco probable que
Leeuwenhoek se volviera el albacea de un extraño, mucho menos
de uno en bancarrota.

Otros detalles intensifican la probabilidad de que estos dos
hombres se conocieran. Ambos nacieron en 1632, y fueron bau-
tizados con diferencia de días en la misma iglesia. Durante la
mayor parte de sus vidas, vivieron muy cerca. Anthony Bailey
escribió: «Delft era una ciudad relativamente pequeña. Al vivir
en el centro de la ciudad, como Vermeer, era imposible que en
el transcurso de las caminatas y las diligencias cotidianas no se
encontrara con personas que reconocía [...]. Una persona a la que
seguramente veía de vez en cuando era Antony van Leeuwenhoek
[...], el cual vivía cerca del extremo oeste del mercado [...], y que
trabajaba a medio tiempo en el ayuntamiento».[20]

Leeuwenhoek y Vermeer también compartían intereses. A los dos les fascinaban la ciencia y la función que jugaba el descubrimiento científico en las artes. Ambos eran empresarios ambiciosos: Vermeer como maestro artista enamorado de los avances técnicos y científicos, y Leeuwenhoek como científico fascinado por la maravilla y la belleza del mundo microscópico.[21] Es difícil pensar que no se hayan cruzado. Tal vez la pista más sólida de que se conocían se encuentra en los detalles de otra manera desconcertantes del arte de Vermeer.

La cámara de Vermeer

Anthony Bailey dijo que Vermeer «veía y pintaba cosas de una manera diferente a todos sus otros colegas».[22] Que Vermeer pintara la mayoría de sus cuadros desde la misma perspectiva, con sus obras orientadas en el mismo sentido, nos dice que su estación de trabajo estaba fija en un lugar y enfocada. La explicación más probable para esto es que, cuando pintaba, usaba alguna clase de dispositivo óptico o lente que también estaba fijo y enfocado. Es más, casi todos los libros sobre Johannes Vermeer dedican al menos algo de espacio a debatir su uso de un dispositivo óptico. Varios se concentran enteramente en esta cuestión.[23]

Los artistas empezaron a usar dispositivos ópticos en el siglo XVII. Aun así, aunque estos dispositivos eran conocidos, no eran comunes ni sofisticados. La calidad y la precisión de la obra de Vermeer sugiere que su dispositivo estaba en otro nivel: algo que solo podía conseguir un maestro de las lentes, los espejos y la luz; alguien con una fascinación por el detalle fino; alguien con la capacidad de fabricar un aparato lo suficientemente poderoso como para captar la habitación de Vermeer pero lo suficientemente pequeño como para no molestar al artista. ¿Quién encajaría en esa descripción en el mundo de Vermeer? El padre de la microbiología e inventor de los microscopios que vivía a apenas unas calles de distancia. Antonie van Leeuwenhoek, el hombre que se transformaría en el albacea del patrimonio Vermeer.

Si Vermeer usaba lentes cuando pintaba, ¿dónde los conseguía? No eran la clase de objetos que uno podía ir a la tienda a comprar. Habría tenido que obtenerlo de un fabricante de lentes o mediante alguien que usara estos dispositivos en su trabajo. En el mundo de Vermeer, este era Leeuwenhoek. Y, como ambos eran innovadores, tiene sentido que el dispositivo que Vermeer usaba fuera un experimento con algo único, diseñado para lograr algo extraordinario. Sin duda, ese es el resultado de la obra de Vermeer.

El dispositivo óptico más comúnmente usado por los pintores de esa era se llamaba *cámara oscura*. Funcionaba de manera bastante parecida a las cámaras modernas, pero en lugar de proyectar luz de la lente a la película, proyectaba luz al lienzo del artista que colgaba sobre una pared. La cámara oscura más básica de una sola lente proyectaba una imagen que estaba al revés y en espejo. Lo que Vermeer usaba seguramente era más complejo, porque la estructura de una sola lente proyectaba una luz débil, y el artista habría bloqueado la imagen proyectada con su mano cuando se acercaba a pintar, comprometiendo tanto la exactitud del detalle como del color. Lo que Vermeer usaba le permitía *dominar* la exactitud y el color.

En 2013, el dúo de ilusionistas Penn y Teller lanzó un fascinante documental llamado *El Vermeer de Tim,* que habla de Tim Jenison, un inventor basado en Texas que se propuso no solo recrear el dispositivo óptico que usaba Vermeer sino también usarlo para pintar una réplica de *La lección de música,* de Vermeer. Jenison apostó que, si podía descubrir cómo se las arregló Vermeer para pintar composiciones con el realismo de una fotografía 150 años antes de la invención de la cámara, él debería poder emplear el mismo enfoque para pintar un Vermeer por

Vincent van Gogh, *Autorretrato con la oreja vendada*, 1889, óleo sobre lienzo, 60 × 49 cm, Courtauld Gallery, Londres

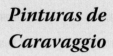

Pinturas de Caravaggio

Michelangelo Merisi da Caravaggio, *La vocación de San Mateo*, 1600, óleo sobre lienzo, 322 × 340 cm, San Luigi dei Francesi, Roma

Caravaggio, *Salomé con la cabeza de Juan el Bautista*, 1610,
óleo sobre lienzo, 116 × 140 cm, Palacio Real de Madrid

Caravaggio, *David con la cabeza de Goliat*, 1609, óleo
sobre lienzo, 125 × 101 cm, Galería Borghese, Roma

Foto del *David* de Miguel Ángel, cortesía de Guy Percival,
PublicDomainPictures.net.
https://www.publicdomainpictures.net/en/view-image.php
?image=476238&picture=michelangelos-david

Museo Isabella Stewart Gardner, Sala Holandesa, el marco que solía
contener la obra de Rembrandt *La tormenta en el mar de Galilea*
Foto de Kate Charlton, utilizada con permiso

Rembrandt van Rijn, *La tormenta en el mar de Galilea*, 1633, óleo sobre lienzo, 160 × 128 cm, robado

La lección de música,
aprox. 1662–1665, óleo sobre
lienzo, 73,3 × 64,5 cm, Colección
Real, Palacio de Buckingham

Mujer con laúd,
aprox. 1663–1664, óleo sobre lienzo,
51,4 × 45,7 cm, Museo Metropolitano
de Arte, Nueva York

La lección de música interrumpida, aprox. 1660–1661,
óleo sobre lienzo, 39,4 × 44,5 cm, Colección Frick, Nueva York

Pinturas de Johannes Vermeer

El concierto, aprox. 1665–1666,
óleo sobre lienzo, 72,5 × 64,7 cm,
Colección Real, Palacio de Buckingham

El arte de la pintura,
aprox. 1666–1667,
óleo sobre lienzo, 100 × 120 cm,
Museo Kunsthistorisches, Viena

Mujer leyendo una carta,
aprox. 1657, óleo sobre lienzo,
83 × 64,5 cm, Gemaldegalerie
Alte Meister, Dresden

El astrónomo, aprox. 1668, óleo sobre lienzo,
50,8 × 46,3 cm, El Louvre, París

El geógrafo, aprox. 1668–1669, óleo sobre lienzo,
53 × 46,6 cm, Städelsches Kunstinstitut, Frankfurt

Johannes Vermeer, *La lechera*, aprox. 1658–1660,
óleo sobre lienzo, 46 × 41 cm, Rijksmuseum, Ámsterdam

François-Joseph Heim, *El rey Carlos X distribuyendo
premios a los artistas tras la exposición de 1824*, 1827,
óleo sobre lienzo, 173 × 256 cm, El Louvre, París

Jean Frédéric Bazille, *El taller de Bazille*, 1870,
óleo sobre lienzo, 98 × 129 cm, Musée d'Orsay, París

Claude Monet, *Impresión, sol naciente*, 1872,
óleo sobre lienzo, 48 × 63 cm, Musée Marmottan Monet, París

La colección de Van Gogh presentada en la Exposición de Arte de Bruselas de 1890

Los girasoles, 1888, óleo sobre lienzo, 92,1 × 73 cm, Galería Nacional, Londres

Los girasoles, 1888, óleo sobre lienzo, 91 × 72 cm, Neue Pinakothek, Múnich

Troncos de árboles en la hierba, 1889, óleo sobre lienzo, 92 × 72 cm, se desconoce su paradero

Huerto en flor, 1889, óleo sobre lienzo, 72 × 92 cm, Neue Pinakothek, Múnich

Campos de trigo con sol naciente, 1889,
óleo sobre lienzo, 91 × 72 cm, colección privada

Vincent van Gogh, *El viñedo rojo*, 1888, óleo sobre lienzo,
75 × 93 cm, Museo Pushkin de Bellas Artes, Moscú

Henry Ossawa Tanner, *La anunciación*, 1898, óleo sobre lienzo,
145 × 180 cm (57 × 71-1/4 pulgadas), Museo de Arte de Filadelfia, Filadelfia

Henry Ossawa Tanner, *Los pobres agradecidos*, 1894,
óleo sobre lienzo, 35,5 × 42,2 cm, colección privada

Pinturas de Edward Hopper que incluyen a Josephine Nivison Hopper

Edward Hopper, *Cine en Nueva York*, 1939, óleo sobre lienzo,
81,9 × 101,9 cm, Museo de Arte Moderno, Nueva York

Asar Studios / Alamy Stock Photo

Edward Hopper, *Noctámbulos*, 1942, óleo sobre lienzo,
84,1 × 152,4 cm, Instituto de Arte de Chicago, Chicago

Última pintura de Edward Hopper, *Dos comediantes*, 1966,
óleo sobre lienzo, 73,7 × 101,6 cm, colección privada

Lilias Trotter, *Prepared as a Bride* [Preparada como
una novia], aprox. 1888, acuarela sobre papel
Utilizado con permiso de Lilias Trotter Legacy

su cuenta. El truco estaba en que Jenison no tenía experiencia previa en pintura.

Después de varios intentos para configurar un dispositivo que funcionara, por fin dio con una estructura que usaba un pequeño espejo fijado a un ángulo de cuarenta y cinco grados entre la lente y su lienzo. Un artículo sobre el documental explicaba su técnica:

> Al colocar un pequeño espejo fijo sobre el lienzo a un ángulo de cuarenta y cinco grados, él puede ver partes de la imagen original y el lienzo al mismo tiempo, y obtener una equivalencia precisa de color al comparar continuamente el reflejo de la imagen original con lo que ha puesto en el lienzo, moviéndose de una zona a otra con tan solo mover su propio punto de vista ligeramente. Cuando el borde del espejo «desaparece» [lo cual indica que ha logrado igualar el color del espejo con el color en el lienzo], lo ha conseguido.[24]

Una vez que Jenison entendió cómo funcionaba el dispositivo óptico, pasó cerca de un año reconstruyendo la habitación que se ve en *La lección de música*: construyó todos los muebles a mano, colocó el piso, organizó el mobiliario y los maniquís, preparó su propia pintura, armó su estación de trabajo y ubicó su lienzo y la lente. Después, dedicó los siete meses siguientes a plasmar minuciosamente en el lienzo lo que veía en su espejo.

Aunque a la pintura de Jenison le falta el corazón y la profundidad del original, su enfoque parece ser acertado. Arthur Wheelock dijo: «Las lentes no dejan trazos físicos sobre la pintura, y solo cuando ciertas distorsiones son evidentes, o hay algunos efectos ópticos que no se ven a simple vista, uno puede deducir que se ha utilizado un dispositivo óptico como herramienta artística».[25] Un dispositivo como el que descubrió Tim Jenison explica cómo Vermeer podía hacer lo que hacía sin bosquejos, diseños o correcciones. La lente de Vermeer no dejaba trazos físicos, ningún tipo de marca. Pero sí dejó toda clase de pistas.

El uso de una lente haría un foco más marcado en ciertas partes de una pintura, un contraste que se nota, por ejemplo, entre el primero y el segundo plano en *La lechera*. Los lentes también afectan cómo se percibe la luz. Hay ciertos reflejos que aparecen sobre los objetos que no aparecen naturalmente ante el simple ojo humano, como las manchas de luz sobre la superficie áspera del pan en *La lechera*.[26] Las lentes también crean un efecto de halo, que dejan trazos fantasmales de color opaco que delinea un objeto oscuro, como la tenue línea celeste que incluyó Vermeer, que baja desde el borde trasero del vestido de la lechera. La única razón por la que habría pintado esta línea fantasma —la cual no habría sido visible a simple vista— es que la vio a través de su lente.

Vermeer fue un artista cuya visión fue formada por la ciencia. Su uso de una lente no fue un atajo, sino más bien una innovación; la clase que le dio a su obra una cualidad misteriosa, dejando en sus espectadores una especie benevolente de «repulsión intuitiva», como si hubiera algo extraño que nadie podía descifrar exactamente.

La pintura no es tan solo un arte, sino también una ciencia. Es un logro no solo en belleza, emoción y color, sino también en matemática, geometría y luz. Implica comprender la perspectiva lineal que lleva hasta un único punto de fuga, lo cual primero debe aprenderse y luego dominarse. Implica comprender la geometría de una escena lo suficiente como para saber cuándo apartarse de ella ligeramente para crear un efecto dramático. Implica emplear la luz y la sombra según las leyes de la óptica, para conducir los ojos del espectador a través de una composición en un orden particular.

Lo que Vermeer decidió pintar con el uso de una herramienta óptica nos lleva más profundo a la mente del artista. ¿Qué quería decir? ¿Qué era lo que le importaba? Tenía el mundo al alcance de la mano. Como vemos con el mapa que cuelga de la pared en *Militar y muchacha riendo*, el potencial de Vermeer de representar casi cualquier cosa con un realismo cuasifotográfico nunca visto por las personas de su generación parecía ilimitado. Entonces, ¿qué decidió pintar? ¿Cuál sería el sujeto de su visión artística?

Eligió lo más dignificado del mundo: personas en una habitación haciendo cosas comunes y corrientes. ¿Y para qué? Para infundir asombro.

Arthur Wheelock dijo: «La asombrosa luminosidad de sus pinturas, su aparente realismo y la dignidad impartida al hombre común en situaciones cotidianas hicieron que la gente se identificara».[27] Un crítico de arte francés del siglo xix, Théohile Thoré-Bürger, dijo que su deseo de conectarse con Vermeer lo condujo en muchos viajes y a muchos gastos. «Para ver una pintura de van der Meer [Vermeer]», escribió, «recorrí cielo y tierra; para adquirir una fotografía de van der Meer, me comporté como un necio».[28]

En realidad, nunca trabajamos solos

En una carta a su hermano Theo, Vincent van Gogh escribió: «Una gran cantidad de luz cae sobre todo».[29] La capacidad de ver es tanto un arte como una habilidad fisiológica. Supone una destreza. Cuando una persona mira por un telescopio o un microscopio por primera vez, no ve claramente. Las pestañas se agitan en la lente, hacer foco supone prueba y error, y el menor movimiento corre el objeto examinado del campo de visión. Estos son apenas algunos de los desafíos de mirar por un dispositivo óptico. Una vez que se superan esos desafíos, el que mira debe aprender a entender lo que está mirando a través de la lente, lo cual es otra cuestión completamente distinta.

Lo mismo sucede en cuanto al ojo descubierto. No solo vemos. Aprendemos a ver.

El concepto de aprender a ver se transformó en un principio guía tanto para la ciencia como para el arte. La idea ganó popularidad en el siglo xvii durante la revolución científica, pero el concepto sin duda no era nuevo. «Los principios para el desarrollo de una mente completa», de Leonardo da Vinci, escritos 200 años antes, decían: «Estudia la ciencia del arte. Estudia el arte de la ciencia. Desarrolla tus sentidos; en especial, aprende a ver. Comprende que todo está conectado con todo».[30]

Laura Snyder dijo que la idea básica detrás de aprender a ver era que «la naturaleza es más compleja de lo que parece a simple vista, y las lentes y otros dispositivos ópticos podrían ayudarnos a ver una parte de la naturaleza que, de lo contrario, estaría escondida».[31] Los científicos razonaron que si la única fuente de nuestra percepción viene de los textos antiguos, la deducción lógica y la experiencia visual, nos perderemos mucho de lo que hay para ver y, en consecuencia, mucho de lo que hay para saber.

Cuando Vermeer usó su dispositivo óptico, no estaba engañando a sus espectadores. Estaba aprendiendo a ver. Snyder escribió:

> Al mirar a través de la cámara oscura, Vermeer se ha vuelto un experto en la manera en que la luz afecta nuestra manera de ver el mundo. Ha visto el mundo de manera distinta a la que solemos verlo, revelado en formas sorprendentemente nuevas e invisibles a simple vista. Al igual que el microscopio, la cámara oscura reveló a sus usuarios del siglo xvii verdades sobre el mundo natural que de otra manera eran inaccesibles para los sentidos [...]. La obra sublime que define el estilo maduro de Vermeer fue el resultado de sus investigaciones ópticas.[32]

Aunque Vermeer pintó escenas visibles a simple vista, lo hizo de una manera que le daba acceso a la conducta de la luz que no se veía. Y eso fue lo que pintó: la manera en que la luz iluminaba a sus sujetos. Esa luz era la vida de sus pinturas. Al pintar lo que veía a través de su lente, Vermeer no pintó una mano, un jarrón o una viola; en cambio, pintó formas de luz y color según aparecían en esos objetos.

Philip Steadman observó que «copiar o trabajar desde una imagen en una cámara oscura no se parece en nada a tomar una fotografía. El proceso no es instantáneo, sino prolongado».[33] Mientras que la cámara toma fríamente y en una fracción de segundo todo lo que hay en el marco exactamente como aparece, Vermeer «no es indiferente a sus sujetos, pero quiere contemplarlos desde una distancia segura. Coloca barreras entre él y sus modelos: sillas, mesas con alfombras gruesas encima, tapices pesados. Y después se retira aún más, hacia la oscuridad detrás de las pantallas de su cubículo, para transformarse en un observador a través de su lente».[34] Al hacerlo, Lawrence Gowing dijo que Vermeer crea una ilusión «no de cercanía sino de distancia».[35]

Esta ilusión de distancia es lo que le da a su obra cierto sentido de intimidad. Sus sujetos se comportan como si nadie estuviera mirándolos, haciendo que esta sensación de intimidad sea uno de los resultados finales de sus pinturas. Pero Vermeer no era distante. Estaba profundamente conectado con su trabajo. Tenía que estarlo. Sus composiciones suponían un constante ajuste y una constante interacción. Vermeer era el arquitecto de sus composiciones, desde los modelos hasta los muebles y el diseño de la escena. No estaba meramente copiando una foto; estaba interactuando con una habitación en vivo.

Con la ayuda de un fabricante de lentes, cuando Vermeer se sentaba a pintar, captaba momentos congelados en el tiempo de personas como las vemos y conocemos, haciendo lo que hacen las personas. Es fascinante que uno de los pintores más celebrados de la historia haya elegido confinarse a una habitación para la gran mayoría de sus obras. Y es maravilloso que, desde aquella habitación, nos mostrara todo un mundo mediante una pequeña colección de objetos sencillos: «unos pocos amigos y miembros de su familia, sus mejores ropas, algo de la colección de pinturas de su familia y muebles atesorados»,[36] y todo eso a través de la luz prestada de una lente.

Philip Steadman escribió que Vermeer «dispuso estos elementos sencillos en unas pocas imágenes para decir lo que quería —aunque en forma alusiva— sobre los temas que realmente le importaban: la rutina doméstica, el amor de los hombres por las mujeres y de los padres por sus hijas, el consuelo de la música, el mundo de la ciencia y la erudición, su propia profesión y sus ambiciones... todo ello captado en su habitación dentro de una habitación, su cámara en una cámara».[37]

Fuimos creados para hacer cosas, así que creamos. Pero, en realidad, nunca trabajamos solos.

Considera a un pintor como Johannes Vermeer. Lo más probable es que haya usado las lentes de Antoine van Leeuwenhoek. Pero, ¿qué tuvo que suceder antes de que pusiera el pincel sobre el lienzo? Alguien tuvo que estirar ese pedazo de lienzo sobre un bastidor. Tanto el lienzo como el bastidor tuvieron que ser fabricados. Lo mismo es cierto de las grampas que sostenían el lienzo al marco y del martillo que las clavaba. Considera el atril sobre el cual se apoyaba el lienzo y la planta maderera de donde provenían sus partes, con sus estantes de secado, sierras de corte, delantales y escobas, todas cosas también creadas. Considera sus pinceles —con sus mangos torneados y lijados, sus abrazaderas de latón finamente martillado que sostenían las cerdas en su lugar—, acomodados limpios y prolijos, boca abajo en un vaso también fabricado, y el mortero que usaba para moler los pigmentos y el aceite de lino, y preparar pintura.

Tantas cosas fueron diseñadas y creadas para que el artista se sentara a hacer su tarea; incluso la silla y el piso donde descansaba. Y tantas personas contribuyeron con sus habilidades: carpinteros, tejedores, alfareros, herreros, fabricantes de pinceles, arquitectos, destiladores e incluso fabricantes de lentes. Cuando estamos ante Vermeer, vemos no solo su obra, sino también la de estos otros y muchos más. Todo lo que hacemos, en cierta medida, depende de la ayuda de los demás. Todos descansamos en luz prestada. Incluso el compositor ciego se sienta ante un piano que no fue hecho en oscuridad.

Hay solo uno que puede hacer algo de la nada: Dios. El resto de nosotros somos subcreadores. Trabajamos con lo que encontramos por ahí, en el suelo de la creación y reutilizado de las entrañas de la tierra y las montañas recuperadas de la industria. En este sentido, los seres humanos son, como especie, escultores de «objetos encontrados». Aun la luz con la que trabajamos es prestada. La pregunta es: ¿qué podemos decir con eso?

No podemos ver la luz, pero mediante ella vemos todo lo demás.[38] Sin luz no hay vida. Sin luz no hay orden. Sin luz no hay colaboración, creación de lenguaje, plantación en los campos ni cosecha.[39] Todo lo que vino con el orden de la creación después de aquel primer día seguiría los ritmos de los ciclos del día y la noche.

Con la luz, hacemos nuestro trabajo. Con esa misma luz, otros lo contemplan.

Y toda la luz la tomamos prestada de Dios.

CREAR EN COMUNIDAD

Jean Frédéric Bazille, los impresionistas
y la importancia de pertenecer

Jean Frédéric Bazille, *El taller de Bazille*, 1870, óleo sobre lienzo,
98 × 128 cm (38-5/8 × 50-5/8 pulgadas), Musée d'Orsay, París

Una comunidad hecha y derecha es una mancomunidad:
un lugar, un recurso, una economía.
Responde a las necesidades, prácticas así como
sociales y espirituales, de sus miembros;
entre ellas, la necesidad de necesitarse unos a otros.

Wendell Berry

E s el año 1862. París, Francia.

Imagina a tres jóvenes, apenas salidos de la adolescencia. Están trepando una pared en un patio para espiar a un hombre mayor que pinta tranquilamente en su atril en su estudio de jardín.[1] El hombre, de más de sesenta años, es el pintor romántico francés Eugène Delacroix.

Delacroix era un alma vieja que creció, como la mayoría de los pintores de su generación, influenciado por las obras clásicas de Miguel Ángel, da Vinci, Rembrandt y los maestros del Renacimiento. Pero le atraían especialmente las pinceladas del gran Peter Paul Rubens, que buscaba composiciones más atenuadas, cuidadosamente arregladas de sus pares para escenas llenas de movimiento, expresión y color. Delacroix viajó muchísimo durante su vida, expandiendo su visión más allá de las raíces clásicas griegas y romanas de diseño e incorporando las expresiones exóticas de la cultura del norte de África. Estudió e ilustró obras de Shakespeare, Sir Walter Scott y Goethe. El alcance de su arte, intereses y experiencia se combinaron para transformarlo en una leyenda viva y un puente al pasado.

Los jóvenes miraban extasiados mientras el pintor ejercía su arte. Su mano estaba firme. Su composición era confiada y llena de vida. Su técnica, refinada e instintiva. Su espacio de trabajo, un desorden organizado y bien afinado. Su paleta de pintura parecía una obra de arte en sí.

Gran parte del trabajo que implica ser un artista yace en la disciplina de practicar los fundamentos del oficio. Los artistas deben dominar las reglas de la composición si quieren romperlas bien. Deben entender los elementos básicos de la unidad, el equilibrio, el movimiento, el ritmo, la concentración, el contraste, el patrón y la proporción. Deben entrenar el ojo y la mano para representar la perspectiva, el punto de fuga, una proporción adecuada de la forma, el peso visual de la línea y la integridad de una sombra de maneras fidedignas, para no perder a sus espectadores en el valle inquietante.

Delacroix se dedicó a dominar la precisión de los maestros en cuanto a composición, pero quiso ir más allá de las composiciones rígidas de sus héroes. Quería que su obra exudara pasión. Después de todo, era un romántico. Pero también era un maestro de la técnica. El poeta francés Charles Baudelaire escribió: «Delacroix estaba apasionadamente enamorado de la pasión, pero fríamente determinado a expresar la pasión con la mayor claridad posible».[2] Delacroix representaba esta pasión no a través de un sentimentalismo indulgente, sino mediante la disciplina de una técnica sólida. Aprendió a crear obras que atraparan a los espectadores con su sensualidad, pero también con su precisión.

Una de las líneas de convención que Delacroix dominaba y que luego se aventuró a atravesar estaba en sus pinceladas. Su mano firme podía producir líneas limpias y detalles precisos, pero descubrió que unas pinceladas menos precisas y más activas podían representar la vida de maneras que la precisión fundamental no podía. El pincel podía expresar pasión. Por ejemplo, Delacroix descubrió que uno podía pintar un caballo con finos detalles y proporción precisa, y mostrarle al espectador una representación realista del animal. O podía pintar con pinceladas fluidas, dinámicas y descontroladas, y darle al espectador la impresión de un caballo en la naturaleza, agazapado y con miedo. La impresión del caballo parecía más viva; un caballo más fidedigno que el retrato realista. Aunque no lo sabía, Delacroix y otros como él estaban inspirando el desarrollo de un nuevo género de arte: el impresionismo.

Los muchachos en la pared del patio

Uno de los muchachos que espiaba por la pared del patio era un joven pintor llamado Jean Frédéric Bazille. A temprana edad, lo embelesó la obra de Delacroix cuando él y su familia visitaron la casa de un coleccionista de arte llamado Alfred Bruyas, que vivía en la ciudad natal de Bazille de Montpelier, Francia.[3] Dos pinturas de la colección de Bruyas captaron la imaginación del joven Bazille: *Daniel en el foso de los leones*, de Delacroix (probablemente por la sensación de peligro y aventura que representaba), y *Mujeres de Argel en su apartamento* (sin duda, por el sentido exótico de misterio representado en la habitación de un harén).

Desde que existieron los muchachos, las bestias feroces y las mujeres hermosas han sido objeto de gran fascinación, ampliamente estudiados, memorizados y examinados tantas veces como la discreción lo permita. Bazille no solo había visto los leones y las mujeres de Delacroix; los había internalizado. Hacía lo que nosotros hacemos con el arte. Lo grababa en su memoria y lo llevaba en su mente como parte de su propia colección personal.

Delacroix hizo que el joven Bazille quisiera transformarse en pintor. Espiar a Delacroix en su estudio debe haber sido, para el Bazille de veintiún años, lo que habrá sido para un joven músico en Austin o Nashville esconderse en un armario para mirar cómo Paul Simon o Bruce Springsteen escribían una canción. Bazille aspiraba a estar al pie de la grandeza que tanto admiraba en la obra de su mentor. La idea de desarrollar incluso una fracción de la habilidad del maestro lo impulsaba hacia delante. Ver trabajar a Delacroix aquel día seguramente habrá sido una especie de experiencia religiosa para Bazille.

Los otros dos hombres que espiaban hacia la ventana de Delacroix con Bazille eran un pintor de veintiún años llamado Auguste Renoir y un pintor de veintidós años llamado Claude Monet. Auguste Renoir, cuya obra se concentró mayormente en la sociedad francesa y la sensualidad femenina, llegó a transformarse en uno de los padres del impresionismo. Claude Monet, tal vez mejor conocido por sus nenúfares, trabajó en gran parte pintando paisajes al aire libre, favoreciendo los ambientes naturales en lugar de las situaciones sociales de Renoir que incluían personas. Él también fue uno de los padres del impresionismo.

Es más, Monet fue responsable por accidente del nombre «impresionismo». El término viene del título de la pintura de Monet, *Impresión, sol naciente.* Monet presentó esta pintura del puerto de Le Havre para que lo incluyeran en una exhibición en 1874, trece días después de que él, Bazille y Renoir espiaran a Delacroix. En comparación con las obras que se exhibían típicamente en las grandes exhibiciones de arte en París, la pintura de Monet parecía incompleta. Le faltaban detalles. Se parecía a un bosquejo, con la excepción de que estaba pintada al óleo. Los organizadores de la exposición le preguntaron a Monet cómo debían llamar a la pintura. Él escribió: «Me pidieron un título para el catálogo, no se podía tomar de una vista [del puerto], así que dije: "Pongan Impresión". Y lo transformaron en impresionismo».[4]

Debido a la falta de un título en un catálogo de una exhibición nació el nombre «impresionismo». Los críticos no le pusieron ese nombre como un cumplido. Muchos usaban el término para describir una línea emergente de arte que les resultaba indisciplinada e incompleta. Un periodista, Louis Leroy, en una reseña sarcástica de *Impresión, sol naciente*, escribió: «Impresión... como estoy impresionado, seguramente hay algunas impresiones en la pintura».[5] El impresionismo fue el rocanrol en un mundo de baladas. Como sucede con la mayoría de las expresiones creativas nuevas, la gente suele necesitar algo de tiempo para aclimatarse a la idea de un cambio de lo que estaban acostumbrados. Y esa temporada de aclimatación suele estar salpicada de reacciones de cinismo y sarcasmo por aquellos designados para criticarlo.

Pero los muchachos en la pared del patio no estaban pensando en las voces de los críticos. Estaban mirando a un maestro empujar los límites de la convención. Delacroix se estaba distanciando de las ninfas, las diosas, las batallas y los mitos que eran la temática preferida de las exhibiciones dominantes de arte en la época, como el Salón de París, juiciosamente curado y presumido. Las pinceladas de Delacroix, su energía, su expresión, su disposición de doblar e incluso romper las reglas de la convención inspiraron a estos jóvenes pintores a retomar donde él había dejado y empujar los límites incluso más allá. Quién iba a decir que esta inspiración llevaría a formar una comunidad de artistas que le darían al mundo lo que todos conocemos hoy como «impresionismo». Y si no hubiera sido por Jean Frédéric Bazille, nada de esto habría sucedido.

El taller de Bazille

Jean Frédéric Bazille nació en 1841 en Montpellier, Francia, en una familia protestante adinerada. Descendía de una larga línea de orfebres, la industria que se transformó en el fundamento para la riqueza de su familia. Gaston, el padre de Bazille, era comerciante de vino. Desde temprana edad, a partir de que vio los Delacroix, Jean Frédéric supo que quería ser artista. Les declaró su plan a sus padres desde muy temprano. Gaston permitió que el joven Frédéric asistiera a conferencias de arte y clases de dibujo y accedió a que su hijo estudiara pintura, siempre y cuando Frédéric accediera también a estudiar medicina. Frédéric se abocó al dibujo, y rápidamente se transformó en un ilustrador habilidoso y competente.

En 1862, Bazille se mudó a París y se alistó en la Facultad de Medicina para honrar el pedido de su padre. Allí, también se inscribió en el taller de dibujo del historiador de arte Charles Gleyre, donde conoció y se hizo amigo de los artistas Pierre-Auguste Renoir, Alfred Sisley, Édouard Manet y Claude Monet. Este también fue el año en el que él, Renoir y Monet espiaron a Delacroix.

El arte captó la atención de Bazille, y en 1864 Bazille rindió mal sus exámenes de medicina y se volcó a la pintura a tiempo completo. El padre de Frédéric no respondió con enojo al fracaso de su hijo. En cambio, lo tomó como una confirmación de que debía seguir las artes y lo apoyó en su emprendimiento.

La riqueza de la familia de Frédéric le permitió quedarse en París después de fracasar en la facultad de medicina. Usó sus recursos para apoyar a sus compañeros pintores, alquilando un estudio y comprando herramientas de arte para compartir con ellos.[6] Bazille y Monet compartieron un estudio en 1865. Monet creció en París. Su padre era tendero. Desde que era pequeño, Monet dibujaba y vendía caricaturas al carboncillo a los locales para sostener su deseo de crear. Sabía cómo hacer y vender arte para sustentar su oficio, pero también sabía que, como todo artista debe descubrir, la suya era una vocación de festín y hambruna.

Cuando Monet tenía problemas de finanzas, Bazille compraba algunas de sus obras para mantenerlo a flote.[7] Para Bazille, esto no era ningún acto de caridad. Era una inversión en un artista al cual respetaba. Bazille sabía que Monet era un talento como pocos, y Jean Frédéric estaba construyendo su propia colección de arte de talla mundial.

A fines de la década de 1860, Renoir también compartió espacio en el taller con Bazille, una agradable habitación en 9 rue de la Condamine. El taller se transformó en punto de reunión para esta comunidad de artistas que pronto empezó a crecer. Otros pintores —entre ellos, Camille Pissarro, Paul Cézanne, Gustave Courbet y Edgar Degas— iban al taller a pasar tiempo con Renoir, Monet y Manet en el estudio de Bazille.

Bazille pintó la escena. Su obra *El taller de Bazille* nos permite vislumbrar esta era de historia del arte en París. En esta pintura, vemos a Bazille mostrándoles a Manet y Monet una de sus nuevas pinturas. Renoir está sentado a la izquierda, hablando con el novelista y dramaturgo francés Émile Zola. Sentado al piano, está uno de sus amigos músicos, Edmond Maître. Tres de las obras conocidas de Bazille cuelgan sobre la pared: *El pescador con una red, La Toilette* y *Retrato de una familia.* También en la pared están *Paisaje con dos personas*, de Renoir (que se perdió, aunque felizmente se preserva gracias a Bazille en esta pintura, y en un bosquejo de un amigo de Renoir, Jules Le Coeur), y lo que parece ser un Monet, probablemente uno que Bazille había comprado.

Detente un momento a considerar lo que estaba sucediendo en este pequeño taller. No menos de siete de los pintores más celebrados del mundo se reunían a trabajar en su arte, pero, más aún, a ser parte de esta comunidad de artistas. Compartían una perspectiva en común respecto a dónde creían que se dirigía el arte, lo cual Bazille resumió diciendo: «Las grandes composiciones clásicas están terminadas; una visión común de la vida cotidiana sería mucho más interesante».[8] Estos artistas estaban probando nuevas aguas, intentando nuevas técnicas, esperando presentar algo nuevo a un área de la cultura conocida por resistirse e incluso burlarse de los intentos de desafiar las convenciones.

Para estos artistas era imperativo trabajar en comunidad, no de manera aislada. Se necesitaban unos a otros. Necesitaban estar en compañía de los demás. Precisaban compartir un espacio en común: un lugar donde pudieran reunirse y hablar con libertad. Un lugar donde pudieran mostrar en qué estaban trabajando y obtener opiniones, ánimo y crítica. Necesitaban voces que entendieran lo que estaban intentando hacer. Precisaban la tranquilidad de que no eran necios. Y, si realmente eran necios, necesitaban ser una tribu de necios juntos. Necesitaban un lugar, y eso fue exactamente lo que Bazille les dio.

A medida que Bazille y los demás desarrollaron su técnica, se transformaron en «los impresionistas», aunque todavía no existía el nombre ni la asociación. Bazille es el artista menos conocido del grupo (por razones que se volverán aparentes), pero su trabajo pertenece junto a los grandes como Monet, Renoir, Manet, Cézanne, Pissarro y Degas, los cuales, desde entonces, se transformaron en nombres muy conocidos.

Sin embargo, antes de que cualquiera de estos pintores reuniera alguna clase de fama que impulsara a las galerías del mundo a mostrar sus obras como piezas centrales de sus colecciones, eran amigos que creaban arte juntos en comunidad. Y se necesitaban unos a otros, porque sería necesario un esfuerzo de equipo para atravesar las barreras de la industria del arte en París.

El Salón y la Sociedad Anónima

En los primeros días del impresionismo, el mundo del arte en Francia estaba gobernado por el Salón de París. El Salón se fundó más de 200 años antes, en 1667, como la exhibición oficial de Francia de la Academia de Bellas Artes, establecido por el gobierno como la sede reconocida a nivel nacional para el patrocinio de las artes. El gobierno consideraba la pintura una profesión digna, y creó un sistema de avance a través de una serie de competiciones escalonadas. Para un pintor, observó Malcom Gladwell, «en cada etapa de su educación, había una competencia. Aquellos a los que no les iba bien iban siendo descartados. Los que tenían éxito ganaban premios y becas prestigiosas, y en el pináculo de la profesión se encontraba el Salón, la exhibición más importante de arte en toda Europa».[9]

El Salón se formó originalmente para mostrar la obra de los graduados de la academia, pero pronto se expandió para mostrar el arte de una amplia variedad de artistas. Solo se podía acceder por invitación. El Salón se transformó en el lugar al que la gente acudía si quería saber qué arte era popular, y para aquellos que carecían de un ojo crítico, qué arte era bueno. Un panel de artistas, académicos y críticos, conocido como «el Jurado», elegía qué se mostraría en cada exposición anual en el Salón. También escogía la prominencia que recibiría cada obra en su ubicación.

Al Jurado no le gustaban los impresionistas. Cuando artistas como Monet, Manet y Renoir presentaban sus obras, en general las rechazaban o, si las aceptaban, las colocaban demasiado altas en las paredes del salón de exhibición como para que la gente las viera.

Monet resumió el desafío que presentaba el Salón cuando dijo: «No éramos muchos, mis amigos y yo, a los que el Jurado rechazaba en forma sistemática. Está muy bien pintar, pero hace falta vender para vivir. Los distribuidores no querían tener nada que ver con nosotros. Y, aun así, teníamos que exhibir. ¿Dónde? ¿Acaso debíamos alquilar un salón? Pero cuando recaudábamos algo de dinero, apenas si teníamos lo suficiente como para alquilar un palco en el Théâtre de Cluny».[10]

Édouard Joseph Dantan, *Un rincón del Salón en 1880*, 1880,
óleo sobre lienzo, 97,2 × 130,2 cm

Al final, no necesitaron alquilar un salón. Un fotógrafo francés llamado Nadar, quien se había vuelto un admirador de la obra de esta comunidad, les ofreció a Monet y a sus amigos el segundo piso de su estudio para hacer una exhibición propia. En 1874, Monet, Degas, Renoir, Pissarro y una pintora llamada Berthe Morisot formaron una comunidad a la que llamaron la Cooperativa y Sociedad Anónima de Pintores, Escultores y Grabadores. Tenían tres características principales:

«1. La organización de exhibiciones libres, sin jurados ni premios, donde cada asociado podrá mostrar sus obras. 2. La venta de dichas obras. 3. La publicación, apenas sea posible, de una gaceta dedicada exclusivamente a las artes». Porque no era suficiente solo mostrar las obras de cada uno; había que mostrarlas de manera adecuada [...]. Con las obras bien exhibidas, el próximo paso era venderlas.[11]

La Sociedad Anónima estaba formada con los desechos del Salón. Esta banda de artistas lanzó una serie de 8 exhibiciones impresionistas que presentaban la obra de 30 artistas diferentes y puso a la venta 165 obras de colección. Durante esta exhibición de 1874, Monet mostró *Impresión, sol naciente*, inventando por accidente el nombre «impresionismo». Los impresionistas fueron una versión temprana de los artistas independientes que desechaban los grandes nombres, vendían por su cuenta y confiaban en que, juntos, podrían sostenerse y salir adelante para cobrar un salario que les permitiera vivir.

Se lo tomaron en serio. Si iban a tener éxito, había trabajo que hacer. «También había que hablar de las obras. Había que explicar los métodos del artista. Era necesario ganarse al público. Esta era la función de los críticos y de la prensa [...]. Hacían falta otros defensores».[12] Necesitaban no solo preparar el camino para su propio éxito, sino también para aquellos que vendrían después.

Émile Zola dijo: «Se encontraron formando un grupo homogéneo, donde todos tenían una visión más o menos similar de la naturaleza; así que tomaron la descripción que otros habían hecho de ellos, "impresionistas", y la usaron como su bandera. Se los llamó impresionistas con un espíritu de burla; siguieron siendo impresionistas a fuerza de valor».[13] Al poco tiempo, esta comunidad valerosa y de raíces comunitarias conquistó el mundo del arte. Y, ahora, los museos en todo el mundo les dedican pabellones enteros a sus obras.

Sin embargo, Jean Frédéric Bazille no era parte de la Sociedad Anónima. El mismo año que completó su *Taller de Bazille* fue a luchar en la guerra franco-prusiana. Todos sus amigos intentaron disuadirlo, pero no lo consiguieron. El 28 de noviembre de 1870, cuando su comandante en jefe cayó en batalla, Bazille se hizo cargo de las tropas que quedaban y condujo un asalto sobre una ubicación alemana enemiga. Jean Frédéric Bazille recibió dos disparos y murió en el campo de batalla. Tenía veintiocho años.

Anteriormente ese año, cuando Bazille pintó el cuadro de su taller, ni él ni sus compañeros artistas eran exitosos ni respetados en París. Pero eran amigos. Eran un grupo de pintores que compartían ideas, herramientas y espacio en un taller para crear algunas de las obras de arte más amadas del mundo. Y estaban en paz unos con otros. En *El taller de Bazille* no hay jerarquía aparente, ni ningún líder que se distinga. Tan solo personas que trabajaban juntas en el intento de usar sus dones para lograr algo significativo.

En una carta a su padre, Bazille escribió que fue Édouard Manet, quien tiene sombrero y bastón en la pintura, el que pintó a Bazille en el cuadro.[14] Manet colocó el cuerpo alto de Jean Frédéric Bazille en frente de la pintura que Manet y Monet estaban admirando, para que nosotros, los espectadores, no pudiéramos verla. En cambio, tan solo veríamos a Bazille. Manet lo hizo porque era amigo de Bazille, sí, pero también por respeto. Ese grupo de pintores creía muchísimo en el talento de su amigo. Camille Pissarro describió a Jean Frédéric Bazille como «uno de los más talentosos entre nosotros».[15]

Crear en comunidad

¿Qué sucede cuando el potencial de una persona puede desarrollarse plenamente; cuando cosas como la guerra, la angustia, el dolor y la muerte no se interponen en el camino? ¿Qué pasa cuando las mejores partes de lo que tenemos para ofrecer florecen sin trabas? Hacemos bien en preguntarnos tales cosas, porque esta es la esperanza que ofrece el evangelio de Jesucristo.[16]

Me pregunto sobre el potencial ininterrumpido. Vivimos en un mundo de límites. A ninguno de nosotros se nos ofrece el espectro pleno de «todo lo que podría ser». Miguel Ángel tuvo que trabajar con una piedra precortada; Caravaggio no pudo armonizar su talento artístico con sus apetitos carnales; Vermeer se encontró restringido por limitaciones financieras y una muerte temprana; y Bazille cayó en batalla mientras aún era joven.

Cada uno de nosotros enfrenta limitaciones de diversos tipos. Esto no debería sorprendernos.[17] Cada uno de nosotros debe tomar ciertas decisiones en la vida que eliminan otras opciones. Por supuesto, esto no siempre es negativo; elegimos un cónyuge al excluir a todos los demás. Aceptamos un trabajo al este del país, haciendo que sea impráctico permanecer conectado con lo que sucede en la costa oeste. El trabajo y la crianza de los hijos empiezan a mermar el tiempo que solíamos poder dedicar a algunas pasiones creativas o deportivas, y dejamos de lado esos intereses —al menos, en parte— sobre el altar de la responsabilidad personal.

Aquí es donde la comunidad es de vital importancia. Sin ella, tal vez nos veríamos tentados a creer que las limitaciones y las dificultades que experimentamos son únicas para nosotros y, por lo tanto, que tenemos que transitarlas solos. Sencillamente, ese no es el caso. Ser parte de una comunidad nos pone en proximidad con otros que luchan; personas que pueden tranquilizarnos de que no estamos solos, ofrecer sabiduría porque conocen el bosque en el que estamos perdidos, y beneficiarse de las experiencias y las perspectivas que hemos adquirido a través de las tribulaciones que hemos soportado.

Me pregunto qué habría pasado si Bazille no hubiera caído en batalla aquel día. Me pregunto qué más le habría dado al mundo. Me pregunto cómo su influencia habría formado lo que sus amigos siguieron creando y las vidas y el trabajo de aquellos que vinieron después, como Georges Seurat, Paul Gauguin y Vincent van Gogh.

Nunca lo sabremos, pero sí conocemos algo del impacto que tuvo la vida de Bazille sobre la comunidad de la cual formaba parte, y el impacto que esa comunidad tuvo sobre el mundo. Hagamos un inventario de las personas que jugaron su papel.

Delacroix se dedicó a un arte que inspiró a la generación siguiente, los impresionistas. Practicó. Se esforzó. Perseveró. Gaston Bazille sopesó la pasión de su hijo contra la necesidad práctica de un oficio viable. Guio y sustentó a su hijo. Insistió en que Jean Frédéric le diera una oportunidad a la facultad de medicina, y respondió con sabiduría alentadora y con recursos cuando quedó claro que el muchacho estaba hecho para otro sendero. Émile Zola aportó su lapicera de periodista y poeta, y Nadar, su estudio en el segundo piso. Camille Pissarro, Paul Cézanne, Gustave Courbet, Edgar Degas, Auguste Renoir, Claude Monet y Edouard Manet se brindaron unos a otros su amistad, por más complicado que eso pueda ser entre artistas.

Por cierto, no podemos afirmar que Jean Frédéric Bazille sea la razón por la cual nació el impresionismo. No nos atrevemos a sugerir que sea la razón del éxito de Monet ni de nadie más. Pero deberíamos mirar a Bazille como una persona que jugó un papel en el desarrollo de una de las escuelas de arte más celebradas del mundo. Fue uno de los muchos que contribuyó algo de valor a una comunidad que se esforzó por crear algo hermoso, significativo y duradero.

Entregó su amistad. Proporcionó un espacio. Compartió suministros. Organizó reuniones. Compró arte que sus amigos pintaban. Y no olvidemos que también peleó y murió por sus compatriotas, lo cual, como dijo Jesús, es la forma más suprema de amor: dar la vida por tus amigos.[18]

Vivimos en comunidades que necesitan de bondad, verdad y belleza. Y jugamos un rol a la hora de fomentar estas cuestiones trascendentales que nos hacen humanos. Debemos curarlas para otros. Jugamos un papel a la hora de soplar las ascuas de «todo lo verdadero, todo lo respetable, todo lo justo, todo lo puro, todo lo amable, todo lo digno de admiración».[19] Todo lo que sea excelente o digno de alabanza, piensa en esas cosas, y sé parte de ellas.

¿Quién sabe qué podría suceder?

EL ARTISTA ESFORZADO

El viñedo rojo de Vincent van Gogh y la
naturaleza esquiva del contentamiento

Vincent van Gogh, *El viñedo rojo*, 1888, óleo sobre lienzo,
75 × 93 cm, Museo Pushkin de Bellas Artes, Moscú

Todos los ríos van hacia el mar,
pero el mar no se llena.
Al lugar donde los ríos fluyen,
allí vuelven a fluir.
Todas las cosas son fatigosas...

Eclesiastés 1:7-8

magina a Vincent van Gogh en el último año de su vida. Velo comprando suministros de arte, mezclando sus colores, limpiando sus pinceles, estirando y preparando sus lienzos. Imagina sus bosquejos, como recetas, apoyados boca arriba sobre la mesa junto al atril. Imagina los eternos rastros de color bajo sus uñas, sobre su barba, y en lo profundo de las costuras de su ropa; su persona, una pintura accidental en el mismo espectro que el lienzo del día. El paso y la naturaleza de su oficio lo sumergen en un mundo sensual de color, formas, texturas, aromas y composición. Es difícil ver dónde termina el hombre y dónde empieza su obra.

La carta del cartero, con fecha del 15 de noviembre de 1889, estaba boca abajo sobre la mesa junto a la ventana. Octave Maus, el fundador de la Exposición de Arte de Bruselas, le había enviado una invitación que decía: «La asociación le solicita, señor, que nos deje saber lo antes posible si acepta su invitación, ya que la cantidad es estrictamente limitada, y que nos informe antes del 15 de diciembre sobre las notas y los comentarios que quisiera ver en el catálogo».[1]

La Exposición de Arte de Bruselas se había formado seis años antes, en 1883. La preeminencia del Salón de París dificultaba que los artistas y estilos rechazados por el Salón aparecieran en el ámbito público. Así que, en respuesta, Octave Maus, artista y abogado, reunió una junta de diez artistas más y organizó una exposición de sus propias obras, algo parecido a lo que hicieron los impresionistas con la Sociedad Anónima. También invitaron a otros nueve artistas internacionales a que mostraran sus obras. Se llamaban a sí mismos «los Veinte». En 1889, cuando los Veinte empezaron a planear la exposición de 1890, debatieron sobre qué artistas invitar. Concordaron en invitar a Paul Cézanne, Paul Signac, Henri de Toulouse-Lautrec, Alfred Sisley y Paul Gauguin, junto con Vincent van Gogh.[2]

La invitación

Cada vez que la carta de Maus captaba la mirada de Vincent, él entretenía la pregunta un poco más en su mente: *El huerto en flor y Los girasoles, sin duda. Pero no La noche estrellada. No me representa. Tampoco Campo de trigo con cipreses. Tal vez El viñedo rojo. Sí. El viñedo rojo.*

Después de resolver la cuestión, Vincent dejó el pincel, tomó un papel y escribió:

Señor:

Acepto con placer su invitación para exhibir mis obras
[...].

Aquí tiene una lista de los lienzos que tengo para usted:

1. Los girasoles
2. Los girasoles
3. Troncos de árboles en la hierba
4. Huerto en flor (Arlés)
5. Campos de trigo. Sol naciente (St.-Rémy)
6. El viñedo rojo (Montmajour)

(Todos estos lienzos son n.º 30).

Tal vez excedo los cuatro metros de lugar asignado, pero creo que los seis juntos, escogidos así, proveerán un efecto variado de color, si encuentran la manera de colocarlos.

Vincent van Gogh[3]

Un año antes de recibir la invitación de Maus, el 2 de octubre de 1888, Vincent le escribió una carta a su amigo y pintor Eugène Boch. Cuando Vincent escribió esta carta, no tenía idea de cómo sus referencias aparentemente pasajeras a la hermana de Eugène, Anna, y al viñedo cerca de Montmajour se unirían más tarde en una parte indeleble y complicada de su historia. Una parte de la carta decía:

Me gustaría mucho pedirte que hagas un intercambio conmigo de uno de tus estudios en las minas de carbón. [...]

¿Tu hermana [Anna] también pintará los mineros? Sin duda, hay trabajo para dos ahí. Creo que eres muy afortunado de que los dos pinten en tu casa.

Bueno, tengo que ir a trabajar en el viñedo, cerca de Montmajour. Está todo de un verde y amarillo violáceo bajo el cielo azul, una hermosa paleta de colores. Un apretón de manos y buena suerte, y mucho éxito en tu obra.

Cordialmente, Vincent[4]

El viñedo que mencionó se transformó en el tema del único cuadro que vendió durante su vida: *El viñedo rojo.* Y Anna, la hermana de Eugène, fue la persona que lo compró. Ella y su hermano admiraban las obras de van Gogh. Pero, más aún, eran sus amigos. Vincent pintó una vez un retrato de Eugène, y luego lo incluyó como una de las pinturas que colgaban de la pared de su conocido *El dormitorio en Arlés.* Anna era una respetada pintora impresionista belga. En 1885, Octave Maus la invitó a unirse como la primera mujer miembro del directorio de los Veinte.

Si la amistad de Anna con Vincent no fue la razón por la cual Maus lo invitó a exhibir en la Expo de Arte de Bruselas en 1890, sin duda influyó en la decisión del directorio. Pero no fue solo su amistad lo que le consiguió a Vincent aquellos cuatro metros de espacio en la exhibición. Fue su arte. Más que nada, fue su talento como pintor, un regalo que el mundo apenas si estaba empezando a notar, lo que abrió la puerta para que exhibiera y luego vendiera *El viñedo rojo*.

La pintura

A menudo, cuando la gente piensa en van Gogh, su mente va a *Los girasoles*, *Los lirios* o *La noche estrellada*. Para entender la historia de *El viñedo rojo*, debemos ubicarlo en el espectro más grande de las obras de Vincent e intentar entender al artista en sí.

El viñedo rojo cuelga en el Museo Pushkin de Bellas Artes en Moscú, junto con otros cinco lienzos de Vincent. Aunque *El viñedo rojo* tiene todas las marcas del estilo clásico de van Gogh —una aplicación gruesa, pinceladas tramadas, contornos geométricos—, no necesariamente se destaca como el buque insignia de la flota en el museo, o incluso como la mejor de sus cinco obras que descansan ahí. Muchos de los que ven *El viñedo rojo* en el Museo Pushkin y no leen la placa sobre la pared junto al cuadro tal vez no se den cuenta de que están mirando la única de sus pinturas que alguien compró mientras van Gogh vivía. Su mirada tal vez se sienta atraída por la pared al enigmáticamente autobiográfico *La ronda de los presos (según Doré)*, en el cual él se pinta a sí mismo en una fila de prisioneros que caminan en círculos en el patio de una cárcel como orugas en el borde de una cubeta. Pero los detalles que tenemos sobre *El viñero rojo* arrojan una luz interesante sobre la visión y el proceso del artista.

Vincent pintó *El viñedo rojo* el 4 de noviembre de 1888, de memoria, en un espacio de pocos días.[5] La escena presenta la cosecha anual de uvas en el sur de Francia, conocida como la vendimia. Como venía de Holanda, a Vincent le fascinaba la vendimia. Había algo tranquilizante en el ritmo de la cosecha: la humanidad y la tierra en armonía. La gente trabajaba y disfrutaba el fruto de su labor. Un erudito escribió: «Estos cosechadores de uvas eran personas con las que van Gogh sentía que podía identificarse, porque trabajaban con la naturaleza según sus ritmos, y no en contra».[6] Los cosechadores en esta pintura no se ven demacrados, sino bañados de la calidez del sol vespertino, plenos en su tarea, como parte del orden de las cosas. Vincent pensaba que esto era hermoso. Quería eso para él.

En 1888, cuando pintó *El viñedo rojo,* Vincent estaba experimentando con la idea de que el color solo podía generar una estética que captaría el corazón y la imaginación de las personas. Estaba estudiando la teoría del color mediante el arte y los escritos de Georges Seurat, el cual creía que la aplicación científica del color era como cualquier otra ley natural. Seurat creía que el conocimiento de cómo el ojo y el cerebro se comunicaban el uno con el otro podía usarse para crear un nuevo lenguaje de arte basado en la configuración de tonos, la intensidad del color y las formas; que había una razón científica por la cual el arte parecía hablar al alma.[7] Vincent se identificó con esto, ya que usaba el color no solo para representar lo que veía, sino para infundirle vida. Pararse frente a una de sus obras hoy —como *El viñedo rojo* o *La noche estrellada*— prueba cómo la vivacidad y el movimiento del color que usó parecen darle a la obra una vida propia.

Cuando Vincent le escribió sobre *El viñedo rojo* a Eugène Boch antes de pintarlo, y luego a su hermano Theo, habló más de los colores que veía que de cualquier aspecto de la cosecha en sí. Era el color lo que le llamaba la atención. A Boch le escribió: «Está todo de un verde y amarillo violáceo bajo el cielo azul, una hermosa paleta de colores».[8] Y a Theo, dos días después de terminar la pintura, le escribió: «¡Pero si tan solo hubieras estado con nosotros el domingo! Vimos un viñedo rojo, completamente como el vino rojo. A la distancia, se volvía amarillo, y luego un cielo verde con un sol, campos violetas y deslumbrantes, con amarillo aquí y allá después de la lluvia, en los cuales se reflejaba el sol poniente».[9]

De memoria, Vincent se propuso captar la manera en que recordaba los colores de la vendimia y cómo se superponían unos con otros. Como sucede con tantos artistas, su composición se desarrolló en su mente antes de llegar al lienzo. Sus correspondencias lo muestran como un hombre que siempre estaba estudiando el mundo que tenía frente a él. Estaba siempre pensando, imaginando y planeando su próxima obra.

Las escenas comunes de objetos cotidianos conmovían a Vincent. Escribió: «Aunque a menudo estoy en un desastre, dentro de mí sigue habiendo una calma, pura armonía y música. En la casa más pobre, en el rincón más sucio, veo pinturas o dibujos. Y mi mente se vuelve en esa dirección como con un anhelo irresistible».[10]

Vincent no veía el mundo como una colección de objetos comunes e inafectados. Veía el drama en desarrollo de la historia humana, el cual, para él, era un cuento desgarrador. Un ejemplo de esto puede verse en la manera en que escribió sobre un puente que deseaba pintar. A Theo Vincent le escribió:

Tengo una vista al Ródano —el puente de hierro de Trinquetaille, donde el cielo y el río son del color de la absenta, los muelles tienen un tono lila, la gente apoyada sobre el parapeto casi negra, el puente de hierro de un azul intenso—, con una nota de un anaranjado brillante en el fondo azul y una nota de un intenso verde Veronés. Otro proyecto que dista de quedar terminado, pero al menos uno en el que estoy intentando algo más afligido y, por lo tanto, más desgarrador.[11]

Para Vincent, el hierro y la piedra del puente estaban vivos con color, y percibía en las personas en las orillas y que cruzaban de un lado al otro todas las angustias que acarreaban. Los colores que veía estaban llenos de emoción. Y como la emoción era palpable, los colores eran vivaces.

El viñedo rojo descansa casi exclusivamente en el espectro de color entre rojo y amarillo. Este fue un desafío deliberado que Vincent se planteó. En su época, la idea de pintar una escena de memoria según un deseo de usar un espectro particular de color era ingenua. Muchos artistas llevaban sus atriles y pinturas afuera y captaban lo que veían. Vincent quería captar lo que sentía al intentar recordar lo que había visto. Esta es la naturaleza misma del impresionismo: pintar no una copia perfecta de lo que se tiene a la vista, sino una *impresión* de eso; la impresión del artista de lo que vio y cómo se sintió al respecto.[12]

El artista

Vincent creía que aunque su uso de colores vibrantes hacía que sus pinturas parecieran menos realistas, ayudaba a darles vida. Y las muchas personas que han visto sus pinturas desde entonces están de acuerdo. De alguna manera, el color, la composición y el tema se combinan para conectar con las personas de maneras que desafían toda explicación. Esta es la cualidad misteriosa y trascendente del arte: algo en el aceite de lino y los pigmentos atraviesa el plano del lienzo y penetra en el alma humana de una manera que, de forma repentina e inexplicable, importa.

Esta trascendencia es lo que lleva a un turista en un museo a volver a una pintura en particular que encontró aquel día, para darle una última mirada antes de partir. Tal vez no pueda decirte por qué, pero siente que tiene que regresar. Así que lo hace. Y, sintiendo que está forzando una especie de desconexión cuando por fin se retira, se compromete a recordar esa obra, a llevarla con él en los rincones de su corazón. Y lo hace. La obra nunca más le parece una obra de arte común y corriente, sino parte de *su propia* colección. Cuando vio la obra por primera vez, le pertenecía al mundo. Pero, cuando se va de ese primer encuentro, le pertenece a él.

Algunos llevan con ellos colecciones enteras de obras maestras de la era del Renacimiento de Rembrandt y Vermeer. Otros pueden cerrar los ojos y volver a visitar a los impresionistas de París: Monet, Manet y Bazille. Para otros, líneas tras líneas de la Escritura o de Shakespeare se suceden sin esfuerzo alguno desde los rincones de la memoria que se remontan a la infancia, cuando hacían catequesis o se pavoneaban y se inquietaban en sus primeras horas arriba de un escenario.

Esta es la cualidad intangible de la genialidad: crear obras que se transfieren desde el lienzo, la página o el instrumento al corazón de otra persona, despertando un anhelo por la belleza y por el fin de la tristeza. Eso era lo que Vincent quería crear: arte que se transfiriera de su atril al alma de otra persona, y que funcionara como un bálsamo que sanara al quebrantado.

Van Gogh abordaba su oficio como un artista puro. Le preocupaba profundamente la obra sagrada de creación, pero aborrecía el aparentemente necesario proceso de comercialización. Creía que su estilo único contribuía algo nuevo y valioso al mundo del arte. Pero también entendía la tensión que los artistas de cada generación han conocido: el éxito comercial facilita la capacidad de seguir trabajando. Hacer arte cuesta tiempo y dinero.

Las motivaciones de Vincent no estaban dedicadas exclusivamente a la obra que producía. Tenía un profundo anhelo de reconocimiento. Escribió: «No puedo hacer nada al respecto si mis pinturas no se venden. Sin embargo, llegará el día en el que la gente verá que valen más que el costo de la pintura y mi subsistencia, muy magro en realidad, que ellas conllevan».[13] Su falta de éxito comercial lo desalentaba, como sucedería con cualquiera que trabaja en algo durante la mayor parte de una década, creyendo que es el llamado de su vida pero sin ver un centavo.

Vincent era propenso a la depresión y las enfermedades mentales, algo que quedó especialmente en evidencia cuando se cortó la oreja, o que se hizo tangible cuando pasó un año en una institución psiquiátrica en Saint-Rémy-de-Provence. Sus luchas psicológicas y mentales añadieron una capa de abatimiento a su fracaso comercial. Aunque nadie puede saber precisamente qué estaba sucediendo en su interior aquella tarde de julio de 1890 cuando, al parecer, se rindió ante la desesperación y jaló el gatillo,[14] no cabe duda de que una sensación de futilidad profesional tuvo su papel.

Para añadir a la tragedia de su muerte, cuando Vincent se disparó estaba más cerca de lo que podría haber imaginado del reconocimiento que tanto anhelaba. No sabía que su obra pronto se transformaría en una parte fundamental de la Exposición de Arte de Bruselas. No sabía que tan solo veinticuatro años después de su muerte, en 1914, sus cartas a Theo serían publicadas en tres volúmenes. Habría estado en el principio de su sexta década si hubiera vivido para verlo. No sabía que veinte años después de eso, en 1934, Irving Stone escribiría un una novela biográfica que fue éxito de ventas llamada *Codicia de vida,* basada en esas cartas, o que veintidós años después, en 1956, Kirk Douglas lo representaría en la película basada en el libro de Stone.

Tal vez ninguna de estas cosas habría pasado si la vida de van Gogh no hubiera terminado de manera tan trágica. Pero su fama estaba creciendo en el mundo de las artes incluso durante los últimos años de su vida. Una cantidad cada vez mayor de personas que encontraban sus obras afirmaban que estaban mirando a una estrella en ascenso. Exhibió algunas de sus obras en 1888 y atrajo la atención de otro pintor, Joseph Jacob Isaacson, el cual escribió un artículo en el cual aplaudía la obra de Vincent en el ejemplar del 17 de agosto de 1889 de *De Portefeuille,* un periódico semanal de Ámsterdam.[15]

Aunque Vincent anhelaba que lo reconocieran por su genio, era una paradoja en cuanto a recibir los elogios. La adulación del público probó ser más de lo que podía soportar. Cuando Vincent leyó el artículo elogioso de Isaacson, se sintió avergonzado por la atención y le pidió a Isaacson que nunca más escribiera sobre él.[16] Pero era demasiado tarde. La noticia había empezado a correrse. En enero de 1890, justo antes de la Exposición de Arte de Bruselas, el crítico de arte Albert Aurier escribió un largo ensayo alabando la obra de Vincent, y dijo: «En el caso de Vincent van Gogh, en mi opinión, a pesar de la peculiaridad a veces engañosa de sus obras, es difícil para un espectador imparcial y conocedor negar o cuestionar la veracidad cándida de su arte, el ingenio de su visión».[17]

En 1891, el año después de la muerte de Vincent, el crítico de arte Octave Mirbeau comparó a Vincent con su precursor holandés, el maestro en persona: Rembrandt. Mirbeau escribió: «Van Gogh no siempre adhiere a la disciplina ni a la sobriedad del maestro holandés; pero a menudo iguala su elocuencia y su prodigiosa habilidad para representar la vida».[18]

Ese mismo año, tanto París como Bruselas exhibieron retrospectivas de la obra de Vincent. Otras retrospectivas se mostraron más adelante en Dinamarca, Noruega, Suecia, Finlandia y Alemania en el transcurso del resto de la década de 1890, transformando a van Gogh en uno de los artistas más celebrados de Europa para el cambio de siglo. Si hubiese vivido tan solo unos años más, habría visto todo eso.

Pero para Vincent esto era inimaginable y terriblemente frustrante. Cuanto más tiempo pasaba sin éxito comercial, más frenéticamente pintaba. Cuantos más lienzos acumulaba, más objetivamente mensurable le parecía su fracaso. Cuando tomó una pistola en sus manos en aquel campo de trigo en 1890, reuniendo valor, no sabía que el mundo que deseaba dejar estaba empezando a amarlo como artista.

La exposición

En 1889, Vincent envió sus seis pinturas y cuando llegó el momento la Exposición de Arte de Bruselas las acomodó según él había solicitado. Sus lienzos se exhibieron junto a obras de Paul Cézanne, Paul Signac, Henri de Toulouse-Lautrec y Paul Gauguin: todos pintores a la vanguardia del posimpresionismo. Aunque Vincent mismo se transformaría en el posimpresionista más celebrado de todos los tiempos, el hecho de que estos nombres estuvieran en la lista de invitados juntos sugería que, así como los impresionistas de las décadas de 1860 y 1870 sobrepasaron a los realistas y los románticos que vinieron antes que ellos, los posimpresionistas pronto eclipsarían a los impresionistas como los preferidos del arte europeo.[19]

La creciente ovación a Vincent no estaba sucediendo en forma aislada. Era parte de un movimiento. Aun así, él se destacaba. Una razón por la cual se transformó en la cara del posimpresionismo fue que su trabajo mostraba intensamente las características de esa era: una aplicación gruesa de pintura, colores vibrantes, composiciones geométricas y detalles distorsionados. Él usaba todas estas cosas. Y como sucede con cualquier artista a la vanguardia de una nueva era, muchos abrazaron sus obras como algo emocionante y refrescante, pero otros las rechazaron por pensar que eran algo inferior nacido de una jactancia juvenil y sin respeto por la disciplina del oficio.

El pintor simbolista belga Henry de Groux, uno de los miembros de los Veinte, pensaba esto sobre el trabajo de Vincent. Es más, de Groux creía que el arte de Vincent era de tan mal gusto que se negaba a permitir que colgaran sus propias obras junto a lo que él llamaba el «abominable cacharro con girasoles del Monsieur Vincent».[20] La oposición de este hombre probó ser reveladora. Lo que parecía tan evidente para él —que Vincent van Gogh era un aficionado— era una perspectiva que los demás miembros de los Veinte no compartían. Más adelante, en la cena de inauguración de la Expo, cuando de Groux llamó a Vincent «un ignorante y un charlatán», todo se descontroló.[21] Octave Maus describió la escena de la siguiente manera: «Al otro lado de la mesa, Lautrec se paró de un salto, con los brazos en el aire, y gritó que era una atrocidad criticar a un artista de su talla. De Groux replicó. Tumulto. Algunos lo apoyaron. [Paul] Signac anunció fríamente que si Lautrec fallecía él mismo asumiría la disputa».[22] Esa noche, los Veinte expulsaron a de Groux de la Expo. Él volvió al día siguiente, gorro en mano, para disculparse, y le permitieron que renunciara y que retirara sus obras por voluntad propia.

Vincent no tenía idea de que esto sucedió porque no estaba ahí. No supo que estos artistas a los cuales admiraba se habían levantado para defender su honor y validar su genialidad.

Aunque el escándalo con de Groux obtuvo apoyo para Vincent de otros artistas en la Expo, los que lo presenciaron no pudieron evitar preguntarse cómo serían recibidas sus obras públicamente. Vincent no representaba el gusto comercial más amplio de la época.[23] Pero Maus y su grupo estaban interesados en arte que inspirara nuevas conversaciones, y no que tan solo satisficiera apetitos comerciales. Y la obra de Vincent hacía justamente eso. Sus pinturas llegaron a estar entre las más debatidas en la Expo. Y antes de que terminara el evento, Anna Boch, miembro de los Veinte y hermana de Eugène, el amigo de Vincent, compró *El viñedo rojo* por 400 francos (unos 2000 dólares en la economía de hoy).

Los números

Cuando Vincent se enteró de la venta de *El viñedo rojo,* escribió en forma autocrítica a su madre: «Theo me informó que vendieron una de mis pinturas en Bruselas por 400 francos. En comparación con otros precios, incluidos los holandeses, no es mucho, pero por eso intento ser productivo para poder seguir trabajando a precios razonables. Y si tenemos que intentar ganarnos la vida con las manos, tengo muchos gastos que afrontar».[24]

Una mirada a la producción y el volumen de la obra de Vincent, en especial en los últimos años de su vida, arroja una luz fascinante y desgarradora sobre la naturaleza de su genialidad, su productividad y la trascendencia de la venta de *El viñedo rojo*. Cuentan la historia de una clase de esfuerzo que ninguna persona está hecha para sostener.

Vincent terminó unas 860 pinturas al óleo completas en el transcurso de su vida como pintor.[25] Durante este mismo período, también produjo 1240 obras en la forma de acuarelas, bosquejos y grabados, y escribió más de 900 cartas; 650 a su hermano y benefactor, Theo. En total, estamos hablando de unas 3000 obras de arte individuales y escritos que sabemos que provienen de Vincent.

CONJUNTO DE OBRAS DE VINCENT VAN GOGH

860: pinturas al óleo completas

1240: bosquejos, acuarelas y grabados

900: cartas (650 a Theo van Gogh)

3000: total de obras individuales

¿Cuánto tiempo requiere una producción tan prolífera? A modo de comparación, dejemos de lado las 2140 cartas, acuarelas, bosquejos y grabados de Vincent y consideremos solo sus 860 lienzos. ¿Cómo se compara esa cantidad de producción con la de otros pintores conocidos? Rembrandt produjo aproximadamente 600 pinturas al óleo durante su carrera, que duró más de 40 años. Claude Monet, contemporáneo de van Gogh, pintó alrededor de 2500 cuadros en un transcurso de 60 años. Paul Cézanne pintó

900 lienzos en 40 años. En promedio, Rembrandt completó quince lienzos por año; Monet, cuarenta y dos; y Cézanne, veintitrés.

Rembrandt, Monet, Cézanne y muchos otros tuvieron el tiempo a favor. Trabajaron durante décadas. Sin embargo, este no fue el caso de Vincent. Su carrera como pintor duró solo nueve años, desde fines de 1881 hasta julio de 1890. Eso fue todo. Pintó desde los veintiocho años hasta los treinta y siete. Antes de eso, trabajaba como vendedor de arte en la empresa de su tío y servía como misionero.

En la primera mitad de su vida como pintor, desde 1881 a 1884, van Gogh hizo unas veintiuna pinturas por año. Pero entre 1885 y 1889, la segunda mitad de su carrera, ese número salta a 130 lienzos por año. Eso sería una pintura completa cada tres días durante cinco años. Y esto no considera la realidad de que, durante ese tiempo entre 1885 y 1889, Vincent cambió de lugar varias veces y tuvo crisis personales y médicas que lo llevarían a estar lejos de su atril durante semanas a la vez.

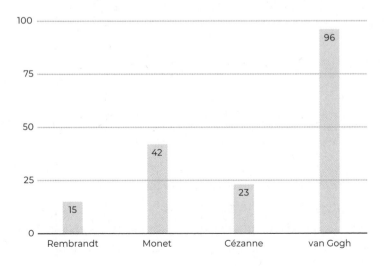

COMPARACIÓN DE PROMEDIO DE PINTURAS POR AÑO DE REMBRANDT, MONET, CÉZANNE Y VAN GOGH

El año más fascinante de la carrera de Vincent, en términos no solo de producción sino también de salud, fue el último año de su vida: 1890, el año en que vendió *El viñedo rojo*. Vincent murió a mediados de ese año, el 29 de julio, de complicaciones por una herida de bala aparentemente autoinfligida en el abdomen. Durante la mitad de ese año, produjo 108 lienzos terminados. Aunque ese total es 61 pinturas menos que su año más prolífico, 1888 —el año en que pintó *El viñedo rojo*—, y 26 pinturas menos que en 1889, los 108 lienzos de 1890 no representan un declive en la producción, sino más bien un aumento pronunciado. Murió durante el verano, lo cual significa que estaba en un trayecto para terminar pintando cerca de 200 cuadros ese año.

PRODUCCIÓN DE VAN GOGH POR AÑO DURANTE EL CURSO DE SU CARRERA COMO PINTOR

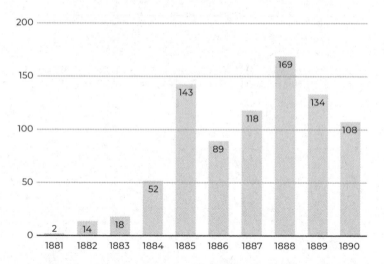

El desglose mensual de su producción en 1890 es incluso más asombroso. Entre enero y abril, pintó tan solo dieciocho lienzos en total, lo cual significa que en los tres meses que siguieron no puede haber hecho mucho más que comer, dormir y pintar. Entre mayo y julio de 1890 Vincent trabajó a un paso frenético, y su arte muestra la evidencia. En el Museo de Arte de St. Louis, en la galería de impresionistas, hay un van Gogh de junio de 1890 llamado *Viñedos con vista a Auvers.* La pintura densamente aplicada en la esquina inferior izquierda lleva la impresión clara de sombreado de otro lienzo, sugiriendo que la pintura se terminó y se dejó aparte en una pila junto con otras antes de que se secara por completo. Por supuesto. Este lienzo en particular es uno de los aproximadamente cuarenta y dos que pintó solo en ese mes. Pintó otros 24 en mayo y 24 en julio, lo cual significa que en los tres meses antes de morir Vincent pintó 90 de las 108 pinturas de aquel año: un promedio de tres meses con una pintura por día.

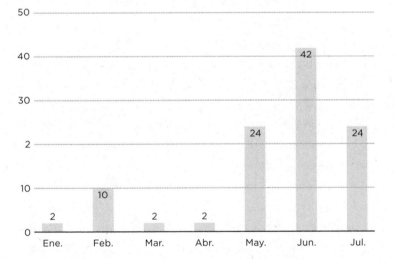

PRODUCCIÓN DE VAN GOGH DURANTE EL ÚLTIMO AÑO DE SU VIDA

Imagina a Vincent en esos últimos meses de su vida. Velo mezclando sus colores, estirando sus lienzos y limpiando sus pinceles. Mira los eternos rastros de color bajo sus uñas, sobre su barba y en su ropa en el mismo espectro que la furia de esos tres meses, durante los cuales completó en promedio un lienzo todos los días.

Ahora, añade los otros 2140 bosquejos, acuarelas, grabados y cartas que compuso durante esos nueve años, y nos queda una imagen desgarradora: en alguna parte en medio de esa ráfaga de movimiento entre el pintor y el lienzo estaba un hombre cautivo por un apetito insaciable de capturar el mundo que deseaba, mientras no podía conectarse con el mundo que tenía. Parecía estar matándolo.

Tal vez Vicent resumió mejor su lucha cuando dijo: «Si estamos cansados, no es porque ya hayamos andado mucho, y si es cierto que la vida del hombre en la tierra es una lucha, ¿acaso sentirse cansado y tener la cabeza hirviendo no es señal de que hemos luchado?».[26]

La gloria

¿Cómo debemos interpretar la historia de Vincent? ¿Qué pasa con la futilidad que parece pertenecer a cualquier empresa creativa? Vincent dijo: «Alguien tiene un gran fuego en su alma y nadie nunca se acerca a calentarse junto a él, y los que pasan cerca no ven nada más que un poco de humo».[27] ¿Qué hay de los grandes fuegos ardientes en cada uno de nosotros que son percibidos por los demás como algo más que vestigios de humo?

Hoy, la obra de Vincent tiene su lugar entre el arte más celebrado y valioso jamás creado. Pabellones enteros de los museos en las ciudades más importantes del mundo están dedicados a su arte y a su influencia sobre otros que vinieron después de él. Sería obtuso intentar resolver la historia de Vincent registrando su éxito comercial póstumo: cómo su pintura *El doctor Paul Gachet* se vendió por 82 millones de dólares en 1990, 100 años después de su muerte, o cómo *Los lirios* se vendió por 101 millones de dólares tres años antes. Sería pasar por alto lo más importante intentar sumar cuánto valen todas sus obras juntas ahora, porque para Vincent lo que lo atormentaba no era el valor de su colección, sino la pregunta de si su tiempo sobre la tierra produciría belleza que trascendiera sus días. ¿Acaso alguien vería algo del fuego que ardía en su interior, más allá de los vestigios de humo?

C. S. Lewis escribió: «El sentimiento de que en el universo nos tratan como a extranjeros, el deseo de ser conocidos, de recibir alguna respuesta, de salvar el abismo abierto entre nosotros y la realidad, forma parte de nuestro secreto inconsolable».[28] Aunque nadie puede estar seguro de por qué Anna Boch compró *El viñedo rojo*, sería demasiado simplista afirmar que fue porque admiraba la pintura y quería tenerla. Sin duda, tiene que haberle gustado lo suficiente como para pagar 400 francos. Pero también conocía la historia de Vincent. Conocía su amistad con su hermano y su amistad con ella. Conocía sus luchas con la salud mental. Conocía su lucha constante con triunfar en el mundo de los artistas a los cuales se los tomaba en serio, que eran reconocidos y tenían una buena respuesta. Conocía su secreto inconsolable. Cualquiera que estuviera cerca lo conocía.

Su secreto también es nuestro. Es un secreto tan viejo como el tiempo: ¿mi vida contribuye algo de valor a este mundo? Eclesiastés expresa esta pregunta en poesía:

> Por tanto me desesperé en gran manera por todo el fruto de mi trabajo con que me había afanado bajo el sol. Cuando hay un hombre que ha trabajado con sabiduría, con conocimiento y con destreza, y da su hacienda al que no ha trabajado en ella, esto también es vanidad y un mal muy grande.[29]

Vincent dejó su obra para que la disfrutaran aquellos que no trabajaron en ella. Pero no lo recordamos solo por su arte. Lo recordamos por sus palabras, su vida y su lucha. Y nos identificamos con él. Es el hombre esforzado de Eclesiastés, que aprende de primera mano la vanidad del afán bajo el sol mientras intenta vivir, moverse, respirar y hacer su trabajo debajo del cielo. Va persiguiendo el sol y nunca lo alcanza.[30] Carga con el peso de una creación «sometida a vanidad»[31] y anhela la renovación de todas las cosas.[32]

Este es el poder del arte. Sucede en el tiempo y el espacio, pero señala a lo eterno. Toma los objetos y las ideas que encuentra tirados por ahí, las cosas del aquí y el ahora, y las ensambla para formar algo que pertenece a un mundo fuera del tiempo. El truco para los artistas es creer que esta es la verdadera naturaleza de su obra, en especial mientras están en el proceso de hacerla, ya sea que se venda o no.

Vincent no fue ningún santo, y no nos atrevamos a transformarlo en uno. Su relación con personas como Paul Gauguin muestra que podía ser alguien difícil con el cual trabar amistad. Y el valioso hallazgo de más de 2000 cartas que escribió revela que a menudo explotaba en enojo, hablando con arrogancia de otros artistas y personas de su comunidad, y aparentemente usando los servicios de prostitutas. No deberíamos ignorar su mal genio, su inmoralidad ni su orgullo para venerarlo. Pero tampoco deberíamos concentrarnos en sus imperfecciones e iniquidades y considerarlo maldito, porque a lo largo de su vida nunca dejó de hablar de su amor por Cristo. Su vida, sus palabras y su obra muestran a un hombre complicado que luchaba con mucha confusión, dolor y enojo, pero que también reconocía la belleza, el asombro y el valor de las personas de maneras que pocos otros jamás podrían. Estaba buscando algo que nunca encontraría en esta vida, no porque murió joven, sino porque la gloria, el amor, la belleza y la paz que tanto anhelaba no eran de este mundo.

Pero eran, y siguen siendo, muy reales. Vincent pasó su vida artística llamando a la puerta de lo que C. S. Lewis describió como una «bienvenida en el corazón de las cosas». Esta es la puerta a la gloria. Y la promesa del evangelio es que, para aquellos cuya fe está en Cristo, como parecía ser el caso de Vincent, «la puerta a la que llevamos toda la vida llamando acabará abriéndose por fin».[33] En el arte de Vincent, percibimos la gloria eterna refulgiendo al otro lado de la puerta, y a través de su arte anhelamos contemplarlo como más que vestigios del humo que vemos. Por eso nos sentimos atraídos por él. Hemos visto algo del fuego que ardía en su interior.

Como dijo Annie Dillard, una de las cosas más importantes que podemos hacer es intentar percibir la belleza y la gracia cuando ocurren.[34] Estamos ante la puerta de la gloria porque sabemos que hay maravillas al otro lado. Anhelamos verlas con nuestros ojos, y queremos mostrárselas a otros. A veces, esta es la obra del artista: pararse y llamar a la puerta de la gloria y, cuando sea posible, extraer pequeños vestigios de humo de aquellos lugares donde vislumbramos la luz para que otros puedan ver y creer. ¿Qué podemos mostrarnos unos a otros de la gloria, excepto luz en la sombra? ¿Qué gloria puede ver alguien en cualquiera de nosotros excepto por vestigios de humo, trazas del gran fuego ardiente? ¿Y no es acaso suficiente por ahora... mostrar lo suficiente como para probar que hay más?

Tal vez uno de los grandes regalos que otorgó Vincent fue su convicción de que este mundo en el cual esperamos no es feo ni está vacío. Esta convicción se expresó en pinturas hermosas de personas y lugares comunes. El mundo que él conocía era glorioso, lleno de colores, texturas y asombro. Nos ha ayudado a verlo y, al ayudarnos, ha cultivado la esperanza de que una gloria más verdadera y más grande yace apenas más allá. Cuando miramos el cielo nocturno, Vincent nos enseñó a ver que las estrellas se arremolinan en los cielos. Cuando los lirios empiezan a surgir, nos dio imágenes para recordar mientras anticipamos su desarrollo en pimpollos que prueban que hay vida en lo que los meses invernales destruyeron. Cuando el rocío se instala sobre el campo de amapolas, él nos ha ayudado a verlo iluminado con un millón de pequeñas luces.[35]

Y si alguna vez estás en el sur de Francia en otoño, tú también puedes levantar los ojos y verlo: «un viñedo rojo, completamente como el vino rojo. A la distancia, se volvía amarillo, y luego un cielo verde con un sol, campos violetas y deslumbrantes, con amarillo aquí y allá después de la lluvia, en los cuales se reflejaba el sol poniente».[36]

Gracias a Vincent, puedes encontrarte confrontado con una gloria más profunda de la que esperabas. Pero, aun así, tan solo verás una fracción de lo que realmente hay ahí. Solo verás un vestigio de humo. «Todas las cosas son fatigosas».[37]

CAPÍTULO **8**

MÁS ALLÁ DE LA IMAGINACIÓN

Henry O. Tanner, la carrera y el poder humilde de la curiosidad

Henry Ossawa Tanner, *La anunciación*, 1898,
óleo sobre lienzo, 145 × 180 cm (57 × 71-1/4 pulgadas),
Museo de Arte de Filadelfia, Filadelfia

La curiosidad es insubordinación en su forma más pura.

Vladimir Nabokov

Aunque el impresionismo y el posimpresionismo de Vincent van Gogh y Georges Seurat se estaban arraigando en Europa a mediados y fines del siglo xix, Estados Unidos estaba construyendo su propia red de artistas, academias de arte, mecenas y centros de exhibición. Para muchos era la tierra de la posibilidad. Pero también fue la era de la Guerra Civil, y la nación tenía mucho camino por recorrer en cuanto a la idea de oportunidades para todos.[1] Las puertas que se abrían fácilmente para los artistas blancos no eran tan acogedoras para los artistas de color. Y aun cuando esas puertas se abrieran, los artistas negros tenían que considerar la realidad de que cualquier conversación sobre su obra en Estados Unidos incluiría una mención del color de su piel.[2] Cuando una mayoría blanca celebra la obra de un artista de color, y el detalle de la raza del artista siempre se incluye en la discusión, eso puede enmarcar la obra del artista como un logro inesperado a la luz de su raza. Henry Tanner encontró esto temprano y se esforzó para despegarse de ello.

Un estadounidense en París

Henry Ossawa Tanner nació en Pittsburgh, Pensilvania, el 21 de junio de 1859. Fue el primero de nueve hijos nacidos al reverendo Benjamin Tucker Tanner, un ministro en la Iglesia Metodista Episcopal Africana, y Sarah Elizabeth Miller Tanner, exesclava y nieta de un hombre blanco dueño de una plantación, la cual había escapado a través del ferrocarril subterráneo. Los Tanner eran una familia afroamericana de clase media. Valoraban la educación, porque creían que era la mejor manera de atravesar las barreras sociales que tenían como negros. Benjamin y Sarah hicieron todo lo posible para que la enseñanza fuera una parte cotidiana de los niños Tanner. El mundo no era tan solo un lugar para habitar, sino un lugar para descubrir. Animaban la curiosidad. Amaban la cultura. Henry creció viendo arte tanto de artistas blancos como afroamericanos, lo cual le enseñó desde temprano que ser negro y ser artista no eran cosas mutuamente excluyentes.

En 1879, Henry se inscribió en la Academia de Bellas Artes de Pensilvania, donde estudió bajo el pintor realista norteamericano Thomas Eakins. La pintura de género —histórica, bíblica y mitológica— se había vuelto una vez más comercialmente popular. El primer intento de Tanner con la pintura de género fue el mito de Androcles, el esclavo romano que se escondió en la cueva de un león para evitar que lo capturaran. Androcles se hizo amigo del león al quitarle una espina de la pata. Más adelante, según cuenta la historia, los romanos capturaron a Androcles y lo enviaron a enfrentar a las bestias del Coliseo en el Circo Máximo, donde sería desmembrado para el entretenimiento de las masas. El león que salió de las catacumbas resultó ser al que él había ayudado, y cuando reconoció a Androcles se inclinó ante él en reverencia. La audiencia supuso que tenía el favor de los dioses, y tanto el león como Androcles fueron liberados.

Los artistas toman de lo que conocen y del lugar de donde provienen. Como el hijo de una esclava fugitiva, Henry creció rodeado de historias de evasión de negreros y un sinnúmero de otros peligros que sus padres tuvieron que soportar como personas negras en Estados Unidos a mediados del siglo xix. La historia de Androcles le dio a Henry la oportunidad de transmitir algo de la dignidad de los esclavos, comentar sobre el sistema que los creaba y engendrar cierta simpatía hacia ellos. Pintó dos estudios para la obra: uno de un Androcles frágil, desnudo y aprisionado, y otro de un león lamiéndose la pata. Pero Henry confesó que la pintura en sí probó ser «demasiado ambiciosa» para su nivel actual de destreza. Gastó dinero en modelos y tiempo estudiando, bosquejando y pensando, pero lo único que quedó fueron esos dos estudios. Nunca terminó la pintura.[3]

Thomas Eakins urgió al joven artista a que usara la experiencia de llegar al borde de sus habilidades como una oportunidad para crecer. Henry dio gracias por el estímulo.

> En esa época, el Sr. Thomas Eakins, bajo el cual estaba estudiando en la Academia de Bellas Artes de Pensilvania, me dio una crítica que me ayudó en ese momento y desde entonces; como puede aplicarse a todos los ámbitos de la vida, la transmitiré. Había comenzado con un estudio, que no estaba del todo mal, pero probablemente no era lo mejor que había hecho. Me animó pero, en lugar de trabajar para mejorarlo, me dio miedo que fuera a destruir lo que ya había hecho, así que no hice nada el resto de la semana. Bueno, él se disgustó. «¿Qué has estado haciendo? Hazlo, hazlo mejor o peor. Pero no las medias tintas de las concesiones».[4]

Eakins presionó a Henry porque veía una gran promesa en el joven pintor. Podía ver que Henry Tanner tenía algo para mostrarle al mundo, si tan solo podía encontrar su voz. Los dos se hicieron amigos para toda la vida. Eakins pintó más tarde un retrato de Tanner, una señal de respeto entre maestro y alumno.

El tiempo de Henry en Filadelfia cultivó esta habilidad, pero la ciudad tenía muy poco para él en términos de éxito comercial. No solo quería pintar; deseaba vivir como pintor. En 1889, se mudó a Atlanta a establecer su estudio de fotografía, en un intento de «unir los negocios con el arte».[5] La empresa falló después de unos meses, pero durante ese período Henry se encontró con el obispo John Crane Hartzell de la Iglesia Metodista Episcopal, al cual le fascinaba el trabajo de Tanner. Hartzell ayudó a Henry a conseguir un trabajo enseñando a dibujar en la Universidad de Clark en Atlanta. Durante el tiempo de Tanner allí, Hartzell logró que mostrara algo de su trabajo en una exhibición en Cincinnati. Ninguna de sus pinturas se vendió, pero al final de la exposición Hartzell y su esposa compraron todo el lote, lo cual le permitió a Tanner cumplir su sueño de toda la vida de estudiar arte en Europa.

En 1891, el año después de la muerte de van Gogh, Henry O. Tanner partió para Francia. El plan era dirigirse desde ahí a Roma a estudiar a Miguel Ángel, Rafael y los maestros del Renacimiento. Pero en su camino pasó por París y quedó tan prendado del arte allí que abandonó su plan original. Dijo: «Es extraño que, después de estar en París una semana, las condiciones aquí me resulten tan favorables que me olvidé por completo de que cuando salí de Nueva York hice planes para estudiar en Roma y en realidad me dirigía allí cuando llegué a París».[6]

No fue solo el arte de París lo que le llamó la atención, sino también la casi ausencia de prejuicio racial. Tanner fue aceptado en Francia de maneras que casi nunca lo era en Estados Unidos. Por ejemplo, a medida que su fama crecía, los críticos europeos casi nunca se referían a su raza. Dijo: «En París nadie me aborda con curiosidad. Soy tan solo M. Tanner, un artista estadounidense. Nadie sabe ni se preocupa por la tez de mis ancestros. Vivo y trabajo allí en términos de absoluta igualdad social».[7] Henry consiguió hospedaje en París y se inscribió en la Académie Julian, donde estudió bajo Jean-Paul Laurens. Francia le agradó tanto a Tanner que pasó el resto de su vida allí, veraneando en colonias de artistas en Bretaña y Normandía. Durante esos primeros años en la academia completó una serie de tres pinturas de género francés: *La lección de gaita* (1892-1893), *El gaitero* (1895) y *El joven fabricante de suecos* (1895); escenas tomadas de sus veranos en la costa. Estas tres pinturas fueron exhibidas en Francia y en Estados Unidos. El magnate y empresario de Pensilvania John Wanamaker admiraba tanto *La lección de gaita* que la compró. El impacto de Tanner en la familia Wanamaker volvería para actuar a su favor.

La lección de banjo

Durante el tiempo de Tanner en la Académie Julian, él se transformó en miembro del Club Estudiantil de Arte de Estados Unidos porque, como observó la Galería Nacional de Arte, quería mantener «fuertes vínculos con Estados Unidos y seguir participando de la lucha afroamericana por la igualdad».[8] Viajaba a Estados Unidos a menudo, en especial cuando tenía obras para mostrar. En una de esas visitas Tanner escribió y dio una conferencia titulada «El negro estadounidense en el arte», en el Congreso Mundial de África en Chicago, en 1893. Al describir su propia lucha para encontrar su lugar como joven estudiante en Estados Unidos, dijo: «Ningún hombre o muchacho para el cual este país sea una tierra de "oportunidades iguales" puede entender el dolor que esta cuestión [de encontrar instrucción] me causó, y con cuánto temor hice las rondas por los estudios. La pregunta no era si el maestro deseado querría tener como alumno a un muchacho que no sabía nada y que tenía poco dinero, sino si me aceptaría a mí, o si me mantendría en su clase después de descubrir quién era».[9]

Henry Tanner consideró que era su deber usar su voz y su arte para intentar cambiar los prejuicios de la gente sobre las personas en la comunidad negra. A principios de la década de 1890 Tanner pintó dos obras de género afroamericano: *Los pobres agradecidos* y *La lección de banjo*. *La lección de banjo* fue la «primera pintura de género de negros reconocida pintada por un artista afroamericano».[10] Estas dos obras complementan sus pinturas francesas —*La lección de gaita* y *El joven fabricante de suecos*— en el sentido de que enfatizan la importancia de la educación en la forma de transmisión de un oficio de una generación a otra.

Lo que hizo que las pinturas de género afroamericano de Tanner (de las cuales hay solo dos) fueran particularmente innovadoras fue que sus retratos naturales y dignificados de las personas negras marcaban un fuerte contraste con las representaciones típicas de su época, que las presentaban como caricaturas payasescas para el entretenimiento. Tanner quería mostrarle más a la gente. Quería mostrar la humanidad, el patetismo y la diligencia tranquila de la familia afroamericana; en particular, de los hombres.[11]

Henry Ossawa Tanner, *La lección de banjo*, 1893, óleo sobre lienzo, 124,4 × 90,1 cm, Museo de la Universidad de Hampton, Virginia

Escribiendo sobre *La lección de banjo* y *Los pobres agradecidos* en tercera persona, Tanner dijo:

Desde su regreso de Europa ha pintado casi todos sujetos negros; se siente atraído por tales sujetos por la novedad del campo y por un deseo de representar el lado serio y patético de la vida entre ellos, y cree que, debido a la semejanza en otras cosas, el que tiene más empatía con sus sujetos obtendrá los mejores resultados. Para él, muchos de los artistas que han representado la vida negra solo han visto el lado caricaturesco y grotesco de la misma, y les ha faltado la empatía y la apreciación del corazón grande y cálido que yace dentro de un exterior tan duro.[12]

Publicidad popular que representa a
los afroamericanos a fines del siglo xix y siglo xx

Tanner consideró temas pedagógicos, como vemos en *La lección de gaita, La lección de banjo, Los pobres agradecidos* y *El joven fabricante de suecos*, como una especia de caballo de Troya para lograr que las personas reconsideraran sus prejuicios. El arte siempre ha sido un medio para formar los corazones y las mentes. Las pinturas que muestran la transmisión de cultura y educación de una generación a la siguiente «le permitieron construir simbólicamente formas de familiaridad que eran tanto conocidas como extrañas para los espectadores».[13] Para Tanner, el tema de la enseñanza y el aprendizaje era un punto de contacto de la dignidad común que todos comparten. Somos formados por aquellos que vienen antes de nosotros, por los que invierten en nosotros, por los que nos enseñan habilidades, por los que nos entregan convicciones, y por aquellos que derraman amor sobre nosotros cuando somos jóvenes.

Henry quería generar algo en sus espectadores al subvertir los géneros que pintaba. Marcus Bruce, profesor de estudios religiosos en el Bates College en Maine, escribió:

> *La lección de banjo* es un ejemplo de la subversión de género [de Tanner], ya que empleó el género negro de pintura para ofrecer una manera nueva y diferente de ver a los afroamericanos. La escena de Tanner socava el estereotipo dominante y racista de los afroamericanos como un pueblo con dotes musicales, y la creencia de que para tocar el banjo no hacía falta mucha habilidad, y los reemplaza con una representación de dos figuras que participan de un acto de «intercambio pedagógico» y una transmisión que requiere tanto consideración como estudio. Pero precisamente en una pintura como *La lección de banjo* podemos empezar a ver cómo Tanner enseña a sus espectadores a ver su trabajo. El lienzo de Tanner «invita» a los espectadores a aceptar, abrazar y creer en la representación que tienen por

delante, aunque la cultura visual circundante y la práctica de su mundo social contradigan esta idea, en especial en cuanto a las habilidades, las destrezas y la inteligencia de los afroamericanos.[14]

Tanner quería enseñarle a la gente una nueva manera de ver. Cuando regresó a París en 1894 envió tanto *La lección de gaita* como *La lección de banjo* al Salón de París. Ambos fueron aceptados. El crítico de arte Dewey Mosby notó que fue *La lección de gaita* «con ciudadanos de Bretaña la que recibió una medalla, mientras que las pinturas con una influencia y un carácter de raza marcados fueron ignorados».[15] Tanner no pudo evitar ver la ironía de que la pintura de un afroamericano que representaba a los lugareños franceses se considerara que no tenía una «marcada influencia racial», mientras que la obra que mostraba a personas de la misma raza que el pintor sí la tenía.

La respuesta del Salón a *El gaitero* y *El intérprete de banjo* llevaron a Henry Tanner a una encrucijada creativa. Como pintor negro, ¿qué clase de influencia quería tener en este mundo? ¿Qué camino serviría mejor a otros aspirantes pintores negros en Occidente? ¿Acaso debía trabajar para transformarse en un reconocido pintor negro distinguido por sus pinturas de género afroamericano? ¿O debía aspirar a transformarse en un pintor globalmente reconocido y celebrado como uno de los mejores y más finos artistas del mundo? ¿Y acaso podía hacerlo si se concentraba en las pinturas de género afroamericano? Aunque la raza siempre jugaría un papel importante en el arte de Tanner para expandir la visión de la gente sobre la raza, no quiso encasillarse solo en la raza como artista. Quiso desarrollar sus habilidades en la tradición de los maestros europeos. Por esta razón nunca volvió a las pinturas del género afroamericano.

Como hombre de fe, Henry creía que persuadir a los de la misma raza a considerar a los demás con igualdad y amor era un deber teológico, uno que requería una visión bíblica de la persona: que todos fueron hechos a imagen de Dios y, por lo tanto, comparten una dignidad y un valor inherentes que trascienden cualquier constructo humano. Con sus éxitos recientes en París y Estados Unidos, estaba adquiriendo cierta notoriedad. ¿Cómo podía aprovechar su creciente popularidad para expresar sus principios de una manera fiel a sus convicciones y, a la vez, comercialmente atractiva? Ofrecería «una alternativa poderosa pero ahora descuidada al pensamiento racial, al visualizar a Cristo como la figura universal de la humanidad».[16] Pintaría la Escritura.

Más allá de la imaginación

La separación de Tanner de las pinturas de género francés y afroamericano y su giro a los temas bíblicos fue sagaz. Lo hizo en una época en la que el arte religioso estaba de moda tanto en Europa como en Estados Unidos. Encontró una temática que no solo era popular, sino también una parte integral de lo que él era como hombre. Declaró: «No es por accidente que he elegido ser un pintor religioso [...] Sin duda, tengo una herencia de sentimiento religioso, y por ello doy gracias, pero también tengo una fe religiosa deliberada, y espero que inteligente, que no viene de la herencia, sino de mis propias convicciones».[17]

Tanner siguió con sus temas pedagógicos en sus pinturas religiosas, las cuales incluyen *La anunciación, Nicodemo, Los peregrinos de Emaús* y el conmovedor *Cristo aprendiendo a leer,* en el cual un joven Jesús está sentado con su madre María mientras estudian la Escritura de un rollo. Tanner reconoció que su don artístico también era una poderosa herramienta evangelizadora. Dijo: «Me gozo en mi habilidad de bendecir a otros [...]. Invité al espíritu de Cristo a manifestarse en mí».[18] Henry quería invitar a las personas a ver algo nuevo en aquellas historias familiares, a reconsiderar algo que habían pensado anteriormente y, lo más importante, a tener un encuentro con la Escritura que las movilizara a una fe más profunda.

La primera pintura religiosa de Tanner fue la ahora perdida *Daniel en el foso de los leones*; tal vez una evocación a su temprano intento de pintar el mito de Androcles. El lienzo ganó una mención honorable en el Salón de París de 1896. Con el reconocimiento oficial del Salón, los museos empezaron a interesarse en su trabajo. El mundo del arte quería escuchar lo que tenía para decir.

Tanner pasó el verano y el otoño de aquel año pintando una de sus obras maestras: *La resurrección de Lázaro*. Quería captar la humanidad y la intimidad del momento en el que Lázaro fue traído de muerte a vida. En la pintura, Jesús y una multitud están reunidos dentro de la cueva de la tumba de Lázaro: una desviación artística del texto bíblico[19], para llevar al espectador más plenamente a la muerte de Lázaro. Las mortajas yacen desparramadas por el suelo. A la derecha de Jesús la introvertida María se sostiene la cabeza con dolor. A Su izquierda la extrovertida Marta conversa con su Señor y amigo. Lázaro se sienta mientras un vecino sostiene con cuidado la cabeza de este hombre que estaba muerto y ahora vive, mientras todavía se está despertando y no sabe qué sucedió.

Rodman Wanamaker, el hijo de John Wanamaker, quien había comprado *La lección de gaita*, consiguió una exposición privada de *La resurrección de Lázaro* a fines de 1896. Lo que vio lo fascinó y lo dejó perplejo. El *Lázaro* de Tanner tenía un sentido poco común de realismo. Wanamaker dijo: «Hay orientalismo en el "Lázaro", pero fue un afortunado accidente».[20] Tanner captó una verdadera sensación de la Tierra Santa sin siquiera haber estado ahí. La autenticidad de la apariencia de las personas y el aspecto no europeo de la escena hicieron que Wanamaker se preguntara cuánto más grande podría ser la obra bíblica de

Tanner si tuviera un conocimiento presencial de Israel. Tanner dijo que Wanamaker «pensó que un vistazo de la Tierra Santa sería beneficioso, y así sucedió que, en febrero de 1897, vi por primera vez Egipto y Palestina».[21] Wanamaker financió su viaje a El Cairo, Jerusalén, Puerto Saíd, Jafa, Jericó, el Mar Muerto y Alejandría, para que Tanner se familiarizara con la topografía, la arquitectura, la vestimenta, la luz y las costumbres de las tierras y las personas bíblicas.

Tanner declaró: «Palestina siempre me dio la impresión de ser un trasfondo de una gran tragedia».[22] Las historias que se originaron en las páginas de la Escritura se hacían eco del quebrantamiento y las luchas que él conocía como hombre negro en Estados Unidos. La Biblia está llena de historias de división racial, de personas que se consideran más nobles que prójimos a los que han reducido en sus mentes a caricaturas impías.[23] Es la historia del Dios del universo que le dice a Su pueblo que se comprometa con el bienestar del extranjero, del pobre, del huérfano y la viuda —descripciones de todo esclavo que pisó el suelo de Estados Unidos—, y del pueblo de Dios que lucha para encontrar la humildad para poner en práctica ese llamado santo.[24]

Si tan solo la gente pudiera mirar más allá de sus impresiones imaginarias de los demás, si tan solo pudiéramos vernos unos a otros como somos en realidad y no como estereotipos exagerados, si tan solo una curiosidad genuina sobre las vidas de otros formara nuestra búsqueda para conocerlos, entonces tantas de las fuerzas que nos dividen quedarían sin poder. Veríamos las experiencias humanas comunes del gozo y el dolor, del amor y la pérdida, de la lucha y la victoria en quienes nos rodean, y las consideraríamos sagradas. La comprensión reemplazaría la ignorancia. El respeto superaría la resistencia.

Tanner no solo quería que las personas vieran a las familias negras de su comunidad; como artista y cristiano, quería mostrarles a las familias negras como realmente eran. Deseaba reemplazar la ruda conformidad del prejuicio con el poder humilde de la curiosidad. Esto era lo que Tanner esperaba darle al mundo a través de *La lección de banjo* y *Los pobres agradecidos*.

Como pintor de escenas bíblicas, Tanner no solo quería que la gente viera la Escritura; deseaba mostrársela. Esto es lo que hacen los artistas. Quería guiar los ojos de sus espectadores a través de relatos conocidos para curar la historia, hacer conexiones y relatarla bien. Ver la Tierra Santa en persona le permitió a Tanner ir más allá de la imaginación a una familiaridad de primera mano. No fue como turista sino como estudiante. Era un discípulo del Cristo que había vivido, muerto y resucitado allí. Era el lugar donde el suceso más significativo de la historia —la resurrección de Jesús— formó el rumbo de su vida y aseguró su destino eterno.

Henry Tanner quería «predicar con su pincel».[25] Creía que los pintores debían «comunicarle al público la relevancia y la elevación que estos sujetos te imparten, lo cual es la causa principal de su elección».[26] En otras palabras, deseaba que la Escritura conmoviera el alma de los demás como conmovía la suya. Dijo: «Me he esforzado no solo en poner el incidente bíblico en su trasfondo original, sino al mismo tiempo darle el toque humano "que nos emparenta" y que permanece siempre igual».[27] Mostrarle a la gente la verdad bíblica sería la manera en que lucharía contra los prejuicios. Así proclamaría el evangelio.

Mientras Tanner estaba en Israel, *La resurrección de Lázaro* fue enviada al Salón de París de 1897, donde ganó una medalla de tercera clase. La medalla era un gran honor en sí, pero tras ganarla el gobierno francés quiso comprar la obra para la Galería de Luxemburgo: el depósito nacional oficial de arte contemporáneo. Tanner no se enteró del éxito de la pintura ni del deseo de Francia de comprarla hasta que volvió a París. Mientras estaba en camino, recibió un telegrama urgente de un amigo que decía: «Vuelve a casa, Tanner, para ver a las multitudes delante de tu pintura».[28] Henry dijo: «Que me pidieran que se la vendiera al gobierno, cuando no sabía ni siquiera si la habían recibido (aunque había intentado averiguarlo), fue una gran sorpresa, la más grande de toda mi vida».[29]

La resurrección de Lázaro asombró a los críticos, los cuales la compararon con un Rembrandt y llamaron a Tanner «el impensado discípulo de Rembrandt».[30] Un periódico de Londres describió la pintura como «pequeña en tamaño, pero llena de una rica cualidad similar a la de Rembrandt, digna de desarrollo».[31] Un periódico en Estados Unidos dijo que la escena «se ha pintado muchas veces, desde la época de Rembrandt hasta la nuestra, pero nunca con mayor fuerza u originalidad».[32] La obra de Tanner tenía la misma clase de familiaridad íntima con el tema bíblico que la del maestro holandés del Renacimiento. Tanner saboreaba las comparaciones, y dijo: «Rembrandt, sí. Él sí que sabía representar al hombre».[33]

Con el viento de la fama de *Lázaro* en sus velas y pilas de diarios llenos de bosquejos y notas de sus viajes por Oriente Medio a la mano, Tanner empezó a trabajar en su próxima escena bíblica: *La anunciación.*

La anunciación

La anunciación de Henry Tanner nos lleva a la habitación de María, un ambiente doméstico común en sus obras. Las columnas arqueadas, los estantes y el suelo con adoquines provenían de lo que había visto en la Tierra Santa. Los tapices y las alfombras eran elementos que había traído de regreso con él. La escena es auténtica pero accesible. También es familiar e íntima a la vez, al punto que el espectador podría preguntarse si nuestro acceso a lo que sucedió no raya con la indiscreción.

Marcus Bruce escribió: «La interpretación de Tanner del momento de la concepción, y tal vez de la revelación, sirve como ejemplo de cómo usaba temas religiosos para ofrecerles a los lectores otra perspectiva desde la cual verse a sí mismos y sus experiencias: sucesos extraordinarios ocurren en los lugares más inesperados y entre las personas más improbables».[34]

María era una chica común y corriente cuando se comprometió con un carpintero llamado José. Ellos vivían en Nazaret. Eran personas sencillas y honestas, que estaban trabajando para formar una familia. Pero todo esto fue interrumpido en un momento cuando el ángel del Señor se le apareció a María y le dio algo que alteraría el curso de la historia.

El ángel le dijo a María: «¡Salve, muy favorecida! El Señor está contigo».[35]

María pertenecía a un pueblo que conocía bien la Palabra de Dios. Creció con las enseñanzas de Abraham, Isaac, Jacob, José, Moisés, David y el anuncio profético del Mesías prometido de Dios: aquel que sería enviado por Dios y libraría a Su pueblo del sufrimiento y el pecado. Todos se preguntaban a qué llevaría el Mesías venidero. ¿Acaso la salvación del Señor vendría en un remolino radiante de furia angelical? ¿La salvación implicaría que un poderoso ejército aplastara a Roma con un resplandeciente guerrero-rey a la carga? Durante generaciones, la gente intentó imaginárselo.

Entonces, una noche, Gabriel, el ángel que guio a Daniel,[36] se le apareció a María: «una virgen comprometida, lo cual significaba tanto pureza como predisposición».[37] Seguramente fue extraño escuchar a este serafín vestido de luz, fuerte y etéreo decirle que no tuviera miedo. Tal vez fue incluso más extraño para María descubrir que Dios se había formado una idea de ella.

El Señor conocía a María. Conocía la esperanza que cultivaba como tesoros y que guardaba en su corazón.[38] Gabriel no apareció meramente para decirle que el Mesías se acercaba. Le dijo que sería Su madre. María no fue la primera persona en la historia en recibir un anuncio angelical sobre un nacimiento milagroso que se aproximaba; sucedió con la madre de Isaac, Sara;[39] la madre de Sansón;[40] y Zacarías, el padre de Juan el Bautista.[41] Pero a María fue a la única que se le dijo que llevaría en su vientre al Cristo que rescataría a Su pueblo de sus pecados. Dios ya había elegido Su nombre: Jesús, que significa «el Señor salva». Gabriel no solo le estaba diciendo a María que Dios conocía los asuntos humanos, sino que estaba personalmente dedicado a ellos. El hijo de María vendría al mundo con la tarea de redimirlo.

El mensaje del ángel no vino sin consecuencia para María y José. Los llevaría a vivir como fugitivos durante un tiempo, al tener que huir de la paranoia de un gobernador romano implacable.[42] Y, a medida que el embarazo empezaba a notarse, seguramente tuvieron que soportar las miradas sospechosas de amigos y parientes que no podían evitar cuestionar su pureza y su carácter. Con el tiempo, como un viejo clérigo predeciría más adelante, la angustia que acompañaba las consecuencias de la noticia de este ángel sería como una espada que atravesaría el alma misma de María.[43] Todo esto se acercaba.

El ángel avanzó con su mensaje. El niño de María crecería para reinar sobre el pueblo de Dios como su Salvador y Rey. El Dios que le había prometido a David tantos años antes que su linaje real no tendría fin[44] cumpliría aquel antiguo pacto al traer un heredero al trono de Israel a través de esta jovencita. «Pero, ¿cómo puede ser esto, si todavía soy virgen?», preguntó ella.[45] Para que tuviera este hijo, debía concebir. ¿Y cómo puede una virgen concebir?

El ángel explicó que las leyes de la naturaleza pueden ser modificadas por Aquel que las escribió. El Espíritu Santo la cubriría y, cuando quitara aquella sombra, esta virgen se transformaría en la madre de su Señor. *Cómo* sucedería esto era de importancia secundaria a que *sucedería*. Y Dios sería el autor.

El ángel le dio a María una señal para ayudarla a creer. La prima mayor de María, Elisabet, que había sido estéril toda su vida, estaba a apenas unos meses de tener un bebé milagroso propio. «Ve a visitarla y lo verás», le dijo Gabriel. Esta era una señal para que entendiera que no hay nada imposible para Dios.[46] María respondió a un anuncio tan inesperado, improbable y perturbador con una respuesta profunda de su parte: «Aquí tienes a la sierva del Señor; hágase conmigo conforme a tu palabra».[47] Isaías dice que la venida de Cristo es la historia de un pueblo que andaba en oscuridad y ve una gran luz.[48] La oscuridad y la luz atraviesan todo el relato. Las huestes celestiales se les aparecen a los pastores que están cuidando las ovejas de noche.[49] Los eruditos del oriente vienen siguiendo la luz de una estrella.[50] El ángel se le aparece a José en un sueño. Durante toda la natividad, «la Luz brilla en las tinieblas, y las tinieblas no la comprendieron».[51]

Tanner usa la luz y la oscuridad para subvertir los enfoques tradicionales a esta escena, y mostrar a Gabriel no como un ángel alado, algo común a las representaciones de la mayoría de los artistas, sino como una brillante explosión de luz. La genialidad de esta táctica es que presenta una de las representaciones más majestuosas y aterradoras de una visita angelical imaginables —una intensa fuente de luz y poder, lo cual es mucho más aterrador que la musculatura—, y a su vez se las arregla para evitar que nos concentremos en este temible serafín. En cambio, la presencia de Gabriel ilumina la habitación. Gracias a él, vemos a la mujer: su juventud, su rostro lleno de preguntas, su modestia, los rastros de la desorientación del sueño en su postura y su expresión. Ha recogido su túnica alrededor de ella, casi como si fuera para protegerse. Su postura comunica su vulnerabilidad. Su rostro revela su incertidumbre.

El historiador de arte James Romaine observó que la composición de Tanner muestra dos aspiraciones interconectadas. Primero, quería «visualizar temas bíblicos con una integridad artística y accesibilidad espiritual que revitalizaran el arte sagrado para el espectador moderno. El segundo propósito de Tanner era visualizar el poder de la fe al representar individuos, como la virgen María, en momentos de transformación espiritual».[52]

La transformación era su esperanza, así que se concentraba no en la divinidad del momento, sino en su humanidad. Se preguntaba cómo debió de haber sido aquel encuentro transformador para María, el momento en el que la virgen se enteró de que llevaría al Hijo de Dios que quitaría los pecados del mundo. Entonces, intentó mostrarnos eso. Quería que viéramos cómo el Señor «[miró] la humilde condición de esta su sierva», y cómo «desde ahora en adelante todas las generaciones [la] tendrán por bienaventurada. Porque grandes cosas [le] ha hecho el Poderoso; y santo es Su nombre. Y de generación en generación es Su misericordia para los que le temen. Ha hecho proezas con Su brazo; ha esparcido a los soberbios en el pensamiento de sus corazones. Ha quitado a los poderosos de sus tronos; y ha exaltado a los humildes».[53]

El árbol en el parque Fairmont

Tanner presentó *La anunciación* en el Salón de París de 1898. Al año siguiente, el Museo de Arte de Filadelfia lo compró, transformándolo en su primer trabajo en encontrar un hogar en un museo estadounidense. Desde entonces, decenas de sus obras han encontrado un lugar en museos en todo el mundo. A través de un hábito metódico de refinar su habilidad y viajar al extranjero para afilar su claridad, Tanner se volvió un veterano.

En 1899, se casó con una mujer de San Francisco, Jessie Macauley, una actriz estadounidense de ascendencia escandinava. En París, el matrimonio interracial no era algo común y les presentó algunos obstáculos para superar, pero los amigos estadounidenses de Jessie se escandalizaron ante su unión. El matrimonio interracial no se legalizó por completo en todo Estados Unidos hasta 1967. Pero para entonces Henry estaba tan inmerso en la comunidad de arte de París que se consideraba un expatriado y no tenía ningún plan de volver a Estados Unidos. Henry y Jessie tuvieron un hijo: Jesse. La esposa y el hijo de Tanner posarían para él, y aparecieron en *Cristo aprendiendo a leer,* entre muchas otras obras. La visión artística de Henry siguió desarrollándose. A principios del siglo XX su estilo maduró y se volvió más concentrado. Intentaba captar momentos precisos e íntimos en sus escenas bíblicas, experiencias que conmovieran al espectador; como *Jesús y Nicodemo,* en el cual la divinidad de Cristo se representa como un resplandor que emana del pecho del Señor. En 1909, la Academia Nacional de Diseño transformó a Henry Tanner en un miembro asociado, junto con la pintora impresionista Mary Cassatt.

La Primera Guerra Mundial tuvo un efecto traumatizante sobre Tanner y a menudo le impedía trabajar. Los sacrificios que tantos en su comunidad sufrieron lo paralizaron creativamente. En 1914, le escribió a un mecenas: «Algunos de mis amigos dicen que pronto podré trabajar... pero, ¿cómo podría? ¿Qué derecho tengo a hacerlo, qué derecho a estar cómodo? [...] Esta espera... esperar y esperar con menos luz cada día, hasta que la desesperación termine con toda la luz de vida... y por eso no puedo trabajar».[54] En 1917, Estados Unidos entró a la guerra. Tanner ofreció sus servicios a los cincuenta y ocho años de edad, fundando la sección de la Cruz Roja que empleaba a soldados heridos y en recuperación para que cultivaran vegetales en los jardines de los hospitales.

En 1923, Francia le concedió a Tanner su distinción más alta: Caballero de la Legión de Honor. Dos años después de eso, Jessie murió, y Henry sufrió una seria pérdida financiera durante la Gran Depresión. Sus últimos años fueron de lucha. Sin embargo, siguió pintando. Su obra siempre estaba evolucionando, así como su técnica.

En 1927, la Academia Nacional de Diseño lo promovió a una membresía plena. En 1937, falleció en su hogar en un pueblito a las afueras de París. Lo enterraron junto a su esposa.

¿Qué impulsa a un artista en su trayectoria? ¿Qué capta tanto la imaginación que haga que una persona siga el camino hacia una vida de expresión creativa?

Imagina a Henry Tanner como un niño de nueve años en el parque Fairmont en Filadelfia, Pensilvania.

Allí, hay un hombre parado frente a su lienzo. Está pintando un árbol. El joven Henry va con su padre, y cuando ve trabajar al pintor se detiene, hipnotizado por la transformación del lienzo del pintor.

Cuando el joven Henry Tanner se encontró con aquel pintor en el parque Fairmont, no tenía idea de dónde lo llevaría ese encuentro. Él, su padre y todos los demás que caminaron por el parque aquel día vieron el mismo árbol. Aun así, aunque él podía ver el árbol real al igual que todos los que pasaban por ahí, algo que no podía expresar pero que sentía en lo profundo de su ser lo abrumó cuando vio al pintor trabajar.

Para Henry, este encuentro fue una especie de anunciación. Decidió allí mismo que quería ser un artista. Esa noche, les rogó a sus padres que le dieran dinero y con los quince centavos que le dieron se compró su primer set de pinturas y pinceles. Dijo: «Este sencillo acontecimiento, por así decirlo, me encendió con un fuego... A partir de entonces, estaba radiante de entusiasmo, trabajaba en mis tiempos libres entre las horas escolares, y pronto se empezó a comentar en la escuela (por supuesto, algo que yo alentaba con mi jactancia) que yo sería un artista».[55]

Y así fue. Tanner se transformó en un artista celebrado e icónico en Francia y Estados Unidos. Su trabajo está exhibido en la Casa Blanca, el Louvre, el Met y muchísimos otros depósitos del mejor arte del mundo. Tuvo una profunda influencia en pintores de fines del siglo xix y principios del siglo xx en Europa, así como en pintores afroamericanos desde entonces.

Mi confesión

Descubrí a Henry Ossawa Tanner porque estaba buscando artistas negros. En general, soy un estudiante autodidacta de arte. Mi propia fascinación y curiosidad han guiado mi larga búsqueda de descubrir y apreciar el arte.

Hace un tiempo, empecé una serie en línea llamada *Art Wednesday* [Miércoles de arte], en la cual dedicaba mis *feeds* en las redes sociales los miércoles para compartir una serie de pinturas u obras de algún artista en particular, o basadas en algún tema en común. La mayoría de las colecciones tempranas que publiqué eran obras creadas por artistas blancos. Quería remediar eso, pero en ese momento no conocía demasiado a los artistas de color. Así que empecé a buscar, y así fue como encontré a Tanner.

La primera pintura que vi fue *Los pobres agradecidos*, y luego *La lección de banjo*. Me sobrevino una oleada de emoción cuando sospeché que había descubierto a un pintor negro que pintaba escenas conmovedoras y dignas de sujetos negros. Estaba ansioso por descubrir sus otras obras de las mismas temáticas.

Confieso que me desilusionó descubrir que solo había pintado dos obras del género negro. Tal vez mientras leías este capítulo, sentiste algo similar. ¿Por qué? ¿Por qué me sentí desilusionado cuando me di cuenta de que Henry Tanner no había dedicado su carrera a darle al mundo más de sus excelentes pinturas de género negro?

Mi vocación principal es el ministerio. Soy un pastor que enseña la Biblia. Descubrí en Henry Tanner a un pintor que creó algunas de las pinturas del género bíblico más conmovedoras que he visto, pero aun así me quedé con el deseo de que hubiera elegido otros temas; específicamente, temas negros. ¿Por qué? Lucho con esta pregunta en mi propio corazón. La tensión que siento, y lo que he estado tratando de captar al contar esta historia, es que la razón por la cual Tanner dejó de pintar obras de género negro y cambió al género bíblico fue el resultado de las realidades del prejuicio racial. Si hubiera seguido pintando el género afroamericano, solo lo habrían conocido como un pintor negro que pintaba gente negra y no lo habrían tomado en serio en una escala global.

La primera vez que lo descubrí, parte de mí quería que fuera justamente eso: un pintor negro que pintaba gente negra. Cuando más adelante decidí escribir un capítulo sobre él para este libro, supe que no quería presentar un relato fácil. Quería contar la historia de un hombre para el cual muchas de las grandes decisiones que tuvo que tomar como artista profesional fueron influenciadas por consideraciones raciales, desde su temática hasta dónde eligió vivir.

Mi intención con este capítulo es contar una historia complicada. Tanner es uno de mis pintores favoritos. Tengo más reproducciones de la obra de Tanner que de cualquier otro artista. Su historia es complicada, frustrante y triste, y nos desafía a examinar nuestras propias presunciones y expectativas. Quiero traerte a algunas de las expectativas sin cumplir que sentí cuando descubrí a Henry Tanner. Quiero confesar que esperar que fuera un artista negro que pintaba personas negras me hizo cómplice de meterlo en el estereotipo que se esforzó toda su vida por superar. La realidad de que, en cambio, ofrece escenas de la Escritura que he dedicado mi vida a enseñar añade una medida aleccionadora de ironía y reprimenda con la que he tenido que sentarme, aceptar y trabajar.

Quiero que ames a Henry Tanner tanto como yo. Quiero que lo añadas a tu colección personal, junto con cada uno de los artistas que mencioné en estas páginas. Pero también quiero que este capítulo frustre cualquier intento de ver su historia como una fácil. La historia de cada artista negro incluye inmensos sacrificios que la mayoría de los artistas europeos y estadounidenses blancos nunca tuvieron que considerar. Conocer realmente a Henry Tanner implica entender lo que tuvo que atravesar, sacrificar y elegir debido a su raza. De cualquier otra manera, nos arriesgaríamos a transformarlo en un mero símbolo.

LO QUE QUEDA SIN DECIR

Edward Hopper, la soledad
y nuestro anhelo de conexión

Edward Hopper, *Cine en Nueva York*, 1939, óleo sobre lienzo,
81,9 × 101,9 cm, Museo de Arte Moderno, ciudad de Nueva York

Asar Studios / Alamy Stock Photo

© 2022 Herederos de Josephine N. Hopper / Permiso de Artists Rights
Society (ARS), NY

El arte superior es una expresión externa de la
vida interior del artista [...]. La vida interior de un
ser humano es un dominio vasto y variado.

Edward Hopper

Todos tienen una historia. Y nadie tiene una historia sencilla. Una joven acomodadora con uniforme azul se reclina contra una pared, esperando, según su rol lo requiere. Está allí para servir. Al otro lado del rincón donde ella está, los espectadores están sentados en sus asientos de terciopelo rojo mientras una historia se proyecta sobre una pantalla frente a ellos. A esto han venido. Están participando de un ritual tan antiguo como la sociedad civilizada: reunirse como comunidad para sumergirse en el drama, la comedia y la aventura de la experiencia humana. El propósito del cine es facilitar la experiencia compartida de dedicarse a recordar quiénes somos. Han hecho de ello toda una velada.

Una partición vertical gruesa separa a los espectadores de la acomodadora. Están todos en la misma habitación, pero las razones por las cuales están ahí los separan más que la línea oscura sobre el lienzo entre ellos. La audiencia ha ido a divertirse; ella está ahí para trabajar. Ellos tienen ropa especial elegida para una noche en la ciudad; ella usa el uniforme de la empresa. Ellos están sentados en la oscuridad; ella está parada en la luz. Ellos están juntos, observando una historia escrita por otra persona; ella está sola con sus propios pensamientos.

Ellos no son conscientes de su presencia; ella no estaría ahí si no fuera por ellos.

Cuando la película termine y las luces se enciendan, la muchacha los escoltará desde la habitación y limpiará todo lo que hayan dejado atrás. Esa es su función. Y también es una metáfora del matrimonio de Edward Hopper.

Cine en Nueva York, de Edward Hopper, cuelga en una ubicación prominente en el quinto piso del MoMA en Nueva York, junto a *El mundo de Cristina* de Andrew Wyeth, y al otro lado del pasillo de *La noche estrellada* de Vincent van Gogh. ¿Por qué se tiene en tan alta estima la pintura de una acomodadora esperando que termine una película, y por qué está en medio de una compañía tan prestigiosa? Porque, como dijo Mark Strand, autor ganador del premio Pulitzer: «Miramos *dentro*, en lugar de *a* la pintura». Y al hacerlo, «nuestra simpatía por la acomodadora que mira hacia dentro tal vez encuentre explicación».[1]

Este lienzo presenta el drama en desarrollo de una vida en tiempo real. La escena no tiene nada de heroico. Lo único que sabemos es que ella trabaja en el cine; no como la estrella en la pantalla, sino como la acomodadora que preserva el orden de la noche, que escolta a las personas a sus asientos y limpia una vez que se van. No sabemos cómo se llama. No sabemos cuáles son sus sueños, sus esperanzas, sus temores ni sus amores. No sabemos quién la espera en su casa a la noche, si es que hay alguien. No sabemos qué está pensando.

Sin embargo, sí sabemos a quién usó Hopper como modelo para la joven: a su esposa, Josephine Nivison Hopper. Y conocemos algunos de sus sueños, esperanzas, temores y amores. Sabemos que, al igual que la acomodadora, la espera era parte de su trabajo también. Ella sabía lo que era quedarse a solas con sus pensamientos. Sabemos con quién vivía.

Ed y Jo

Edward Hopper conoció a Josephine Nivison en la escuela de arte en Nueva York a principios de la década de 1900, pero pasarían veinte años antes de que estuvieran juntos. Josephine tenía poco más de veinte años cuando empezó a estudiar bajo el pintor Robert Henri. Durante esa época, trabajaba como maestra de escuela en Nueva York, pero siguió en contacto con Henri y, en 1907, viajó a Europa a estudiar arte en París, Holanda e Italia con su maestro y algunos otros de sus alumnos. Después, se unió a una compañía de actores en Nueva York. A Jo le encantaba el teatro: la colaboración creativa, la energía de actuar en escena, la magia de la experiencia compartida entre el reparto y la audiencia. Jo era una fuerza, eternamente fascinada por el proceso creativo e inmersa en él.

Después de un breve período de trabajar en un hospital en el extranjero durante la Primera Guerra Mundial, Jo regresó a casa en 1918 y se volcó de lleno a la enseñanza y a hacer arte.[2] Era una artista maravillosa, y pronto se transformó en una parte permanente de la comunidad de arte neoyorkina. Se la mencionaba junto con nombres icónicos como Georgia O'Keefe y John Singer Sargent. Vendía sus dibujos al *New York Tribune*, al *Evening Post* y al *Chicago Herald-Examiner*. Exhibía sus pinturas al óleo y sus acuarelas junto con Man Ray, Modigliani, Picasso y Magritte. Era una artista en alza.

Edward, por otro lado, tenía sus luchas. En los años formativos, entre sus veinte y treinta años, no tenía una visión clara de quién era en cuanto a lo creativo. Aunque se ganaba la vida ilustrando anuncios, no podía vender sus propias obras. Era la clase de artista que vivía en la privacidad de su propia mente y así lo prefería. Considera *Habitación en Brooklyn*. Estamos detrás de una mujer sentada frente a una ventana en un piso superior. Un jarrón de flores disfruta de la luz del sol. Ella tiene la cabeza ligeramente inclinada hacia abajo y a la izquierda, una posición que sugiere por los ángulos, muy sutilmente, que no está mirando por la ventana, sino tal vez leyendo o perdida en sus pensamientos. Que ella no sea el punto focal de la habitación y que esté ocupada haciendo algo que no podemos ver deja al espectador con la sensación de que no debería estar ahí ni quedarse mirando... como si hubiéramos llegado sin avisar. Sin embargo, lo que está haciendo es universalmente común para todos: está viviendo en los confines de su propia mente. Así era Edward.

Hopper era propenso a inviernos creativos. Escribió: «Me resulta difícil decidir qué pintar. A veces, pasan meses y no lo encuentro. Es algo que surge lentamente».[3] Uno de sus amigos, el ilustrador Walter Tittle, dijo que veía que Edward sufría «de largos períodos de una inercia inconquistable, y pasaba días sentado delante de su atril con una desdicha irremediable, sin poder levantar la mano para romper el hechizo».[4]

Para combatir su bloqueo, Edward viajaba y buscaba la inspiración creativa de la colonias de artistas en Nueva Inglaterra. Fue en una de esas colonias en Massachusetts en 1923 que Edward y Jo volvieron a encontrarse. Jo se enamoró de Edward, y lo describía como un muchacho tímido con buenas piernas de bailarín. Edward se levantaba temprano y esperaba afuera de la pensión de Jo, arrojando piedritas a su ventana para despertarla, y los dos se escapaban al bosque a pasar las mañanas juntos dibujando.

Jo tenía en altísima estima el arte de Edward. Aunque había pasado una década desde que Edward había vendido uno de sus óleos, Jo creía en su talento. Tal vez lo que necesitaba era un cambio, así que lo animó a probar con las acuarelas, un medio que él había descartado como algo que solo servía para obras comerciales. Sin embargo, lo adoptó como una forma de bellas artes y, cuando lo hizo, algo encajó. Pronto, él también empezó a captar el ojo de la comunidad artística en Nueva York. Cuando a Jo la invitaron aquel año a mostrar algunas de sus acuarelas en el Museo de Brooklyn como parte de una exhibición grupal, ejerció su influencia para incluir algunas de las acuarelas de Edward también. El museo accedió a mostrar seis de sus pinturas y, después de que terminó la exhibición, compró una —*El techo de mansarda*— por cien dólares, y la añadió a su colección permanente.

Esta no fue ninguna compra de lástima. A los críticos les resultaba fascinante, y empezaron a halagar su trabajo, comparándolo con Winslow Homer. Uno exclamó: «¡Qué vitalidad, fuerza y franqueza! Observa lo que puede lograrse con la temática más sencilla».[5] Poco después de que Edward vendiera *El techo de mansarda*, el Museo de Brooklyn lo invitó a volver para su primera exhibición exclusiva, durante la cual vendió todas las pinturas exhibidas. Después de esto, Edward dejó su vida como ilustrador y empezó a pintar a tiempo completo, con la adoración de los críticos en pleno auge. La generosidad de Jo en hacer uso de su propia reputación para el bien de Edward fue suficiente para que los demás vieran en él lo que ella tanto admiraba: una visión que ella describió como «una mirada fija hacia lo incierto, un largo diálogo sobre lo que queda sin decir para siempre».[6]

Ed y Jo se casaron al año siguiente, en 1924. Ambos tenían cuarenta y un años.

Los demás lugares, lo perdido y lo anhelado

Edward Hopper nació en 1882 en Nyack, Nueva York; el segundo de dos muchachos en una familia acomodada. El bisabuelo de Edward era un ministro bautista, y sus padres asistían a la iglesia. En la escuela dominical, a Edward le enseñaron a valorar el decoro, la prudencia, la frugalidad y la gratificación demorada, lo cual modeló su carácter introvertido.[7] Aunque más adelante rechazó su crianza bautista y llegó a sentir poco más que desdén por la religión, aquellos principios conservadores que aprendió en la iglesia cuando era joven —la modestia y la negación del placer— lo acompañaron toda su vida.[8] Era un buen estudiante con una aptitud para el arte. Al final de su adolescencia, se inscribió en la Escuela de Arte y Diseño de Nueva York, donde estudió durante seis años la técnica de pintura al óleo. Allí, al igual que Jo, estudió bajo Robert Henri, el cual les decía a sus alumnos: «Lo que cuenta no es el tema, sino lo que sientes al respecto [...]. Olvídate del arte y pinta lo que te interesa en la vida».[9] Hopper enterró este consejo como una semilla que germinaría años más tarde cuando tuviera su avance artístico. Conforme a su personalidad retraída, a Hopper no le gustaba hablar mucho de su arte. Cuando le preguntaban qué estaba intentando expresar, respondía: «Toda la respuesta está ahí en el lienzo».[10] Respecto a sus elecciones de composición, en una carta a Charles Sawyer, el director de la Galería Addison de Arte Estadounidense, Hopper escribió: «No sé exactamente por qué selecciono ciertos temas antes que otros, a menos que crea que son el mejor medio para sintetizar mi experiencia interior».[11] Siguiendo el consejo de su antiguo maestro, lo que más le interesaba era transmitir un sentimiento antes que un tema.

Hopper no pintaba en exteriores, sino más bien en su estudio, de una combinación de memoria, bosquejos e imaginación. Un producto curioso de este enfoque es su aplicación de la luz. Mark Strand escribió que la luz de Hopper es «peculiar»: «no parece llenar el aire. En cambio, parece adherirse a las paredes y los objetos, casi como si viniera de ellos, emanando de sus tonos cuidadosamente concebidos y distribuidos [...]. En las pinturas de Hopper, la luz no se le aplica a la forma; más bien, sus pinturas se construyen con las formas que adopta la luz».[12] Esta adherencia de la luz, que les da a sus obras lo que John Updike describió como «una siniestra quietud mortuoria»,[13] casi elimina el drama que pintores como van Gogh y Rembrandt capturaron mediante su uso exagerado de la iluminación. La obra de Hopper reflejaba su personalidad: subyugada, sin ostentación, solitaria y discreta.

El arte de Hopper carece de sentimentalismo. No capta su propia era con nostalgia ni parece hacer alguna gran declaración sobre el mundo, ni al mundo. Adrian Searle dijo: «Hay pocos adverbios o adjetivos, y él pintó el mundo en términos declarativos y sencillos».[14] Las composiciones de Hopper suelen ser minimalistas, como si sus habitaciones hubieran sido cuidadosamente vaciadas y arregladas para incluir solo lo necesario. Updike dijo que Hopper «sobresale a la hora de hacernos conscientes de los demás lugares, de lo perdido y lo anhelado».[15]

No hay nada particularmente habilidoso respecto a la manera en que Edward Hopper representa a los seres humanos. Sus sujetos suelen ser gente solitaria en lugares impersonales que no están haciendo nada en particular: mirando por una ventana, contemplando una taza medio vacía de café o sentados al borde de una cama, pensando. Sus personajes son a la vez los espectadores de lo cotidiano y los sujetos de nuestro voyerismo. No saben que los estamos mirando, por lo cual los encontramos en diversos grados de dignidad y vestido.

Hopper empezó su carrera como artista en los primeros años del auge del transporte, mientras las ciudades construían sistemas públicos de tránsito y los automóviles se transformaban en la norma. Como la cantidad de dueños de autos se triplicaba cada década a principios del siglo xx, llegó la infraestructura necesaria para ello: las carreteras, las estaciones de gasolina, las autopistas y los hoteles. Este advenimiento de la movilidad no tenía precedentes. Por primera vez en la historia, una persona podía salir un viernes a explorar el mundo y volver a casa a tiempo para llegar al trabajo el lunes siguiente. La gente tenía la libertad de desplazarse libremente, y eso fue lo que hizo.

A los Hopper les encantaba viajar, y él concentró gran parte de su trabajo en esta infraestructura. Muchos de los lugares que pintaba eran sitios donde la gente iba pero donde no vivía: un cine, un porche de entrada, un restaurante de ruta, un lavadero de ropa, una oficina por la noche y la recepción de un hotel. Todos se mueven. Nadie se queda quieto. Cada persona lleva en su interior un mundo de preocupación, inquietud y lealtades, pero casi nunca vemos estas cosas a simple vista. Si, como dijo Hopper, el arte superior es una expresión externa de la vida interior del artista, lo que él nos muestra sobre sí mismo es un sentido profundo de distancia del mundo.

Hopper usaba trenes para mostrar esta sensación de aislamiento. Creció cerca de una terminal ferroviaria y le encantaban los trenes. Sin embargo, la mayoría de sus pinturas de vías de tren no se concentran en los trenes en sí sino en lo que sucede en ellos o a su alrededor. En *Compartimento C, coche 293,* Hopper nos lleva al interior del tren, pero el interior del coche solo sirve para mostrarnos la experiencia aislante del viaje: una mujer leyendo un libro, sola. En *Silla de coche,* cuatro personas están sentadas en un compartimento. Nadie interactúa. Nadie parece estar viajando con el otro. Las personas leen o tienen la mirada perdida. Los rayos de luz dibujan una línea en el suelo entre las personas a la derecha y las personas a la izquierda. Nadie mira por la ventana al mundo que va pasando, y Hopper no nos ofrece a nosotros, los espectadores, ninguna idea de lo que habría para ver. Como no es importante para sus sujetos, no se nos permite verlo.

Hay una cierta soledad en la obra de Hopper, pero es una soledad complicada. No es que los personajes sean marginados, indigentes ni incapaces de encontrar comunidad. En cambio, cuando los vemos, suelen estar mirando hacia dentro mientras el mundo a su alrededor se mueve, a su vez también vuelto hacia dentro. James Peacock dijo: «En las obras de Hopper, incluso una ciudad frenética no remedia el aislamiento, sino que lo pone en evidencia».[16]

Vemos esta idea de aislamiento en la manera en que Hopper podía pintar la ciudad de Nueva York para que pareciera vacía, en cómo incluso cuando representaba a personas juntas a menudo no tenían una interacción significativa entre sí, y en la manera en que el acceso a un conocimiento de lo que estaba sucediendo específicamente está velado para el espectador. Tal vez su ejemplo más conocido de estas tres cosas sea *Noctámbulos*. Allí, Greenwich Village parece estar absolutamente vacío, con la excepción de cuatro personas que no interactúan entre sí. Nosotros también estamos a cierta distancia. Desde nuestro ángulo, el restaurante se parece a la proa de un barco y nosotros estamos mirando desde el muelle. Hay una separación que no podemos cruzar. Vemos a la gente adentro como si estuviera en un terrario. No hay puerta ni punto de entrada.

Ninguno de estos detalles en *Noctámbulos* es evidente, pero su presencia nos deja con la sensación desconcertante de desconexión. Mark Strand escribió: «Las pinturas de Hopper son momentos breves y aislados de figuración que sugieren el tono de lo que seguirá, así como llevan el tono de lo que las precedió. El tono, pero no el contenido. La implicación, pero no la evidencia. Están saturadas de sugerencia».[17]

John Updike dijo: «El silencio y la simpleza de las mejores pinturas de Edward Hopper repelen los comentarios. Lo que se dice se dice en un lenguaje visual que se traduce a un inglés recargado y forzado».[18] El potencial de la historia, y no la ausencia de una, es lo que nos atrae a la obra de Hopper, porque como seres humanos si hay algo que sabemos instintivamente es que *tiene* que haber una historia. Todo tiene una historia. Todos tienen una historia. Y cada historia es, de alguna manera, sagrada.

C. S. Lewis lo expresó de la siguiente manera:

No hay gente *corriente*. Nunca estás hablando con un simple mortal. Las naciones, las culturas, las artes, las civilizaciones: ellas sí son mortales y sus vidas son para las nuestras como la vida de una mosca. Pero con quienes bromeamos, trabajamos y nos casamos, a quienes desdeñamos y explotamos, son inmortales: inmortales horrores o resplandores eternos. Eso no significa que debamos ser constantemente solemnes. Tenemos que bromear. No obstante, nuestra jovialidad (de hecho, la más jovial) debe ser la que existe entre quienes, desde un principio, se han tomado mutuamente en serio: una jovialidad carente de frivolidad, de superioridad, de presunción.[19]

Aunque Hopper ofrece solo la sugerencia de un relato, se toma en serio a sus personajes. Se toma todo en serio.

Incluso los niños captan esto. En un artículo del *New York Times*, Robert Coles, un exmaestro de lengua, notó que, en el patio del colegio, sus alumnos eran «narradores de una fuerza y un vigor impresionantes. Pero cuando se les pedía que escribieran, no sabían cómo expresarse, y aun parecía que tuvieran miedo de hacerlo. "No sé escribir" se transformaba en su refrán».[20] Coles decidió transformar su clase en un seminario informal de arte y empezó a mostrar diapositivas de las obras de Picasso, Pissarro, Remington, Renoir y Hopper.

Coles escribió: «Observé que querían conectar lo que veían con alguna historia, y empezaron a construirla mientras yo pasaba una diapositiva tras otra de Hopper sobre la pared. Era casi como si este pintor estadounidense realista del siglo XX [...] de alguna manera se dirigiera a estos niños, e inculcara en ellos un deseo de responder a sus pinturas, al hablarles de sus diversas experiencias».[21]

Los estudiantes de Coles captaron que había algo extraño en los personajes de Hopper. Dijeron que las personas parecían infelices, perdidas, solitarias, separadas del mundo que las rodeaba... incluso de los que podían alcanzarlas y tocarlas. Uno de los alumnos dijo sobre el hombre y la mujer en *Excursión en filosofía*: «Esa gente debería salir a dar un paseo por el campo; entonces, podría relajarse».[22]

Vivir con una mujer

«¿No es lindo tener una esposa que pinta?», preguntó Jo. Edward respondió: «Es horrible».

Los Hopper llevaban una vida mesurada. Vivieron en el mismo departamento del tercer piso calefaccionado a carbón de Washington Square en Greenwich Village todo su matrimonio. No tenían su propio baño, sino que compartían uno con los demás inquilinos de su piso. Una habitación de su departamento había sido convertida en estudio: la mitad le correspondía a Edward y la otra mitad, a Jo. Aunque aprovechaban la riqueza de la ciudad de Nueva York en cuanto a lugares para comer y entretenerse, eran personas caseras. Durante todo su matrimonio, pasaron casi todos los días juntos y, a menudo, *solo* el uno con el otro.

Cuando los Hopper se ponían inquietos, se subían al auto y conducían.[23] Hacían muchos viajes al oeste hacia Nuevo México y pasaban los veranos en una casa en Cape Cod. Les encantaba ir al cine. A Edward no solo le encantaban las películas en sí; disfrutaba de la experiencia de ir al cine: la formalidad de las filas de asientos todos apuntando en la misma dirección, la ostentación de las cortinas, los candelabros y las instalaciones de bronce, la curva de los arcos y los balcones arquitectónicos, y la audiencia sentada en la oscuridad.[24] Edward iba al cine cuando tenía un bloqueo creativo. El cine era un lugar donde podía sumergirse en la cultura y escapar de su inmovilidad creativa mientras un panel de luz parpadeante contaba historias sobre una pantalla, captando su imaginación.

El éxito de Edward como artista celebrado no fue meteórico, sino una culminación lenta y firme de ir dando un paso tras otro.

Practicaba las bases y refinaba su técnica con los óleos. Aunque desarrolló su oficio, como hacen todos los artistas, nunca pareció abandonar su lugar de origen en un esfuerzo de reinventarse. Dijo: «En el desarrollo de todo artista, la fuente de las últimas obras siempre se encuentra en las primeras. El núcleo alrededor del cual el intelecto del artista construye sus obras es él mismo; el ego central, la personalidad o como sea que se llame, y esto cambia muy poco desde el nacimiento a la muerte».[25]

A medida que la estrella de Edward iba en alza, su ego la acompañó; no tanto en jactarse sobre sí mismo ante otros, sino más bien en creerse superior a los demás. Esto fue especialmente cierto en cuanto a su relación con Jo. Era un hombre particular al cual le gustaba tener su propio mundo en orden. No le gustaba compartir, ya fuera comida, herramientas de arte o el foco de atención. En el estudio en su departamento, estableció qué espacio era de él y le dijo a Jo que no entrara ahí.[26] Parte de la petulancia aparente de Edward era un producto de cómo se relacionaban los hombres con las mujeres a mediados del siglo xx. En parte, se debía a que los dos se casaron con más de cuarenta años, una edad en la cual muchas rutinas y preferencias ya están firmemente establecidas. Pero también era cierto —algo que confirman todos los biógrafos de Hopper— que Edward podía ser un hombre mezquino y cruel.

Ed y Jo peleaban mucho: el artista solitario que vivía en sus pensamientos y la mujer vivaz a la cual le encantaba ser el centro de atención. Él podía ser frío, egoísta y explosivo, pero Jo no era ninguna mosquita muerta. Podía devolverle a Edward algo peor de lo que él le arrojaba. Edward dijo: «Vivir con una mujer es como vivir con dos o tres tigres».[27] En su vigésimo quinto aniversario, Jo bromeó diciendo que merecían una medalla de combate distinguido por llegar tan lejos. Edward respondió diseñando un blasón familiar que incluía un cucharón y un palo de amasar.

Jo no era un ama de casa tradicional y doméstica. Detestaba cocinar, así que cenaban afuera a menudo. Cuando sí comían en su casa, Edward prefería comidas enlatadas antes que cualquier cosa que su esposa preparara. Jo también detestaba las tareas del hogar. Edward se burlaba de sus limitaciones domésticas, dibujando bosquejos altivos y dejándolos en la mesa de la cocina para que ella los encontrara. En uno, aparecía una casa dada vuelta con Jo en la parte superior regando el jardín y, debajo, las palabras: «La casa que Jo edificó». Estos bosquejos no estaban destinados al público. Eran mensajes de Edward para ella.

Edward captó su frustración con su matrimonio en otro bosquejo donde Jo aparecía inclinada sobre él sacudiéndole el dedo en la cara mientras él se reclinaba con la cabeza hacia atrás y las manos juntas, rogando en oración. Debajo del dibujo, escribió: «Él no tiene otra opción más que escuchar». Pero Jo no siempre se sentía escuchada. Declaró: «A veces, hablar con Eddie se parece a dejar caer una piedra en un pozo, con la excepción de que no hace ruido cuando toca el fondo».[28]

Ed y Jo nunca tuvieron hijos. En cambio, Jo se hizo cargo de criar la carrera de Edward. A medida que sus obras empezaron a venderse, ella llevaba la cuenta de las ventas, recortaba artículos de periódicos e incluso daba entrevistas a su favor, porque él no quería hacerlas. A lo largo de su matrimonio, escribió diarios donde detallaba la obra y el proceso creativo de Edward. Estos diarios fueron en el caso de Edward Hopper lo mismo que las cartas de Vincent van Gogh a su hermano Theo: una crónica íntima de la vida de un artista brillante pero insufrible.

Además de administrar su negocio, ella siguió dándole forma a la visión artística de Edward. Lo ayudaba a procesar ideas para las composiciones, traía elementos para usar en las pinturas y especulaba sobre las historias de fondo en sus escenas. La columnista del *New York Post* Raquel Laneri escribió: «En la pintura de 1930 de Hopper *Mesas para señoras*, por ejemplo, ella posó como la mesera, compró los disfraces, eligió la fruta, la comida y demás accesorios, y los acomodó».[29] Jo incluso les puso nombre a algunos de sus personajes. «Gavilán» fue el nombre que ella le dio al hombre con una nariz aguileña sentado en la barra en *Noctámbulos*.

Aunque no lo sabía en esos primeros años, Jo estaba entrando gradualmente al rol que ocuparía el resto de su matrimonio (y su vida): apoyo a Edward. Ese apoyo no fue recíproco por parte de Edward. Laneri escribió: «Edward [...] desprestigiaba el talento de Josephine, llamándolo con altivez un "lindo talentito" y diciéndole que a nadie le gustaba su trabajo». Cuando cumplía el papel de jurado para las exhibiciones grupales, rechazaba las entregas de su propia esposa, porque temía que lo acusaran de nepotismo (o tal vez, la competencia)».[30]

Gaby Wood, de *The Guardian,* escribió: «Jo se refería muchas veces a las pinturas de su esposo como sus "hijos"». Escribió que le mostraron uno de sus lienzos, *Cine en Nueva York,* a su galerista, y que lo "recibieron como si fuera su heredero recién nacido". Ella se refería a sus propias pinturas como "pequeños y pobres mortinatos", "demasiado buenos como para haber sido Cenicientas sin amigos"».[31] Muchos desestimaban la obra de Jo como un derivado inferior de las obras maestras de Edward. El biógrafo principal de Hopper, Gail Levin, dijo que Jo «tardó en darse cuenta de la profundidad de la ingratitud y la hostilidad de Edward. Con el tiempo, se las arregló para colocar sus obras en algunas exhibiciones grupales en institutos tan importantes como el Instituto de Arte en Chicago, la Galería de Arte Corcoran en Washington y el Museo Metropolitano de Arte. Pero después su identidad cambió: ya no era Jo Nivison, sino Jo Hopper, la esposa de Edward, que recibía alguna migaja ocasional».[32] Jo dijo: «Hay varias cosas de las que he sido expulsada directamente por su superioridad arrogante [...]. La pintura también... he sido expulsada de eso también... casi».[33]

El diseñador Abe Lerner, que conocía a los Hopper, declaró: «Eran como muchas parejas que han vivido juntas mucho tiempo: emocionalmente dependientes pero críticas. Él no te miraba a los ojos cuando te hablaba. Tenía un semblante duro; creo que nunca lo vi sonreír. Jo era una persona muy nerviosa. No recuerdo haberla visto relajarse. Edward era nervioso bajo su máscara de taciturnidad».[34]

Jo estaba comprometida con su matrimonio. Le dijo a un amigo: «El matrimonio es difícil, pero hay que atravesarlo».[35] Aunque la carrera artística de Jo se estancó una vez que se casaron, ella insistía en que no estaba resentida con Edward. Dijo: «Si puede haber lugar solo para uno de nosotros, sin duda tiene que ser para él. Puedo alegrarme y agradecer por ello».[36] Jo estaba dedicada a su esposo, y si eso implicaba vivir bajo su sombra y soportar su crueldad, eso soportaría.

El mundo de Eddie

Una vez que Edward murió, Josephine le confió sus pinturas, junto con todas las obras de ella, al Museo Whitney en Nueva York; más de 3000 obras en total. El Museo Whitney exhibió con orgullo las obras de Edward y dejó de lado las de ella. Muchos supusieron que el museo tan solo descartó su arte, pero a principios de la década del 2000 se encontraron 200 pinturas en el sótano. En los últimos años, las galerías y organizaciones dedicadas a promover el trabajo de las mujeres en las artes empezaron a exhibir las pinturas de Josephine Nivison Hopper.

Aun así, a Josephine Hopper se la conoce mejor no tanto como artista, ni siquiera como la administradora de Edward, sino como la mujer en las pinturas de su esposo. Era su modelo. Los eruditos difieren en si esto nació del deseo de ella de mantenerlo lejos de otras mujeres o de la negativa frugal de él de contratar a alguien para que posara para él, cuando estaba casado con una actriz que podía hacerlo en forma gratuita. Probablemente por una combinación de ambas cosas, Jo es la mujer que Edward pintó una y otra vez, desde el año en que se casaron hasta el año en que él murió. Es la mujer en el sol en *Verano*. Está sentada con sus manos alrededor de la taza de café en *The Automat* [El café de autoservicio]. Es la mujer sentada a la barra en *Noctámbulos*. Se inclina hacia el sol en *Mañana en Cape Cod*. Espera como si estuviera lista para irse en *Western Motel* [Motel del oeste]. Cena con una amiga en *Chop Suey*. Está sentada leyendo al borde de su cama en *Habitación de hotel*. Abre una carta en *Oficina en Nueva York*. Juega con una tecla de su piano en *Habitación en Nueva York*. Está a la entrada de una solitaria casa en *Mediodía*. Viaja sola en *Compartimento C, coche 293*. Es la acomodadora que espera en *Cine en Nueva York*.

Si las pinturas de Edward Hopper debían comunicar lo que sentía, como él dijo, y si todo lo que estaba tratando de decir estaba allí sobre el lienzo, como él decía, entonces sabemos que se sentía solo y que el mundo le resultaba un lugar aislado. Es el tema más dominante que atraviesa su obra. Y en ese mundo —*su* mundo— está Jo, en general con un aspecto solitario, casi como si él entendiera qué clase de mundo había creado para ella como esposa. Ella encarna lo que dijo Mark Strand de los personajes de Edward: «Las personas de Hopper parecen no tener nada que hacer. Son como personajes cuyas partes los han abandonado y ahora, atrapados en el espacio de su espera, deben hacerse compañía a ellos mismos, sin un lugar claro donde ir, sin futuro».[37] Jo parecía entender esto cuando se lamentó: «¿En qué se ha transformado mi mundo? Se ha evaporado... tan solo arrastro los pies por ahí en el mundo de Eddie».[38]

La soledad crea un círculo vicioso. Cuando alimenta el desprecio, puede terminar creando una distancia aún más grande de las personas. Nos enoja sentirnos tan solos, y concentramos ese enojo en aquellos que se acercan porque son los únicos que podemos alcanzar. Nuestro enojo los aleja y nos sentimos más solos todavía, lo cual conduce a un enojo aún más profundo. Frederick Buechner escribió: «No solo vives en un mundo, sino que un mundo vive en ti».[39] Cuando quedamos atrapados en este ciclo donde el mundo que anhelamos —uno en el cual somos conocidos, amados, estamos seguros y podemos crecer— permanece fuera de nuestro alcance, nos descargamos con las personas que intentan ayudarnos a ver lo que es verdad. Carecemos de la capacidad de ver más allá de nuestro enojo y dolor, y, como Jesús dijo, matamos a nuestros propios profetas.

Las últimas palabras de Jesús a la nación de Israel antes de ir a la cruz por ellos fueron: «¡Jerusalén, Jerusalén, la que mata a los profetas y apedrea a los que son enviados a ella! ¡Cuántas veces quise juntar a tus hijos, como la gallina junta sus pollitos debajo de sus alas, y no quisiste! Por tanto, la casa de ustedes se les deja desierta».[40]

Estas palabras a Israel nos permiten ver un pueblo que vive desde su propia soledad… la cual, para ellos, es una sensación de haber sido abandonados por Dios después de que prometió estar con ellos. Sienten que están por su cuenta, a la deriva en el mundo, y que tienen que sacar lo mejor de una situación difícil.

El lamento de Jesús por la renuencia de Israel de recibirlo se complica porque estas personas tenían una buena razón para estar desanimadas. Los siglos anteriores no los habían tratado bien. Habían sufrido mucho. La vida en este mundo no era fácil. Después de haber sido llevados al exilio, no sabían si alguna vez regresarían a su hogar. Así que, cuando sí volvieron, la reconstrucción, la reorganización y el aferrarse a todo lo que pudieran ocupaba más de sus esperanzas que la espera del Mesías. Estaban tan golpeados espiritual, emocional y culturalmente que Jesús dijo: «Ah, Jerusalén, matas a tus propios profetas… así de reacia estás a escuchar a Dios ahora».

Hay una disonancia entre el mundo que tenemos y aquel para el cual fuimos creados. Cuando Jesús dice «Cuántas veces quise juntar a tus hijos, como la gallina junta sus pollitos debajo de sus alas», afirma con afecto la sensación de aislamiento de Israel. No tiene por qué ser así. Dios sabe la distancia que sentimos, y tampoco la quiere. La gran ironía aquí es que el Dios que ellos creían que los había abandonado en realidad se había hecho carne y habitaba entre ellos con el propósito de eliminar esta distancia para siempre. Él no solo ve nuestra soledad, sino que hace algo al respecto. La soledad nos dice algo verdadero. No surge de una raíz del mal. Surge de un deseo dado por Dios enterrado en lo profundo de nuestro ser de saber que no estamos solos. Surge de un hambre de satisfacción, paz y pertenencia, y afirma nuestro deseo de amor y aceptación. La soledad despierta en nosotros una protesta apasionada contra el aislamiento.

Así como las obras de Hopper son una expresión de la soledad, también son una protesta en su contra. La presencia de Jo es la protesta. Aunque las luchas relacionales de Ed y Jo, el surgimiento de su carrera a expensas de ella y sus mordaces conversaciones son todas cuestiones de conocimiento público, ellos compartían un vínculo profundo e inescrutable. Navegaban su volátil matrimonio, no como personas distanciadas la una de la otra, sino más bien como personas ligadas la una a la otra; como fugitivos de una cadena de presidiarios aún encadenados juntos mientras intentan abrirse paso por un mundo desconocido. Y ambos están heridos.

La columnista Gaby Wood relató una historia que la autora e historiadora de arte Barbara Novak le contó sobre una fiesta que organizó en la década de 1960, cerca del final de la vida de los Hopper:

> Edward y Jo fueron los primeros en llegar. Se sentaron uno al lado del otro en un sofá, y a medida que los demás

invitados —muchos de los cuales eran los artistas más exitosos de esa nueva generación— iban llegando, les pareció que los Hopper estaban felices y los dejaron solos. A mitad de la fiesta, Novak volteó a mirarlos y vio un gran espacio vacío alrededor del sofá de los Hopper. Parecía una imagen sacada de una de sus pinturas: aun en medio de una habitación llena de gente, irradiaban aislamiento... juntos.[41]

Sería fácil romantizar la imagen de los dos allí en aquella sala, solos y juntos en medio de una multitud, contrapartes para la entidad singular que era «Ed y Jo». Pero la parte de Jo en esa historia se había transformado en la de un rol de reparto: una parte más pequeña que proveía contexto, tragedia y curiosidad para Ed como el protagonista. Es una historia muy común. En algún momento en el camino, Ed y Jo se habían transformado en el bardo y la musa de la soledad norteamericana.

Los dos comediantes

Hay una vieja película en blanco y negro de Ed y Jo filmada el año antes de que él muriera. Se ven ancianos y frágiles. Él está encorvado. Salen arrastrando los pies de su departamento en Washington Square, bajan las escaleras y cruzan la calle hacia un banco en el parque. Se sientan. Él desdobla un periódico. Lee la página a la izquierda, y ella lee la página a la derecha. Son uno.

Sin Jo, no tendríamos a Edward Hopper... no al artista en el que se transformó. Si ella no lo hubiera alentado a probar con las acuarelas cuando tenía un bloqueo creativo, y si no hubiera usado su influencia en el Museo de Brooklyn para incluir sus obras en una exhibición a la cual la habían invitado a ella, quién sabe lo que habría sido de su carrera.

Con la pintura final de Edward, *Dos comediantes,* él parecía entender y aceptar esto. La pintura los muestra a Ed y a Jo vestidos como payasos franceses, saludando juntos por última vez, lado a lado. La escena le rinde homenaje a su larga sociedad y al amor que compartían por el teatro. Pero más que eso, reconoce que ella ya no es la acomodadora en el rincón, siempre a la orden de su vida. Es su cómplice, su colaboradora, su compañera. Gail Levin escribió:

> Mientras Hopper exploraba su idea [de *Dos comediantes*], dibujó la figura masculina saltando en el aire y la otra encaramada sobre un escenario pequeño. En otro dibujo, imaginó al hombre haciendo pasar con elegancia a la mujer por una salida, mientras los espectadores aparecían detrás de una barrera baja. En el lienzo, levanta a ambas figuras al escenario sólido, con su borde de bosque artificial, donde se toman de la mano y se preparan para hacer una reverencia, con la mano libre suspendida como si fueran a hacer un gesto de deferencia el uno al otro.[42]

Después de cuarenta y tres años de casados, Ed y Jo se despedían. Él los mostró como una unidad. Como iguales, incluso. Aunque en la vida a menudo quiso que lo dejaran solo, en la muerte quería a Jo a su lado. El historiador y novelista francés Bernard Chambaz observó conmovedoramente: «Tan a menudo un pintor de ausencia, aquí representa una presencia, pero es la presencia de los que están a punto de desaparecer».[43]

Edward Hopper murió en su departamento de Manhattan el 15 de mayo de 1967, a los ochenta y cuatro años. Jo estaba ahí cuando sucedió. Escribió: «Y cuando llegó la hora, estaba en casa, aquí en su gran silla en el gran estudio... y se tomó un minuto para morir. Nada de dolor, ningún sonido, y los ojos serenos e incluso felices y muy hermosos en la muerte, como un El Greco».[44] El obituario de Hopper salió en la primera página del *New York Times*. La revista *Life* dijo: «Hopper destiló, de manera más magistral que cualquier otro artista de su época, una mirada y un humor hechizantes de Estados Unidos».[45]

Aunque la vida de Jo con Ed era difícil, después de que él murió, ella dijo que sentía como si le hubieran amputado un miembro. Dijo que la vida con Edward era «una perfección sumamente singular», y que «lo que era la perfección juntos es una pena solitaria».[46] Josephine Nivison Hopper murió diez meses más tarde.

La noche de la muerte de Edward Hopper, en alguna parte de la ciudad, una joven acomodadora con el uniforme de la empresa se presentó a trabajar. Esperó bajo el candelabro de pared hasta que terminara el tercer acto y las luces del teatro se encendieran, para poder escoltar a las personas de la habitación y limpiar. No sabemos su nombre. No sabemos cuáles son sus sueños, sus esperanzas, sus temores ni sus amores. No sabemos quién la espera en su casa a la noche, si es que hay alguien. No sabemos qué está pensando.

Lo que sí sabemos es que hay un millón de personas como ella.

LA MEDIDA DE UNA VIDA

Lilias Trotter y las alegrías y
las penas de la obediencia sacrificada

Lilias Trotter, *Prepared as a Bride* [Preparada como una
novia], aprox. 1888, acuarelas sobre papel
Utilizado con permiso de Lilias Trotter Legacy

En verdad les digo que si el grano de trigo no cae en tierra y muere, se queda solo; pero si muere, produce mucho fruto. El que ama su vida la pierde; y el que aborrece su vida en este mundo, la conservará para vida eterna.

Juan 12:24-25

Volvamos unas décadas a la era justo antes de Edward Hopper. El año 1888 fue el de *Las hijas de Catulle Mendès,* de Renoir; la serie *Almiares,* de Monet; *L'île Lacroix, Rouen (El efecto de la niebla),* de Pissarro; *Bailarinas practicando en la barra,* de Degas, y *Van Gogh pintando girasoles,* de Gauguin, donde aparecía su compañero de casa, Vincent van Gogh, quien ese mismo año pintó *El viñedo rojo.* Es difícil exagerar la importancia de lo que estaba sucediendo en el mundo del arte en Europa ese año. El impresionismo estaba en su cumbre, y las convenciones artísticas que tanto tiempo habían favorecido el atractivo comercial se estaban relajando para permitirles a los artistas explorar los alcances de su rango creativo. Era una época emocionante para ser un artista, mientras los ojos del mundo estaban sobre Londres y París.

El 6 de marzo de 1888, una mujer de treinta y cinco años llamada Lilias Trotter, que tenía apenas cuatro meses menos que Vincent van Gogh, subió a un tren que atravesaba Francia, donde todos estos pintores estaban sumergidos en su trabajo. Cuando Lilias pasó por Arles, a pocos kilómetros donde vivía Vincent, camino a Puerto de Marsella, *El puente de Langlois en Arles con lavanderas* estaba en proceso, todavía húmedo sobre el atril. Tanto Lilias como Vincent vivían en relativo anonimato hasta entonces, pero estaban en busca de lo mismo: cumplir con un llamado de ver y crear cosas hermosas.

Si Lilias hubiera elegido un camino distinto, tal vez habría hecho ese viaje para encontrarse con Vincent y quizás hablar de la colonia artística que él estaba intentando formar ese año en el sur de Francia. Pero la razón por la cual pasó de largo aquel día garantizó que sus caminos nunca se cruzarían.

Fuimos hechos para dar

Desde que era pequeña, Lilias Trotter tuvo una capacidad para el arte. Su familia notó en ella una habilidad impresionante para captar en papel lo que veía con instintos técnicos que eran inexplicablemente correctos. El suyo era un talento natural. Tenía un sentido innato de la belleza; podía verla y saborearla. Cuando vio los Alpes por primera vez en su infancia, lloró.

Lilias nació en Londres el 14 de julio de 1853 de Alexander e Isabella Trotter, en una época en la que el mundo estaba cambiando. A mediados del siglo XIX, se estableció el sistema de correos Penny Post y se inventó el telégrafo, lo cual hizo que las comunicaciones fueran más fáciles y generalizadas. Tan solo en 1840, más de 9000 kilómetros (6000 millas) de vías de trenes se colocaron en Inglaterra, haciendo que el reino pasara del caballo y el carro al tren.[1]

Lilias nació en una familia pudiente. Cada año, su familia paseaba por el continente de Europa. Creció en un hogar lujoso, y se despertaba la mayoría de las mañanas frente a un sirviente que le ofrecía una taza de té. Nunca abrió sus propias cortinas. Tenía una institutriz en la casa que le enseñaba francés y alemán. La biógrafa Patricia St. John escribió: «La familia de Alexander Trotter llevaba la vida feliz y disciplinada de las clases altas victorianas: piadosas, serias, amables con los pobres pero a la distancia, protegidas de cualquier cosa ofensiva. Así que Lilias creció, amada y amorosa, en la atmósfera resguardada de un hogar estable, rodeada de belleza y cultura».[2] Alexander, el padre de Lily, era un adinerado agente de bolsa. Conoció a Isabella después de la muerte de su primera esposa. Lilias fue su primera hija juntos, la séptima de nueve por parte de su padre. Alexander era un hombre grande de temperamento calmo, convicción basada en principios y un encanto atractivo. Las cartas sobre él «muestran que Alexander tenía un gran respeto por la dignidad de todas las personas, más allá de cuál fuera su situación o rango en la sociedad, y buscaba entender los puntos de vista divergentes».[3] Era un hombre de profunda fe, algo que se expresaba en sus empresas filantrópicas y humanitarias. Era un padre devoto y buscaba inculcarles a sus hijos el mismo sentido de asombro e interés que sentía en el mundo. Fomentaba su curiosidad y desafiaba su forma de pensar. Lilias adoraba a su padre y prosperaba bajo la tutela de sus padres.

En 1864, la tragedia los golpeó. Alexander contrajo una enfermedad con la cual luchó hasta que, al final, sucumbió al año siguiente. Lilias tenía doce años cuando su padre murió. Estaba desconsolada. Esta jovencita a punto de iniciar la adolescencia adoptó una seriedad de corazón: una ponderosidad que se manifestaba en un deseo cada vez más profundo de conocer y seguir a Dios. Años más tarde, los miembros de su familia recordaron momentos en los que pensaban que Lily estaba jugando en alguna parte, pero la habían encontrado arrodillada en su habitación, inmersa en la oración. La biógrafa Miriam Rockness escribió: «Uno solo puede especular sobre la naturaleza de esas oraciones en alguien para quien el sufrimiento es algo tan nuevo, así como la fe. ¿Habría enojo? ¿Desesperación por la pérdida de su amado padre? ¿Temor de lo que traería el futuro sin su fuerte presencia? ¿O sencillamente iría al Padre celestial a presentar su necesidad y soledad, y permitirle que la abrazara cerca de Su corazón y le ministrara con Su amor al dolor que sentía?».[4]

Lo que sabemos es que Lily creció para transformarse en una persona de gran corazón, con un don de amor y empatía que parecía no tener límites. Su hermana dijo: «Estaba siempre arrojando una luz constante sobre nuestro hogar. En medio de la situación más difícil, Dios hizo que su alma floreciera».[5] Las tribulaciones a menudo ablandan el corazón.

A los diecinueve años Lilias se involucró con el movimiento Higher Life [Vida superior], una especie de avivamiento espiritual que se abrió paso por Gran Bretaña a mediados del siglo XIX, atrayendo tanto a pobres como a ricos. El movimiento buscaba profundizar la fe cristiana durante una época en Inglaterra en la que la religión solía ser fría y formal. Inculcaba en las personas una intimidad y un celo por Dios.

Al participar en el movimiento Higher Life, Lily llegó a creer que los regalos de Dios no debían ser un fin en sí mismos, sino preparar a los seguidores de Jesús para una vida de servicio a los demás. Escribió: «Somos salvados para salvar. Fuimos hechos para dar, para soltar todo y así tener más para dar. La piedrita absorbe los rayos de luz que caen sobre ella, pero el diamante los irradia otra vez. Cada faceta es un medio, no solo para absorber más, sino para emitir más. Una flor que se detiene antes de florecer pierde su propósito».[6] Cuando entendió que sus dones no le pertenecían, dijo que el timón de su vida estaba establecido para los propósitos de Dios.[7]

El encuentro con John Ruskin

Cuando Lilias tenía veintitrés años, ella y su madre viajaron a Venecia. Al llegar, descubrieron que el artista y filósofo John Ruskin, el primer profesor de la cátedra Slade de Bellas Artes en la Universidad de Oxford,[8] se estaba hospedando en el mismo hotel.

Ruskin era una verdadera celebridad del siglo XIX, la persona con más autoridad en arte de la era victoriana. Stephen Wildman, director de la Biblioteca John Ruskin en la Universidad de Lancaster, dijo que a Ruskin se lo consideraba «una de las personas más famosas en el mundo de habla inglesa, y así lo era. Ruskin es de gran importancia para la historia de la cultura en el siglo XIX. Sus escritos y su prosa contienen algo de lo mejor del idioma inglés».[9] Ruskin escribía sobre el arte, la literatura, la arquitectura y el mundo natural, influyendo a los que marcaban tendencia en Europa y en todo el oeste. En cuanto a cuestiones de arte, John Ruskin era una autoridad cuya opinión se tomaba en serio.

Como era su hábito, Lilias viajaba con sus libros de bosquejos y herramientas de arte. Su madre, al ver una oportunidad para animar a su hija, le envió una nota a Ruskin, preguntándole si podría mirar las acuarelas de su hija y tal vez ofrecerle alguna palabra de análisis. Ruskin recordó el encuentro más adelante en una conferencia a sus estudiantes:

> Cuando estaba en Venecia en 1876... dos damas inglesas, madre e hija, se estaban quedando en el mismo hotel, el Europa. Un día, la madre me envió una linda notita pidiéndome si podía mirar los dibujos de la jovencita.
>
> Accedí con un tanto de mal humor y me enviaron varios dibujos, en los cuales percibí un trabajo extremadamente sensato y cuidadoso, casi sin conocimiento.[10]

Ruskin estaba cerca de la cima de su poder como uno de los artistas y filósofos más respetados del mundo. Era un papel que representaba muy bien: noble, brillante e impaciente. Cuando conoció a Lilias, se había encontrado ya con cientos de idealistas aspirantes que creían que, si tan solo pudieran mostrarle sus trabajos, él sin duda reconocería su genialidad. La mayoría de lo que veía no le parecía inspirador. Pero, cuando vio el trabajo de

Lilias, no fue solo su habilidad artística, sino también los instintos intangibles de simplicidad, atemperación e integridad lo que captaron su atención. Ruskin vio un increíble potencial en la jovencita. Continuó:

> Solicité que la joven viniera a dibujar conmigo y la llevé a la Abadía de San Gregorio; allí la senté, por primera vez en su vida, a dibujar un pedazo de mármol gris con el sol que le pegaba de lleno. Tal vez haya tenido una lección después de eso, quizás dos o tres; pero parecía aprender todo al instante en que se lo mostraban... e incluso mucho más de lo que le enseñaban.[11]

Ruskin creía que podía formar a Lilias para que fuera una de las mejores artistas del mundo. Aunque muchos anhelaban que Ruskin fuera su maestro, él anhelaba que Lilias Trotter fuera su pupila. Le rogó que estudiara con él:

> De todos los delicados pedazos de barro en manos del alfarero que se han modelado, creo que eres la que tiene menos impurezas... Me detengo a pensar cómo puedo convencerte del don maravilloso que hay en ti. Que no veas ni sientas el poder que hay en ti es la señal más segura y preciosa de eso mismo.[12]

Nunca nadie había buscado a Lilias por su talento artístico y, de repente, una de las voces más famosas en el arte quería formarla. Ella aceptó su oferta y empezó a estudiar con él. Al principio, pasaron mucho tiempo juntos. De vez en cuando, ella iba y se quedaba en su casa, donde trabajaba junto a otros pintores.

La estima de Ruskin por el trabajo de Lilias no era fingida. Cuando vio su libro de acuarelas de un viaje a Noruega, en el cual había pintado la vida campesina, le rogó que le diera algunas páginas. Enmarcó seis acuarelas y las usaba como ejemplos en sus conferencias a estudiantes de Oxford, diciendo: «Al examinarlas, sin duda, sentirán que son exactamente lo que a todos nos gustaría poder hacer, y de la manera más sencilla y franca nos demostró cómo hacerlo; o, hablando con mayor modestia, si el cielo nos ayuda, cómo puede hacerse».[13]

Ruskin creía que «lo más grande que un alma humana puede hacer en este mundo es *ver* algo y contar lo que se *vio* de una manera sencilla... Ver con claridad es poesía, profecía y religión, todo en uno».[14] Él y Lilias compartían la habilidad de mirar y ver lo que había allí y comunicarles a otros lo que veían.

Cuando Lily miraba el mundo, veía sufrimiento. Su corazón se quebraba por las mujeres indigentes de su ciudad. En aquella época, la Asociación Cristiana de Mujeres Jóvenes (YWCA por sus siglas en inglés) recién estaba empezando, y ministraba a las necesidades de las mujeres pobres en Londres. Lilias empezó a participar. Comenzó trabajando para una hostería que traía a las prostitutas de la Estación Victoria de las calles y les daba un lugar para vivir mientras les enseñaba habilidades vendibles. También ayudó a crear el primer restaurante solo para mujeres en Londres. La mayoría de los restaurantes era para personas ricas en ese entonces. Las mujeres que trabajaban debían llevar comida desde sus casas y a menudo comer sentadas en la acera. Ella abrió un lugar que les sirviera comidas calientes y proveyera refugio, tanto físico como espiritual.

Mientras servía a las mujeres de Londres, siguió dibujando y pintando, y le enviaba a Ruskin su trabajo. Él le enviaba sus comentarios, observando los puntos fuertes y ofreciendo consejo. Pero, con el tiempo, su correspondencia se volvió menos frecuente, y él se preocupó de estar perdiéndola. Ruskin se había hecho fama de desarrollar a mujeres artistas. Lo había hecho muchas veces antes que con Lilias. Si encontraba a alguien con talento natural, lo tomaba bajo sus alas y lo empujaba en la dirección en la que él quería que fuera, usando su perspicacia y su experiencia para formar a la persona y prepararla para el éxito. Pero, a su vez, la persona debía estar dispuesta y resuelta a lograrlo.[15]

Le escribió: «Está muy bien eso de ayudar a las chicas de la estación, pero me pregunto si alguna vez pensarás en ti misma, y dejarás de descuidarme, despreciarme, desafiarme, atormentarme, desilusionarme, ignorarme y renunciar a mí».[16] Lily compartió algunas pinturas nuevas con Ruskin, flores en acuarela sobre papel marrón. Cuando las vio, se lamentó: «El sentido del color está empezando a diluirse bajo las condiciones de tu vida... los grises y los marrones en los cuales trabajas habitualmente. En términos técnicos, te estás perdiendo a ti misma... Hay una vulgaridad real en la manera en que colocas cosas claras contra la oscuridad para destacarlas».[17]

La búsqueda de Lilias por parte de Ruskin no se trataba de su arte, sino de su singularidad de foco. El potencial que él reconocía en ella solo podía cumplirse si ella se dedicaba por completo a su arte. Sin embargo, él sentía que el ministerio de Lilias estaba compitiendo con su arte, y en realidad así era. Le dijo a Lilias que, si se dedicaba al arte, «sería la pintora más grande de Europa y haría cosas inmortales».[18] Quería que escogiera entre su ministerio y su arte, forzándola a enfrentar la crisis de su vida: ¿qué rol representaría su arte?

Ella entendía bien lo que Ruskin le estaba ofreciendo, y era algo que amaba. Pero su atención estaba más allá de los confines del arte. Le importaban las demás personas. Lilias le escribió a una amiga respecto a la decisión que debía tomar: «Sentí que había vivido años durante esos pocos días».[19] Le encantaba la idea de dedicar su vida a su arte. Le costaba tomar una decisión. Oró. Dio largas caminatas, sintiendo el peso de continuo sobre ella. No podía comer ni dormir sin orar.

La novelista y filósofa británica Iris Murdoch dijo: «En momentos cruciales de decisión, la mayor parte de la elección ya ha terminado».[20] Mientras Lilias oraba sobre qué hacer, se acordó de una vez en que era pequeña. Estaba en la iglesia, a punto de colocar su ofrenda en el plato de las ofrendas. Grabada en el medio del plato estaba la mano perforada de Cristo. Al verla, ella volcó todo lo que tenía en su monedero sobre el platito. ¿Qué más podía hacer? Si la mano de Cristo le pedía lo que poseía, ¿qué podía retener?

La insistencia de Ruskin en que tomara una decisión le parecía algo similar: la mano de Cristo pidiéndole su vida en respuesta a un mundo necesitado. Escribió: «Ahora veo claro como el agua que no puedo dedicarme a pintar como él me pide y seguir buscando primero el reino de Dios y Su justicia».[21] Lilias tomó una decisión: se dedicaría a servir a los pobres, y en cualquier rol que su arte jugara usaría su instinto creativo y su imaginación para crear lugares donde los oprimidos encontraran respeto, apoyo y, si Dios lo permitía, a Cristo mismo.

Lilas siguió siendo amiga de John Ruskin y lo visitaba siempre que podía. Pero después de tomar su decisión se entregó al servicio con un celo renovado. Declaró: «Y algo semejante a la independencia caracteriza el nuevo flujo de vida de resurrección que viene a nuestra alma cuando aprendemos esta lección nueva de morir [...] la libertad de aquellos que no tienen nada que perder, porque no tienen nada para retener. Podemos existir sin *nada* mientras tengamos a Dios».[22] Sintió como si una carga hubiera sido levantada de sus hombros.

Argelia

Durante los diez años siguientes, Lilias ministró en Londres, integrando su enseñanza, capacitación y arte para servir a las mujeres allí. Tenía un talento especial para combinar imágenes y texto para comunicar un mensaje más profundo de lo que sería solo texto. Pero a principios de su tercera década sintió que Dios la llamaba a hacer algo más profundo; específicamente, con personas en una tierra lejana. Las misiones en el extranjero eran un concepto relativamente nuevo, pero cuando Lilias escuchó al respecto se sintió llamada a la obra. Cuando oró respecto al llamado de Dios para su vida en particular, las palabras «África septentrional» resonaron como si una voz la llamara. En mayo de 1887, asistió a una conferencia sobre misiones en Argelia, y el presentador comentó que «tienen un pueblo que no conoce nada sobre Cristo».[23]

Lilias recordó: «En aquella primera frase resonó el llamado de Dios. Si Argelia estaba lo suficientemente cerca como para poder pasar la mitad del año allí y la otra mitad en casa, entonces era para mí, y antes de que llegara la mañana toda duda se disipó de que este era Su plan».[24]

El 14 de julio de 1887, Lilias envió una solicitud a la junta misionera de África septentrional y la rechazaron por razones de salud. Lilias tenía un corazón débil y se cansaba con facilidad. La junta temía que esta mujer victoriana adinerada no pudiera soportar las duras condiciones del Sahara africano.

Lilias decidió ir igualmente a Argelia, usando sus propios recursos para llegar. Siete meses más tarde, el 5 de marzo de 1888, partió de la Estación de Waterloo con su amiga Lisa Lewis, cantando «A Cristo coronad». En Southampton se encontraron con su amiga Blanche Hayworth, la cual serviría junto a ella por más de treinta años. Pasaron por Francia —dejando atrás a van Gogh, Pissarro, Monet y Degas, todos metidos de lleno en su trabajo— y el 9 de marzo las tres mujeres, que habían sido rechazadas por las juntas misioneras, navegaron hacia el puerto de Argel. No conocían ni a una persona en el país. No sabían ni una frase en árabe. No había ningún líder de la iglesia que fuera a encontrarse con ellas. No tenían nada de capacitación intercultural. Sin embargo fueron, pidiéndole a Dios que abriera puertas y corazones para traer una cosecha.

Lilias tenía treinta y cuatro años cuando bajó del barco. El primer contacto de ministerio para ella y sus compañeras vino al ministrar a las mujeres y los niños en los barrios bajos de Argel. Eran las primeras mujeres europeas que muchas de las argelinas habían visto en su vida. En aquella época, el lugar que ocupaban las mujeres en el país no era agradable. A muchas se las casaba cuando tenían diez o doce años de edad, se las llevaba a un harén y se las descartaba por esposas más jóvenes una vez que habían tenido algunos hijos y ganado algunos años. Estas mujeres, muchas a principios de su segunda década y con toda la vida por delante, quedaban en la indigencia.[25] Lilias las reunía y les enseñaba historias de la Biblia y las ayudaba a cuidar a sus hijos. Quería ayudarles a desarrollar alguna clase de independencia económica para que pudieran vivir por su cuenta, fuera del hogar de sus padres y sus exesposos. Así que Lilias organizó clases para enseñarles habilidades vendibles, de manera similar a lo que había hecho con las mujeres de Londres. No era su idea empezar ningún movimiento; tan solo estaba tratando de responder a una necesidad que veía frente a ella.

El ojo estético de Lilias le vino muy bien en esos primeros meses. Consideraba que el país y la gente de Argelia eran completamente bellos. En su diario, escribió: «Ah, qué bueno es que me hayan enviado aquí a presenciar tanta belleza».[26] Amaba aquel lugar. Pronto, sus diarios se llenaron de pequeñas pinturas de personas y lugares, pero los pintaba solo para ella. Quería captar la belleza de aquellos a los que había ido a servir.

Algo bueno por algo mejor

Lilias y John Ruskin intercambiaron cartas por el resto de su vida, y ella incluso le enviaba alguna pintura o bosquejo de vez en cuando. Su decisión de elegir la obra misionera sobre el arte no fue sencilla ni sin dolor. Durante el resto de su vida llevó consigo el dolor de no haber desarrollado su arte. Era la carga que muchos artistas, deportistas, músicos y artesanos conocen cuando deben dejar de lado aquello que esperaban que fuera su llamado principal para transitar otro camino. Es una especie sagrada y solitaria de dolor: imaginar siempre lo que podría haber sido, cuestionar siempre el presente, preguntar siempre si el camino elegido sería el de la sabiduría o el de la insensatez.

A los artistas les atrae representar el sufrimiento y la lucha humanos. Caravaggio mostró esto en *El sacrificio de Isaac*, donde el Dios del universo interviene por la redención que la humanidad tanto necesita pero no puede conseguir por sus medios. Miguel Ángel talló a *David* para recordarnos que las naciones se levantan unas contra otras, a menudo provocadas por la arrogancia y la injusticia de unas pocas voces con lugares cruciales de poder. Edward Hopper pintó *Cine en Nueva York* para sugerir que el sufrimiento humano es un producto de un aislamiento innato que todos compartimos y que ninguna cantidad de comunidad puede resolver. Henry O. Tanner creó *La anunciación* para mostrar cómo el Señor completaría la redención que le prometió a Abraham mientras el patriarca sostenía el cuchillo sobre su hijo. Rembrandt nos dio *La tormenta sobre el mar de Galilea*, en la cual los discípulos miran a los ojos del ladrón que los cortó del marco, rogándole con su expresión: «¿No sientes acaso que el mundo está roto?».[27] Incluso Isabella Stewart Gardner habló al respecto cuando construyó su museo, queriendo darle al mundo algo que jamás moriría.

En cuanto a Lilias, ella respondió al sufrimiento que veía con un ministerio de presencia. Sin embargo, llevaba en su carácter muchas cualidades que les dieron su grandeza a tantos de los artistas que vinieron antes que ella. Al igual que Miguel Ángel, la cautivaba la belleza. Instintivamente, sabía que existía la gloria y que ella había sido creada para eso, para formar parte de ella. Miguel Ángel y Lilias buscaban esa gloria intentando crear corazones de carne de la roca.[28]

Al igual que Vermeer, tomó prestada la luz de otros que habían estado antes que ella para crear algo nuevo para aquellos que vinieran después. La innovación es una forma de arte en sí misma. Aprendemos a ver. Parte de la tarea del artista es ver y luego tomar lo que ve para decir algo cierto sobre el mundo. Vermeer desarrolló una técnica para usar la óptica; Lilias usó técnicas innovadoras para abrir nuevos caminos para las misiones mundiales. Y así como los sujetos de Vermeer se comportaban como si nadie los estuviera mirando, Lilias también lo hacía, y permaneció en relativo anonimato hasta hace poco, cuando personas como Miriam Rockness y Elisabeth Elliot empezaron a estudiar su vida y contar su historia.

Al igual que Henry O. Tanner, Lilias valoraba la transmisión de una habilidad de una generación a otra como un medio de preservar la verdad. Tanner usó su voz para formar el pensamiento de la gente y responder a las necesidades de personas que amaba. Lo mismo hizo Lilias. Ambos usaron el arte para ilustrar la luz ante un pueblo que andaba en tinieblas,[29] sometiéndose al proceso humilde de aprender sobre otras personas, lugares y culturas. Parte de aprender a ver supone la humildad de que nos muestren las cosas.

Al igual que con Vincent, la belleza inundaba su corazón y la impulsaba hacia delante. Lilias llevaba en su corazón el inconsolable secreto que Vincent y muchos otros artistas compartieron: el saber que podía gastar su vida por un futuro que no tenía garantías. Vincent respondió a esta posibilidad con productividad y desesperación. Miguel Ángel se volcó al enojo y el orgullo. Caravaggio incendió su mundo y huyó de la justicia. Hopper usó la crueldad para mantener a los demás a cierta distancia. Pero Lilias eligió un camino completamente diferente. Entregó su vida y sintió el peso del costo durante el resto de sus días.

La amiga de Lilias, Constance Padwick, dijo: «El dolor del deseo la acompañó hasta el final, no tanto en los días en los que no dibujaba, sino más bien en los días en que tomaba su pincel para pintar una tapa para un tratado en árabe. Cuando los otros cristianos hablaban con gozo de "la consagración de su bello don", ella era más consciente del dolor del artista que toma una herramienta con falta de práctica y sabe bien a qué belleza habría llegado si tan solo le dedicara su fuerza y su vida».[30] Su biógrafa, Miriam Rockness, declaró: «El dolor del que hablaba Lilias era la sensación inevitable de pérdida que cualquier ser humano experimenta cuando reconoce el costo de abandonar algo bueno por algo que esa persona considera mejor».[31]

Y sin embargo, al otro lado de ese dolor estaba su convicción de que el éxito en el reino de Dios viene al perder, y no ganar. Citando al sacerdote del siglo XIX Ugo Bassi, Lilias escribió en su diario: «Medid vuestra vida por las pérdidas, y no las ganancias; no por el vino bebido, sino por el servido. Porque la fortaleza del amor yace en el sacrificio del amor, y aquel que sufre más es el que tiene más para dar».[32]

Lilias sirvió al pueblo de Argelia durante cuarenta años. Falleció en 1928, a los setenta y cinco años, después de un período de dos años de estar confinada a su cama. Durante ese tiempo, tenía un mapa de Argelia pegado al techo sobre su cama, donde podía verlo y orar por la gente por la cual había entregado su vida para servir. Mientras yacía moribunda, sus amigos se reunieron a su alrededor. Uno le preguntó qué veía. Ella contestó: «Veo un carruaje con seis caballos». Otro preguntó: «¿Estás viendo cosas hermosas, Lily?». «Sí —respondió—. Veo muchas, muchas cosas hermosas».[33]

Si Lilias hubiera elegido una carrera como artista, quién sabe lo que habría producido. Y no habría sido una decisión errada si su conciencia delante de Dios le hubiera permitido entregarse a su arte. Podría haberle dado al mundo el evangelio que tanto amaba de una manera diferente.

En cambio, eligió el desierto. Se sumergió en la cultura de una manera que mostraba un profundo respeto por aquellos que conocía. Anhelaba aprender su idioma, así que se puso a trabajar. Estudió y se capacitó todos los días, estableciendo una rutina que la habría disparado a la cima del mundo del arte, si se hubiera concentrado en la pintura:[34]

Árabe: 9:30–11:00 a. m. Desayuno: 11:30 a. m.
Árabe: 12:30–2:00 p. m. Té: 2:00 p. m.
Visitas: 2:30–6:00 p. m. Cena: 6:30 p. m.
Árabe: 7:00–8:00 p. m.

Con el tiempo, a Lilias y a sus amigas las aceptaron en la cultura argelina, tanto los hombres como las mujeres. Pero Lilias escogió un camino difícil, y sufrió por su decisión. Dejó atrás todo lo que conocía para vivir en una colonia francesa resentida con los ingleses, y un país musulmán resentido con los cristianos. Como llegó sin ninguna afiliación oficial con la iglesia, le costó ganarse el apoyo de las congregaciones locales. Tenía un corazón débil y un cuerpo frágil. Algunos de los que llevó a Cristo fueron asesinados por convertirse. Otros llegaban a la fe pero luego la abandonaban cuando surgía la oposición. Todo esto sucedió mientras ella trabajaba en un relativo anonimato. Pero el reconocimiento no parecía importarle. Dijo: «Los resultados no tienen por qué terminar con nuestros días en la tierra. Dios puede usar, mediante la maravillosa solidaridad de la iglesia, todo lo que ha forjado en nosotros para bendecir a almas que no conocemos».[35] Después de establecer una misión en Argel, ella y sus compañeras plantaron varias estaciones más a lo largo de la costa antes de dirigirse al interior, el Desierto del Sahara.

Lilias Trotter revolucionó la obra misionera como la conocemos hoy. Empezó su ministerio antes de aprender el idioma, usando el arte para pintar el evangelio en imágenes, e inventando con destreza una evangelización sin palabras. El enfoque innovador de abordar a las mujeres y los niños como forma de crear confianza entre un pueblo, de lo cual ella fue la pionera, se usa en todo el mundo de las misiones hoy en día. Ella capacitó a lugareños para servir a su lado. La obra que empezó creció hasta incluir a treinta misioneros diferentes en quince estaciones por toda Argelia. Y su obra continúa hasta hoy.

El servicio al Señor nunca se malgasta, aun si las personas no lo ven. Dios lo ve y lo usa. Esta no era tan solo la esperanza de Lilias; era su confianza. Declaró: «Atrevámonos a probar los recursos de Dios. Pidámosle que encienda en nosotros, y que mantenga viva, esa pasión por lo imposible, que nos lleve a deleitarnos en ella con Él, porque para Dios no hay nada imposible. Y para nosotros nada debería ser imposible tampoco. Y nos deleitamos en ella con Él hasta el día en que, por Su gracia, la veamos transformada en hechos».[36]

Lilias veía belleza en todas partes. Leer sus diarios y ver sus bosquejos y pinturas es ver el derramamiento de un corazón prendado del mundo en el cual habitaba. Aun en las condiciones más duras, se maravillaba de los lirios que crecían en el desierto y veía la bondad y la gracia de Dios en cada pétalo. La belleza natural que sucedía a su alrededor le recordaba que el Señor estaba obrando. Pensar en que Él estaba obrando a través de ella le llenaba el corazón de gozo.

Durante una época particularmente difícil en su obra en Argelia, Lilias llevó su diario al jardín para orar. Escribió: «Esta mañana, una abeja me reconfortó muchísimo. Estaba revoloteando sobre unos ramilletes de zarzamoras, tocando unas florecitas aquí y allá, pero, de manera inconsciente, vida, vida, vida iba siendo dejada atrás con cada toque».[37]

UN MUNDO FALTO
DE EXPERTOS

Rembrandt van Rijn, *El pintor en su estudio*,
aprox. 1628, óleo sobre panel,
25 × 32 cm (9,75 × 12,5 pulgadas),
Museo de Bellas Artes de Boston

¿Cuál es tu habilidad? ¿Qué arte o don estás desarrollando? ¿La pintura? ¿La escritura? ¿La cocina? ¿La crianza de los hijos? ¿La enseñanza? ¿El liderazgo de un equipo? ¿La organización de información? Tal vez no te desarrolles al ritmo que quisieras y, sin duda, siempre te cruzarás con otros que sean mejores en algún sentido. Pero no abandones. Lilias Trotter no abandonó el arte. Tal vez haya dado un paso al costado y no lo haya buscado como una carrera, pero no lo abandonó. Entrégate a una habilidad, aun si tienes poco tiempo, aun si a veces tienes que apartarte de ella uno o dos años. No te consideres alguien que *solía hacer algo*. Si aprendiste a tocar la guitarra pero hace tiempo que no la tocas, no digas que solías tocar. Di que la tocas. Ha pasado un tiempo, pero la tocas.

Aprende a contribuir belleza a este mundo, por más modesta que sea tu parte. Está bien aprender lento. Tan solo no abandones la tarea de embellecer los jardines que están a tu cargo. El mundo se beneficia de tu voz, tu toque, tu visión.

Rembrandt sabía que era un gran artista, pero también sabía que tenía sus límites. Luchaba con su incapacidad de satisfacer lo que otras personas querían que fuera, si puedes imaginarlo. Una vez, dijo: «No puedo pintar como ellos quieren que pinte, y ellos también lo saben. Por supuesto, dirás que debería ser práctico e intentar pintar como ellos quieren. Bueno, te diré un secreto. He intentado, y lo he intentado mucho, pero no puedo hacerlo.

¡Sencillamente, no puedo!».[1] El maestro holandés tenía un don asombroso, pero cuando intentaba capacitar sus manos para crear la visión de otra persona, no podía hacerlo. Yo tampoco puedo. Y tú tampoco.

Para que Rembrandt se transformara en la persona que fue, tuvo que entrenar sus manos para que pintaran lo que solo él fue hecho para pintar. Pero para hacerlo tuvo que aprender los fundamentos. Tuvo que practicar. Esto significa que tiene que haber empezado en alguna parte. Es difícil imaginarlo, pero tienen que haber existido algunos Rembrandts bastante feos... obras tempranas al carboncillo colgadas en la pared de su madre. Lo que no es difícil de imaginar es una figura solitaria en una habitación iluminada por una lámpara, mezclando sus óleos, limpiando sus pinceles, pensando y pintando, y pensando y pintando.

Transformarse en un experto en algo lleva a disfrutarlo más. Los cantantes, los músicos, los pintores, los escritores, los deportistas y los artistas de toda clase lo saben. Cuanto más duro trabajas en algo, más puedes disfrutarlo. Rembrandt también lo sabía. Más adelante, aconsejaría: «Intenta poner en práctica lo que ya sabes; y, al hacerlo, a su tiempo descubrirás las cosas escondidas sobre las que ahora preguntas. Practica lo que sabes, y eso ayudará a aclarar lo que ahora no sabes».[2] Annie Dillard lo expresó de otra manera: «¿Quién me enseñará a escribir? La página, la página, ese eterno blanco».[3]

Lo único que Rembrandt podía hacer era pintar y pintar y pintar. No podía ser otro pintor. Tan solo podía ser Rembrandt. Y esto fue lo que buscó dominar: cómo ser Rembrandt. Cuando me paro ante un Rembrandt, cada fibra de mi ser sabe que estoy en la presencia de la grandeza. Claro, estamos hablando de algo que hicieron manos humanas, pero esas manos son tan singulares, refinadas y significativas que sería un necio si al menos no intentara entender el gozo que viene de ser experto en algo. Y también soy un necio si no me considero su estudiante en esos momentos en los que estamos en la sala juntos.

Un par de siglos después de la muerte de Rembrandt, vino otro estudiante del maestro holandés —el pobre y precioso Vincent van Gogh—, que dijo: «Rembrandt llega tan a lo profundo de lo misterioso que dice cosas para las cuales no hay palabras en ningún idioma. Es con justicia que a Rembrandt lo llaman *el mago*; y esa no es una ocupación fácil».[4]

El dominio de algo no produce meras historias. Considera cómo contarlas y, ocasionalmente, incluso provee nuevo lenguaje cuando no existen las palabras. Los lienzos que Rembrandt nos dejó hacen mucho más que ilustrar escenas de la Biblia. Son como el cuadro del Viajero del Alba que tragó a los Pevensie y a Eustace a una aventura cuyo objetivo era llegar al final de todo, con la esperanza de que Aslan fuera lo único que quedaba.[5]

¿Qué estás dominando? ¿Qué estás practicando para aclarar lo que todavía no sabes? Si te pareces en algo a mí, estoy seguro de que llegas a ciertos puntos donde empiezas a preguntarte si no será más fácil simplemente estancarte. Y, si no estancarse, directamente abandonar. No lo hagas. Por favor. En este mundo faltan expertos y, en consecuencia, también falta el gozo.

APÉNDICES

Giovanni Paolo Panini, *Antigua Roma*, 1757,
óleo sobre lienzo, 172,1 × 229,9 cm,
Museo Metropolitano de Arte, Nueva York

CÓMO VISITAR UN MUSEO DE ARTE

«Vayamos al museo de arte». ¿Cómo te hacen sentir esas palabras? Muchos de nosotros admiten que les generan cierta aprensión. ¿Por qué? Los museos de arte son accesibles, si no gratuitos (con la excepción de alguna donación sugerida), así que no se trata del dinero. No hay ningún requerimiento de pasar tiempo con todas las obras de arte en el edificio, así que tampoco se trata de la inversión de tiempo. Y, a menudo, están situados en ciudades o pueblos llenos de historia, cultura y mucho para explorar, así que tampoco se trata de la ubicación.

¿Qué restringe nuestro entusiasmo respecto a un día en un edificio lleno de arte? ¿Podría sugerir que es el arte en sí? La aprensión que muchos de nosotros siente se debe a que el arte es demandante. Cuelga de la pared o se posa sobre su pedestal, y grita: «¡Mírame!». Un día en una galería de arte te fatiga, y te preguntas cómo el simple acto de mirar podría ser tan agotador. Mirar realmente arte no tiene nada de sencillo. Si lo permites, una gran pintura te exigirá tanto como si leyeras *La guerra y la paz* en una sola sentada.

Permíteme decirte cómo entrar a un museo de arte como si el lugar te perteneciera.

En la escuela secundaria, tuve la buena fortuna de tener una maestra de arte que amaba el arte. Ella quería que nosotros también lo amáramos, así que no solo nos presentó grandes obras de arte sino que, algo más importante, nos mostró a las personas que lo crearon. Sacó un viejo proyector y diapositivas para que pudiéramos visitar la Casa de la Cascada de Frank Lloyd Wright desde nuestro salón de clase en Tipton, Indiana. Imprimió en nosotros el rol de la matemática y la dimensión, al llevarnos a estudiar el laberinto de las obras de M. C. Escher. Nos rompió el corazón con la historia triste y hermosa de Vincent van Gogh, al hacernos mirar la película maravillosa en tecnicolor de Kirk Douglas de la década de 1960, *Codicia de vida*, basada en el libro de Irving Stone con el mismo nombre... un excelente lugar para empezar con van Gogh.

Un año, nos llevó al Instituto de Arte de Chicago. Ahí fue donde aprendí lo agotador que puede ser el arte. Nos dejó pasar la tarde libre allí. Vagué sin rumbo de sala en sala, hasta que lo vi por primera vez: Vincent van Gogh. Nunca olvidaré ese momento. Sus lienzos me impactaron de tal manera que tuve que sentarme y quedarme mirando. Es más, pasé la mayor parte del tiempo en esa sala aquel día, tan solo mirando a van Gogh. Me fijé en las fechas: había pintado *este* cuadro en 1887, más al principio de su carrera, mientras estaba intentando encontrar la manera de transformarse en un éxito comercial, y pintó *aquel* en 1890, en el mismo año en que pintó cerca de un lienzo por día, el mismo año en que se disparó en el abdomen y murió. Estas últimas pinturas, con sus colores espesos y vibrantes, tenían un aspecto urgente, desesperado.

Ese día con van Gogh formó la manera en que abordaría los museos de arte a partir de entonces. Desarrollé una estrategia muy sencilla: encontrar a van Gogh, quedarme mirando un largo rato y, si quedaba tiempo, vagar por ahí y mirar otras cosas.

Así fue como encontré a Rembrandt. Cuando era más joven, miraba con desprecio el arte del Renacimiento. No lo entendía. No tenía idea de lo que implicaban esas pinturas. Pero entonces me encontré frente a un Rembrandt, y la figura en la pintura me miraba con mayor intensidad a mí de lo que yo la miraba a ella. Me sostenía con fuerza y me atraía. Descubrí que los pares de Rembrandt lo consideraban el Maestro incluso mientras vivía. Y descubrí que era un hombre que amaba el evangelio. Eso abrió un nuevo pabellón del museo para mí: el Renacimiento flamenco. Ahora, buscaba a van Gogh y a Rembrandt. Al poco tiempo, Rembrandt me presentó a Caravaggio y a Vermeer, y van Gogh me presentó a Gauguin, Seurat y Cézanne.

En años más recientes, he llegado a considerar a los artistas visuales como artistas en mi biblioteca musical. Tengo a mis músicos favoritos, y ellos tienen un conjunto de obras a las que regreso una y otra vez. En el caso de los que más me gustan, recibo con ansias cada canción que sacan.

Con los artistas visuales que me encantan sucede algo similar. Considero sus obras como si fueran canciones. No me interesan los grandes éxitos. Me interesa el conjunto de las obras. *La noche estrellada* de Vincent es maravillosa, pero no me encanta van Gogh debido a ese lienzo. Me encanta ese lienzo porque viene de van Gogh. Me encanta la historia que contó con esa obra: el relato trágico de su esperanza de gloria en un encontronazo con su desilusión con la iglesia, el único edificio cuyas ventanas están oscuras y sin vida en *La noche estrellada*. Se podría argumentar que es tanto una pintura de una iglesia como del glorioso cielo encima de ella.

Quiero ver cualquier cosa que Rembrandt haya grabado, dibujado o pintado. Cada nueva pieza es parte de un rompecabezas de su vida y una ventana hacia su visión, teología, destreza artística y cargas. Lo mismo es cierto de van Gogh. Y ahora, tantos años después, lo mismo sucede con Rodin, Caravaggio, Chagall, Hopper, Rockwell (Norman), Delacroix y Picasso.

Cuando entro a un museo de arte ahora, tengo un plan. Sé que me dejará agotado. Conlleva un gran esfuerzo absorber el arte, y también saca mucho hacia fuera. Así que encuentro a mis amigos. No intento extenderme demasiado. No es una carrera. Tengo todo el tiempo que el Señor me haya asignado para ser un mecenas de las artes. Así que me lo tomo con calma, y vuelvo cada vez que puedo. Cuando lo hago, lo único que necesito es un mapa y tiempo, y ambas cosas son gratuitas.

¿Ves? El lugar me pertenece.

CÓMO MIRAR UNA OBRA DE ARTE

Bueno, te las arreglaste para llegar a un museo de arte. ¿Y ahora qué? Desarrollar un amor por el arte es una incursión que dura toda la vida, y es una de las alegrías grandes y sencillas de la vida. La clave no es dominar todo lo que hay para saber de la noche a la mañana, sino ir creciendo con el tiempo. Esto empieza con mirar. ¿Cómo se mira una obra de arte? Aquí tienes algunas estrategias que me han ayudado.

- **Gravita hacia lo que te gusta.** Presta más atención a las obras que capten tu mirada. Decir «esto me gusta» es una de las formas de crítica de arte más puras y legítimas. En una galería de un museo, párate en el medio de la sala, observa la colección en su totalidad y acércate a lo que más te impacte. Haz lo mismo con los libros de arte o con el contenido en línea.
- **Observa.** Ahora, si estás en frente de algo que te gusta, obsérvalo. Date tiempo para examinar la pieza en su totalidad. Permite que tu imaginación y tu intuición formen tu primera impresión. Si tienes un cuaderno contigo, haz algunas notas, junto con el nombre del artista y el título.
- **Lee la placa.** Haz esto *después* de observar; no antes. Lee lo que provee la pared o la página de la galería. Esta

información no solo te ayudará a entender lo que estás
mirando, sino que también profundizará tu comprensión
general del arte de una manera acumulativa a través del
tiempo.

- **Piensa.** A medida que absorbes información, piensa en lo
  que estás viendo y en cómo se conecta. ¿Qué te parece que
  el artista querría que te lleves de la obra? ¿Qué preguntas
  presenta? ¿Qué responde?
- **Cultiva tu vocabulario.** Mientras lees las placas, toma
  nota de palabras o referencias que sean nuevas para ti.
  Aprende lo que es el impresionismo y quiénes eran los
  impresionistas. Construye un lenguaje visual también. A
  menudo, todo lo que ves en una pintura fue puesto ahí
  deliberadamente por el artista. Debes suponer que todo lo
  que ves tiene algún significado o propósito. Por ejemplo,
  los perros, que aparecen sorprendentemente a menudo
  en el arte del Renacimiento, representan la lealtad. Los
  conejos simbolizan el deseo sexual. Los pavos reales
  simbolizan la inmortalidad.
- **Observa la técnica.** El objetivo de un artista es
  conectarse con el espectador. Esto a menudo se logra
  mediante la técnica. Acércate todo lo que puedas y estudia
  el patrón de las pinceladas o del cincel. Intenta entender lo
  que debe haber implicado hacer esa obra. Esto te ayudará
  a ponerte en el lugar del artista y a entender el proceso
  usado para crear la pieza.
- **Sigue el camino visual.** Las grandes pinturas entrenan
  tu ojo para que mires la composición en cierta secuencia.
  ¿Dónde va la vista primero? ¿Y segundo? A menudo,
  cuando estamos mirando obras de arte, nuestro ojo sigue
  el camino que el artista diseñó. Miramos las pinturas
  de a un poco a la vez. Vamos absorbiendo información

en secuencia. Usar la composición para guiar el ojo le permite al artista contar una historia en un solo cuadro.

- **Lee la habitación.** ¿Qué están mirando otras personas? Mira lo que atrae a la multitud pero también lo que atrae el foco de una sola persona. Si ves a alguien examinando de cerca una obra en particular, acércate para ver de qué se trata. Tal vez incluso pregúntale a la persona qué le llama la atención.
- **Permítete que no te gusten algunas cosas.** Nada es para todos. Verás obras de arte que te encanten. Verás obras de arte que te gusten bastante. Verás obras de arte que no te impresionen para nada. Y verás obras de arte que no te gusten. Si hay arte que te genere una respuesta visceral, pregúntate por qué.
- **Dedica tu vida a mirar arte.** No hace falta que te conviertas en un experto en arte antes de que te vayas del museo. Tan solo mantén los ojos abiertos. Presta atención. Sigue cuentas en las redes sociales basadas en artistas que te gusten... hay cientos de ellas. Con el tiempo, expandirás tu base de conocimiento y desarrollarás una mayor familiaridad con el arte, lo cual te llevará a disfrutarlo de manera más profunda.

UN PANORAMA GENERAL DEL ARTE OCCIDENTAL: DEL RENACIMIENTO A LA MODERNIDAD

Renacimiento: aprox. 1300–1602

Origen: Italia

Descripción: el renacimiento de la cultura clásica. Se aplican los desarrollos en la filosofía, la literatura, la música, la ciencia y la tecnología al arte. Disciplinado, construido alrededor de una perspectiva lineal. Marcó la transición de Europa desde el período medieval al período moderno temprano.

Subgéneros
- Renacimiento italiano: fines del siglo XIII a fines del siglo XV
- Renacimiento veneciano: 1430–1550

Artistas y obras principales
- Donatello (1386–1466), *San Juan Evangelista* (1409–1411, escultura)
- Jan van Eyck (aprox. 1390–1441), *La crucifixión y el juicio final, díptico* (aprox. 1430–1440)
- Giovanni Bellini (1430–1516), *La bendición de Cristo* (1500)

- Leonardo da Vinci (1452–1519), *Mona Lisa* (1503–1516)
- Sandro Botticelli (1455–1510), *El nacimiento de Venus* (1484–1486)
- Miguel Ángel (1475–1564), *David* (1504, estatua)
- Rafael (1483–1520), *Virgen de los claveles* (1506–07)
- Tiziano (1488–1576), *El rapto de Europa* (1560–1562)
- Pieter Bruegel el Viejo (1525–1569), *La torre de Babel* (1563)

Manierismo 1527–1580

Origen: Roma, Italia

Descripción: también conocido como Renacimiento tardío. Rompió muchas de las reglas de la pintura clásica del Renacimiento, reaccionando a la proporción, el equilibrio y la belleza idealizada de los maestros del Renacimiento al exagerar esos valores, lo cual resultó en asimetría y en formas alargadas y torcidas que comunican movimiento y vida. Prefiere la tensión por encima de la claridad, e inestabilidad por encima del equilibrio.

Artistas y obras principales

- Benvenuto Cellini (1500–1571), *Perseo con la cabeza de Medusa* (aprox. 1545–1554)
- Tintoretto (1518–1594), *El paraíso* (1588)
- El Greco (1541–1614), *La asunción de María* (1577–1579)

Barroco 1600–1730

Origen: Roma, Italia

Descripción: majestad y floritura concentrados en temas divinos. Utilizado para solidificar la base dentro de la Iglesia romana durante la Reforma protestante. Usaba el movimiento, el detalle, el color profundo, el suspenso y un contraste marcado entre la luz y la oscuridad para lograr una sensación de asombro.

Subgéneros
- Edad de oro neerlandesa: 1585–1702
- Barroco flamenco: 1585–1700
- Caravaggismo: 1590–1650

Artistas y obras principales
- Michelangelo Merisi da Caravaggio (1571–1610), *La vocación de San Mateo* (1599–1600)
- Pedro Pablo Rubens (1577–1640), *La elevación de la cruz* (1610)
- Rembrandt Harmenszoon van Rijn (1606–1669), *La tormenta sobre el mar de Galilea* (1633)
- Johannes Vermeer (1632–1675), *La lección de música* (aprox. 1662–1665)

Neoclasicismo: 1750–1830

Origen: Roma, Italia

Descripción: recuperar la belleza y el alcance grecorromanos, según los principios de simplicidad y simetría. Reacción contra los excesos de los estilos anteriormente populares. Grandes retratos.

Artistas y obras principales
- Jacques-Louis David (1748–1825), *Juramento de los Horacios* (1786)
- Jean-Auguste-Dominique Ingres (1780–1867), *La fuente* (1856)

Romanticismo: 1780–1850

Origen: Florencia, Italia

Descripción: se enfatizaban la emoción y el individualismo. Celebraba la imaginación y la originalidad del artista. Glorificaba el pasado y la naturaleza en reacción a la revolución industrial. Muchas pinturas de paisajes e historia.

Subgéneros

• Movimiento nazareno: aprox. 1820–1845
• Purismo: aprox. 1820–1860

Artistas y obras principales

• Francisco Goya (1746–1828), *El 3 de mayo en Madrid, 1808* (1814)
• J. M. W. Turner (1775–1851), *El último viaje del Temerario* (1838)
• Eugène Delacroix (1798–1863), *La libertad guiando al pueblo* (1830)

Realismo: 1830–1870

Origen: Francia

Descripción: mostraba a personas de la clase obrera en situaciones cotidianas. Valoraba la presentación precisa de las escenas, sin estilización ni comentarios. Facilitado por el movimiento al aire libre después de la invención del tubo de estaño, cuando la pintura pasó a realizarse en exteriores.

Artistas y obras principales

• Honoré Daumier (1808–1879), *Don Quijote y Sancho Panza* (1868)
• Jean-François Millet (1814–1875), *Las espigadoras* (1857)

- Gustave Courbet (1819–1877), *El desesperado* (1844–1845)
- Winslow Homer (estadounidense, 1836–1910), *La corriente del golfo* (1899)
- Thomas Eakins (estadounidense, 1844–1916), *El campeón de piragua individual Max Schmitt* (1871)

Impresionismo: 1860–1890

Origen: Francia

Descripción: caracterizado mayormente por la técnica de pintura: pinceladas finas y cortas. A menudo, se pintaba al aire libre. Efectos de luz y color enfatizados para formar impresiones de escenas. La respuesta pública inicial fue hostil, pero pronto se volvió celebrado por su originalidad.

Subgéneros
- Impresionismo americano

Artistas y obras principales
- Claude Monet (1840–1926), *Impresión, sol naciente* (1872)
- Édouard Manet (1832–1883), *El almuerzo sobre la hierba* (1863)
- Pierre-Auguste Renoir (1841–1919), *Baile en Le Moulin de la Galette* (1876)
- Camille Pissarro (1830–1903), *Boulevard Montmartre en una mañana nublada* (1897)
- Mary Cassatt (1844–1926), *La fiesta en el bote* (1893–1894)
- Edgar Degas (1834–1917), *Músicos en la orquesta* (1872)

Postimpresionismo: 1886–1905

Origen: Francia

Descripción: reacción contra la representación naturalista de los impresionistas de la luz y el color, la aparente trivialidad de la temática y la pérdida de la estructura composicional. Se usaban pigmentos más prominentes, una aplicación más gruesa, apoyo en los campos geométricos y elecciones poco naturales o arbitrarias de color.

Subgéneros

- Cloisonismo: aprox. 1885
- Sintetismo: mediados del siglo xix

Artistas y obras principales

- Vincent van Gogh (1853–1890), *El viñedo rojo* (1888)
- Paul Gauguin (1848–1903), *Van Gogh pintando girasoles* (1888)
- Paul Cézanne (1839–1906), *Los jugadores de cartas* (1892–1893)
- Georges Seurat (1859–1891), *Tarde de domingo en la isla de La Grande Jatte* (1884–1886)

Fauvismo y expresionismo: 1900–1935

Origen: Francia

Descripción: arte concentrado en sentimientos. Desarrollado antes de la Primera Guerra Mundial. Se consideraba de vanguardia, subjetivo y difícil de definir. Colores intensos, pinceladas fluidas, composición plana, se favorecían la abstracción y la simplificación.

Subgéneros

- Die Brücke: 1905–1913, Alemania
- Expresionismo flamenco: 1911–1940, Alemania

Artistas y obras principales

- Edvard Munch (1863–1944), *El grito* (1893)
- Wassily Kandinsky (1866–1944), *Points* [Puntos] (1920)
- Henri Matisse (1869–1954), *La danza* (1909)

Realismo americano: 1900–1970

Origen: Estados Unidos

Descripción: presentaba las vidas sociales y personales contemporáneas de personas en el día a día. Mientras Estados Unidos atravesaba inmensos cambios sociales, económicos e industriales, los realistas americanos buscaban definir qué era real, tomando las técnicas de los realistas, impresionistas y postimpresionistas.

Artistas y obras principales

- Henry Ossawa Tanner (1859–1937), *La anunciación* (1898)
- Robert Henri (1865–1929), *Nieve en Nueva York* (1902)
- Edward Hopper (1882–1967), *Cine en Nueva York* (1939)

Cubismo: 1907–1914

Origen: Francia

Descripción: considerado el movimiento artístico más influyente del siglo XX. Arte anterior y posterior a la Primera Guerra Mundial. Los sujetos están deconstruidos, se examinan desde más de un punto de vista, y son reconstruidos en una forma abstracta. Sumamente experimental, la reorganización de formas para expresar vida en una nueva era.

Subgéneros

• Sota de diamantes 1909–1917, Rusia
• Orfismo: 1912, Francia
• Purismo: 1918–1926, Francia

Artistas y obras principales

• Pablo Picasso (1881–1973), *El viejo guitarrista ciego* (1903)
• Piet Mondrian (1872–1944), *Composición II en rojo, azul y amarillo* (1930)
• Marc Chagall (1887–1985), *Yo y la aldea* (1911)

Surrealismo: 1920–1970

Origen: Francia

Descripción: exploración del subconsciente a través del arte. A menudo una yuxtaposición de objetos no relacionados. Nacido del desencanto, presentado como un escape de la realidad.

Subgéneros

• Letrismo: 1942
• Les Automatistes: 1946–1951, Québec, Canadá

Artistas y obras principales

• Salvador Dalí (1904–1989), *La persistencia de la memoria* (1931)
• René Magritte (1898–1967), *El Hijo del Hombre* (1946)
• Max Ernst (1891–1976), *La tentación de San Antonio* (1945)

- Frida Kahlo (1907–1954), *Autorretrato con collar de espinas y colibrí* (1940)

Expresionismo abstracto: 1940–1970

Origen: Estados Unidos, posterior a la Segunda Guerra Mundial

Descripción: arte concentrado en ideas. Posterior a la Segunda Guerra Mundial. Expresión sin forma, a menudo hay un vínculo directo con el consumismo. Intensidad emocional con estética antifigurativa. Transformó a Nueva York en el centro del mundo artístico.

Subgéneros
- Pintura de campos de color (Color Field): mediados de la década de 1940
- Abstracción lírica: mediados de la década de 1940
- Imaginistas abstractos: mediados de la década de 1940

Artistas y obras principales
- Jackson Pollock (1912–1956), *Ritmo de otoño (número 30)* (1950)
- Mark Rothko (1903–1970), *No. 3/No. 13 (magenta, negro, verde y naranja)* (1949)

Arte pop: 1945–1970

Origen: Reino Unido y Estados Unidos

Descripción: comentario sobre la cultura de posguerra luego de la Segunda Guerra Mundial, concentrado en desapego del consumismo. Desafió los límites tradicionales usando técnicas mecánicas de ilustración para reproducir imágenes de la cultura popular y anuncios para rechazar la conformidad cultural.

Subgéneros

- Pintura de campos de color: década de 1960
- Abstracción lírica: década de 1960
- Imaginistas abstractos: década de 1960

Artistas y obras principales

- Eduardo Paolozzi (1924–2005), *Yo fui el juguete de un hombre rico* (1947)
- Roy Lichtenstein (1923–1997), *Chica ahogándose* (1963)
- Andy Warhol (1928–1987), *Díptico de Marilyn* (1964)

OBRAS SELECTAS

Bailey, Anthony. *Vermeer: A View of Delft*. Nueva York: Holt, 2001.

Bailey, Martin. *The Sunflowers Are Mine: The Story of Van Gogh's Masterpiece*. Londres: White Lion, 2019.

——. *Vermeer*. Londres: Phaidon, 1995.

Berkow, Ita. *Hopper: A Modern Master*. Nueva York: New Line, 2006.

Berman, Avis. *Edward Hopper's New York*. San Francisco: Pomegranate, 2005.

Boser, Ulrich. *The Gardner Heist: The True Story of the World's Largest Unsolved Art Theft*. Nueva York, HarperCollins, 2009.

Crenshaw, Paul. *Discovering the Great Masters: The Art Lover's Guide to Understanding Symbols in Paintings*. Nueva York: Universe, 2009.

Etinde-Crompton, Charlotte, y Samuel Willard Crompton. *Henry Ossawa Tanner: Landscape Painter and Expatriate*. Nueva York, Enslow, 2020.

Gayford, Martin. *The Yellow House: Van Gogh, Gauguin, and Nine Turbulent Weeks in Provence*. Nueva York: Mariner, 2006.

Gowing, Lawrence. *Vermeer*. Buenos Aires, Argentina: Emecé Editores, 1968.

Graham-Dixon, Andrew. *Caravaggio: Una vida sagrada y profana*. España: Taurus, 2011.

Hockney, David. *Secret Knowledge: Rediscovering the Lost Techniques of the Old Masters*. Londres: Thames and Hudson, 2009.

Lambert, Gilles. *Caravaggio*. Cologne: Taschen, 2016.

Levin, Gail. *Edward Hopper: An Intimate Biography*. Nueva York: Knopf, 1995.

Marker, Sherry. *Edward Hopper*. East Bridgewater, MA: JG Press, 2005.

Marley, Anna O., ed. *Henry Ossawa Tanner: Modern Spirit*. Berkeley: University of California Press, 2012.

Mathews, Marcia M. *Henry Ossawa Tanner: American Artist*. Chicago: University of Chicago Press, 1969.

Morvan, Bérénice. *Impressionists*. París: Telleri, 2002.

Nash, J. M. *The Age of Rembrandt and Vermeer: Dutch Painting in the Seventeenth Century*. Nueva York: Holt, Rinehart and Winston, 1972.

Néret, Gilles. *Miguel Ángel*. Colonia: Taschen, 2010.

Paolucci, Antonio, ed. *David: Five Hundred Years*. Nueva York: Sterling, 2005.

Renner, Rolf Günter. *Hopper, 1882–1962: Transformaciones de lo real*. Colonia: Taschen, 1991.

Rewald, John. *El postimpresionismo: De van Gogh a Gauguin*. Madrid, España: Alianza Editorial, 1982.

Rockness, Miriam Huffman. *A Passion for the Impossible: The Life of Lilias Trotter*. Grand Rapids: Discovery House, 2003.

———, ed. *A Blossom in the Desert: Reflections of Faith in the Art and Writings of Lilias Trotter*. Grand Rapids: Discovery House, 2007.

Scarry, Elaine. *On Beauty and Being Just*. Princeton, NJ: Princeton University Press, 2001.

Schneider, Norbert. *Vermeer: La obra completa—Pintura*. Taschen España, 1999.

Schütze, Sebastian. *Caravaggio: The Complete Works*. Colonia: Taschen, 2017.

Snyder, Laura J. *El ojo del observador: Johannes Vermeer, Antoni van Leeuwenhoek y la reinvención de la mirada*. Barcelona, España: Acantilado, 2017.

St. John, Patricia Mary. *Until the Day Breaks: The Life and Work of Lilias Trotter, Pioneer Missionary to Muslim North Africa*. Bronley, Kent, R. U.: OM, 1990.

Steadman, Philip. *Vermeer's Camera: Uncovering the Truth Behind the Masterpieces*. Oxford: Oxford University Press, 2001.

Strand, Mark. *Hopper*, rev. ed. Buenos Aires, Argentina: Lumen, 2008.

Trotter, I. Lilias. *Parables of the Christ-Life*. Nueva York: Start, 2013.

——. *Parables of the Cross*. Gloucester, R. U.: Yesterday's World, 2020.

Updike, John. *Still Looking: Essays on American Art*. Nueva York: Knopf, 2005.

Wagstaff, Sheena, ed. *Edward Hopper*. Londres: Tate, 2004.

Wallis, Jeremy. *Impressionists*. Chicago: Heinemann, 2002.

Wellington, Hubert, ed. *The Journal of Eugène Delacroix*. Ithaca, NY: Cornell University Press, 1980.

Wheelock, Jr., Arthur K. *Vermeer*. Londres: Thames and Hudson, 1988.

Woods, Jr., Naurice Frank. *Henry Ossawa Tanner: Art, Race, Faith, and Legacy*. Nueva York: Routledge, 2018.

NOTAS

Prólogo
1. Mateo 6:28.
2. «682: To Theo van Gogh. Arles, Tuesday, 18 September 1888», Vincent van Gogh: The Letters, www.vangoghletters.org/vg /letters/let682/letter.html.
3. Efesios 2:10.
4. Efesios 1:18.

Capítulo 1: Embellecer el Edén
1. Henri J. M. Nouwen, *El regreso del hijo pródigo* (edición digital: Tellus), 26.
2. Aunque la visión más común es que Vincent se disparó a sí mismo, los eruditos contemporáneos cuestionan que van Gogh se haya quitado la vida, y sugieren que es posible que haya recibido un disparo en un accidente donde unos adolescentes locales lo provocaron con un arma. Es imposible saberlo a ciencia cierta, aunque la mayoría cree que las heridas que causaron su muerte fueron autoinfligidas.
3. Esta petición, conocida como «La petición de Arles», se puede leer completa en *«The Arles Petition: Petition, Report and Inquest, February–March 1889»*, www.vggallery.com/misc /archives/petition_e.htm.
4. Citado en Martin Bailey, *The Sunflowers Are Mine: The Story of Van Gogh's Masterpiece* (Londres: White Lion, 2019), 12.
5. En el libro de L'Engle's, *Walking on Water: Reflections on Faith and Art* (Nueva York: Convergent, 2016), ella escribe: «En un sentido sumamente real, ninguno de nosotros está

calificado, pero parecería que Dios elige continuamente a los menos calificados para hacer Su obra, para mostrar Su gloria» (54).

6. Salmos 27: 4, 13; 90:17; 119:68; Eclesiastés 3:11; Juan 4:24; 14:6; 17:17; Gálatas 5:22-23.

7. Peter Kreeft, «*Lewis's Philosophy of Truth, Goodness and Beauty*», en *C. S. Lewis as Philosopher: Truth, Goodness and Beauty*, ed. David Baggett, Gary R. Habermas y Jerry L. Walls (Downers Grove, IL: IVP Academic, 2008), 23.

8. Génesis 1:31.

9. Génesis 2:16-17.

10. Génesis 3.

11. Génesis 1:27.

12. Génesis 2:19-20.

13. Maria Popova, «*How Naming Confers Dignity Upon Life and Gives Meaning to Existence*», BrainPickings, https://www.themarginalian.org/2015/07/23/robin-wall-kimmerer-gathering-moss-naming/.

14. Génesis 2:15.

15. Génesis 2:18.

16. J. R. R. Tolkien, *Tree and Leaf; Smith of Wootton Major; The Homecoming of Beorhtnoth, Beorhthelm's Son* (Londres: Unwin, 1975), 28.

17. C. S. Lewis, *Cautivado por la alegría* (Apple Books), 248.

18. Génesis 15:1-6.

19. Éxodo 33:12-23.

20. Salmo 27:4.

21. Salmo 19:1.

22. Génesis 1:31.

23. Apocalipsis 21:2.

24. Ver Salmo 149:4.

25. Mateo 28:18-20.

26. Elaine Scarry, *On Beauty and Being Just* (Princeton, NJ: Princeton University Press, 2013), 15.

27. *Ibid.*, 18.

28. *Ibid.*, 3.

29. Blaise Pascal, «*The Art of Persuasion*», en *Pensées and Other Writings*, ed. Anthony Levi (1995; reimp., Oxford: Oxford University Press, 2008), 193.

30. Salmo 19:1.

31. Mateo 26:8-9.

32. Mateo 26:10.

33. San Agustín, *Confessions*, trad. R. S. Pine-Coffin (Londres: Penguin, 1961),

34. Annie Dillard, *Pilgrim at Tinker Creek* (Nueva York: HarperCollins, 1974), 8.

Capítulo 2: En busca de la perfección

1. Citado en Antonio Paolucci, ed. *David: Five Hundred Years* (Nueva York: Sterling, 2005), 71.

2. Tomé gran parte de los detalles incluidos aquí sobre el origen y el transporte de la piedra del artículo de Sam Anderson «*David's Ankles: How Imperfections Could Bring Down the World's Most Perfect Statue*», revista *New York Times Magazine*, 17 de agosto de 2016, https://www.nytimes.com/2016/08/21/magazine/davids -ankles-how-imperfections-could-bring-down-the-worlds-most -perfect-statue.html.

3. Anderson, «*David's Ankles*».

4. Citado en Charles de Tolnay, *Michelangelo: The Youth of Michelangelo* (Princeton, NJ: Princeton University Press, 1969), 11.

5. Gilles Néret, *Michelangelo* (Cologne: Taschen, 2016), 23.

6. *Ibid.*, 23.

7. *Ibid.*, 23.

8. *Ibid.*, 23.

9. *Ibid.*, 23.

10. *Ibid.*, 23.

11. Citado en Robert Coughlan, *The World of Michelangelo, 1475–1564* (Nueva York: Time-Life, 1971), 42.

12. Néret, *Michelangelo*, 7.

13. *Ibid.*, 7.

14. Paolucci, *David: Five Hundred Years*, 33.

15. Néret, *Michelangelo*, 8.

16. 1 Samuel 16:12.

17. 1 Samuel 16:18.

18. 1 Samuel 17:42.

19. Génesis 12:11; 29:17; 39:6; 1 Samuel 9:2; y Ester 2:7, respectivamente.

20. 1 Samuel 13:14; Hechos 13:22.

21. La historia de David y Goliat está en 1 Samuel 17. Muchos de los detalles de esta porción están tomados de ese texto.

22. 1 Samuel 17:8-9, mi paráfrasis.

23. 1 Samuel 17:26, mi paráfrasis.

24. 1 Samuel 17:31-37, mi paráfrasis.

25. 1 Samuel 17:43-44, mi paráfrasis.

26. 1 Samuel 17:45-47, mi paráfrasis

27. Néret, *Michelangelo*, 8.

28. Ver Malcolm Gladwell, *David y Goliat: Desvalidos, inadaptados y el arte de luchar contra gigantes* (España: Taurus, 2013).

29. Paolucci, *David: Five Hundred Years*, 74.

30. Citado en Paolucci, *David: Five Hundred Years*, 74.

31. Citado en «*Michelangelo's David*», www.accademia.org /explore-museum/artworks/michelangelos-david.

32. Ver Alan Cowell, «*Michelangelo's David Is Damaged*», *New York Times*, 15 de septiembre de 1991, www.nytimes .com/1991/09/15/world/michelangelo-s-david-is-damaged .html.

33. Anderson, «*David's Ankles*».

34. Ver Paolucci, *David: Five Hundred Years*, 28-29, 78-79; ver también Elizabeth Wicks, «*The Spring Cleaning of Michelangelo's David*», Magenta Florence, 1 de marzo de 2016, www.magentaflorence.com/10209-2.

35. 2 Corintios 4:17.

36. Scarry, *On Beauty and Being Just*, 7.

Capítulo 3: Lo sagrado y lo profano

1. Mateo 10:17-27.
2. Juan 4.
3. Juan 7:53–8:11.
4. Gilles Lambert, *Caravaggio: 1571–1610: A Genius Beyond His Time* (Cologne: Taschen, 2015), 15.
5. *«Caravaggio: A Life Sacred and Profane»*, entrevista con Lois Lindstrom en su programa *The Bookman's Corner*, https://bookmanscorner.com/programs.html.
6. Peter Robb, *M: The Caravaggio Enigma* (2000; reimp., Nueva York: Bloomsbury, 2011), 35.
7. Ver Peter L. Berger, *A Rumor of Angels: Modern Society and the Rediscovery of the Supernatural* (Nueva York: Open Road Media, 2011), 15.
8. Citado en *«Caravaggio - Artist Biography with Portfolio of Paintings, Prints, Posters and Drawings»*, www.caravaggio.net.
9. Lambert, *Caravaggio: 1571–1610*, 7.
10. Sebastian Schütze, *Caravaggio: The Complete Works* (Colonia: Taschen, 2017), 127.
11. *Ibid.*, 127.
12. Ver Lambert, *Caravaggio: 1571–1610*, 59.
13. Citado en Lambert, *Caravaggio: 1571–1610*, 30.
14. Keith Christiansen, *«Caravaggio (Michelangelo Merisi) (1571–1616) and His Followers»*, The Met, octubre de 2003, www.metmuseum.org/toah/hd/crvg/hd_crvg.htm.
15. Génesis 22.
16. Citado en Lambert, *Caravaggio: 1571–1610*, 11.
17. Nina Edwards, *Darkness: A Cultural History* (Londres: Reaktion, 2018), 91.
18. 1 Corintios 13:12.
19. Mateo 9:9-13; las citas en el relato de la historia son paráfrasis mías.
20. Oseas 6:6.
21. Hechos 1:13-14.
22. Juan 20:27; Hechos 9:4; Mateo 26:69-75.

23. Andrew Graham-Dixon, *Caravaggio: A Life Sacred and Profane* (Nueva York: Norton, 2011), 162.

24. Floris Claes van Dijk, contemporáneo de Caravaggio en Roma en 1601, citado en John Gash, *Caravaggio* (Londres: Bloomsbury, 1988), 13.

25. Citado en Graham-Dixon, *Caravaggio: A Life Sacred and Profane*, 293-94.

26. Ver Schütze, *Caravaggio: The Complete Works*, 239.

27. Lambert, *Caravaggio: 1571–1610*, 67.

28. Según aparece en el Museo Nelson-Atkins, ciudad de Kansas, etiqueta de la galería para la obra de Caravaggio *San Juan Bautista en el desierto*, 1604–1605.

29. Juan 19:5.

30. Ver Graham-Dixon, *Caravaggio: A Life Sacred and Profane*, 32.

31. Schütze, *Caravaggio: The Complete Works*, 239.

32. Según aparece en el Louvre, París, etiqueta de la galería para la obra de Caravaggio *Muerte de la virgen*, aprox. 1605.

33. Juan 19:26-27.

34. Citado en «*Caravaggio, Death of the Virgin*», SmartHistory, www.youtube.com/watch?v=TkH-yjJ35vU.

35. 1 Pedro 1:12.

36. Ver E. Sammut, «*Caravaggio in Malta*», *Scientia* 15, n.º 2 (1949): 78-89.

37. Ver Lambert, *Caravaggio: 1571–1610*, 78.

38. *Ibid.*, 78.

39. Ver Schütze, *Caravaggio: The Complete Works*, 275.

40. Graham-Dixon, *Caravaggio: A Life Sacred and Profane*, 418.

41. Tom LeGro, «*Conversation: Andrew Graham-Dixon, Author of "Caravaggio: A Life Sacred and Profane"*», *PBS NewsHour*, 2 de diciembre de 2011, www.pbs.org/newshour/arts/caravaggio.

42. Citado en Lambert, *Caravaggio: 1571–1610: A Genius Beyond His Time*, 86.

43. Ver John Varriano, *Caravaggio: The Art of Realism* (University Park: Pennsylvania State University Press, 2010), 83.

44. Ver Schütze, *Caravaggio: The Complete Works*, 303.

45. Lambert, *Caravaggio: 1571–1610*, 89.

46. Ver Schütze, *Caravaggio: The Complete Works*, 303.

47. Art + Travel Europe, *Step Into the Lives of Five Famous Painters* (Nueva York: Museyon, 2010), 135.

48. Giovanni Pietro Bellori, *Life of Caravaggio* [*Vite de' pittori, scultori ed architetti moderni*] (Roma 1672), http://arthistory resources.net/baroque-art-theory-2013/bellori-caravaggio. html, como aparece citado en Walter Friedlaender, *Caravaggio Studies* (Princeton, NJ: Princeton University Press, 1955), 245-54.

49. Citado en Lambert, *Caravaggio: 1571–1610*, 8.

50. Art + Travel Europe, *Step Into the Lives of Five Famous Painters*, 135.

51. Citado in Lambert, *Caravaggio: 1571–1610*, 6.

52. Juan 18:37.

53. Mateo 19:16-22.

54. Efesios 2:4.

55. Éxodo 2:11-15.

56. Génesis 25:29-34.

57. 2 Samuel 11.

58. 1 Reyes 11:1-13.

59. Jonás 1–4.

60. Mateo 21:28-32.

61. Mateo 9:9-13.

62. Mateo 4:18-22.

63. Hechos 9:1-19.

Capítulo 4: La desaparición de Rembrandt

1. Ver Ulrich Boser, *The Gardner Heist: The True Story of the World's Largest Unsolved Art Theft* (Nueva York: HarperCollins, 2009), 1–9.

2. Mateo 4:35-41.

3. En realidad, August Rodin nos ha dicho lo que está en la mente de *El pensador*. *El pensador* fue creado para ser el remate de una inmensa escultura de bronce llamada *Las puertas del infierno*. *El pensador* es Dante, y está pensando en su poema épico, *Infierno*. Dante está sentado encima de dos puertas

enormes —las puertas del infierno— y está rodeado de almas torturadas que están siendo llevadas a su castigo eterno. *El pensador* está doblado bajo el peso del infierno.

4. Lucas 7:11-17; las citas en el relato de esta historia son paráfrasis mías.
5. Lucas 7:16-17.
6. Marcos 4:38, mi paráfrasis.
7. Marcos 1:29–2:12.
8. Ver Christopher Leslie Brown, Jan Kelch y Pieter van Thiel, *Rembrandt, The Master and His Workshop: Paintings* (New Haven, CT: Yale University Press, 1991), 13.
9. Ver Boser, *Gardner Heist*, 48–52.
10. Tomado de una carta de Isabella a su comerciante de arte y amigo, Bernard Berenson, el 19 de septiembre de 1896 (ver Rollin van N. Hadley, ed., *The Letters of Bernard Berenson and Isabella Stewart Gardner: 1887–1924* [Boston: Northeastern University Press, 1987], 66).
11. Tomado del testamento de Isabella Stewart Gardner, pág. 3 (ver «*Will and Codicil of Isabella Stewart Gardner*», www.law .harvard.edu/faculty/martin/art_law/gardner_will.pdf).
12. John Shiffman y Robert K. Wittman, *Priceless: How I Went Undercover to Rescue the World's Stolen Treasures* (Nueva York: Broadway, 2011), 247.
13. Tomado del testamento de Isabella Stewart Gardner, págs. 8-9.
14. John Updike, *Endpoint and Other Poems* (Nueva York: Knopf, 2009), 33.
15. Citado en documental *Stolen*, dirigido por Rebecca Dreyfus, Flourish Films, 2007.
16. Extraído de la guía para visitantes del Museo Isabella Steward Gardner (ver «Guía para la Sala holandesa», www.gardnermuseum.org/sites/default/files/uploads/files /Dutch%20Room%20Guide.pdf).
17. Alan Chong, ed., *Eye of the Beholder: Masterpieces from the Isabella Stewart Gardner Museum* (Boston: Isabella Stewart Gardner Museum, 2003), 145.

18. Citado en Matt Lebovic, «*Is the Hunt for Rembrandt's Stolen "Galilee" Almost Over?*», *The Times of Israel*, 3 de octubre de 2013, www.timesofisrael.com/is-the -hunt-for-rembrandts-stolen-galilee-almost-over.

19. Ver *What Happens to Stolen Art?* BBC News, 23 de agosto de 2004, http://news.bbc.co.uk/2/hi/entertainment/3590190.stm.

20. Citado en Robert M. Poole, «*Ripped from the Walls (and the Headlines)*», *Smithsonian Magazine*, julio de 2005, www.smithsonianmag.com/arts-culture /ripped-from-the-walls-and-the-headlines-74998018.

21. Ver Cornelius Poppe, «*Seven Questions: A Reformed Stolen-Art Dealer Tells All*», *Foreign Policy*, 20 de febrero de 2008, https://foreignpolicy.com/2008/02 /20/seven-questions-a-reformed-stolen-art-dealer-tells-all.

22. Citado en Charles River Editors, *History's Greatest Artists: The Life and Legacy of Rembrandt* (North Charleston, SC: CreateSpace, 2017), 64.

23. Citado en el documental *Stolen*.

24. Ver Milton Esterow, «*Inside the Gardner Case*», *ARTnews*, 1 de mayo de 2009, www.artnews.com/art-news/news/inside -the-gardner-case-229.

25. Romanos 8:26.

26. Mateo 6:19-24.

27. Apocalipsis 21:3-4.

28. 2 Corintios 4:8-10, 16-17.

29. 1 Pedro 1:3.

30. Marcos 4:39.

31. Apocalipsis 21:1-5.

32. 1 Tesalonicenses 4:13.

Capítulo 5: Luz prestada

1. Isaías 45:18.

2. Génesis 1:26.

3. Johannes y Catharina tuvieron catorce hijos en total, tres de los cuales fallecieron jóvenes.

4. «*Vermeer's Life and Art (part four): Last Five Years*», Essential Vermeer.com, www.essentialvermeer.com/vermeer's_life_04 .html.

5. Laura J. Snyder, *Eye of the Beholder: Johannes Vermeer, Antoni van Leeuwenhoek, and the Reinvention of Seeing* (Nueva York: Norton, 2015), 273.

6. *Ibid.*, 273.

7. Ver Norbert Schneider, *Vermeer, 1632–1675: Veiled Emotions* (Colonia: Taschen, 2000), 87.

8. Théophile Thoré-Bürger, «*Van der Meer [Vermeer] de Delft*», *Gazette des beaux-arts* 21 (octubre de 1866).

9. Ver Malcolm Gladwell, *Inteligencia intuitiva: ¿Por qué sabemos la verdad en dos segundos?* (España: Taurus, 2005).

10. *Ibid.*, 8.

11. *Ibid.*, 6

12. Martin Bailey, *Vermeer: Colour Library* (Berlín: Phaidon, 1995), 17.

13. Ver Arthur K. Wheelock Jr., *Vermeer* (Londres: Thames and Hudson, 1988), 37.

14. Lawrence Gowing, *Vermeer* (Berkeley: University of California Press, 1997), 137-38.

15. Snyder, *Eye of the Beholder*, 285.

16. Bailey, *Vermeer*, 17.

17. Citado en Snyder, *Eye of the Beholder*, 295.

18. Anthony Bailey, *Vermeer: A View of Delft* (Nueva York: Holt, 2001), 159.

19. *Ibid.*, 165.

20. *Ibid.*, 157.

21. Ver Wheelock, *Vermeer*, 11-12.

22. Bailey, *Vermeer: A View of Delft*, 153.

23. Ver David Hockney, *Secret Knowledge: Rediscovering the Lost Techniques of the Old Masters* (Londres: Thames and Hudson, 2009); Philip Steadman, *Vermeer's Camera: Uncovering the Truth Behind the Masterpieces* (Oxford: Oxford University Press, 2001); y Snyder, *Eye of the Beholder*.

24. «*Tim's Vermeer*», Wikipedia, https://en.wikipedia.org/wiki/Tim%27s_Vermeer.

25. Wheelock, *Vermeer*, 34.

26. Ver Steadman, *Vermeer's Camera*, 36.

27. Wheelock, *Vermeer*, 45.

28. Citado en Paul Richard, «*No Ordinary Light*», *Washington Post*, 12 de noviembre de 1995, www.washingtonpost.com/archive/lifestyle/style/1995/11/12/no-ordinary-light/e7d22010-8fa7-477c-9a19-3e36f17f14f3.

29. «*272: To Theo van Gogh. The Hague, Sunday, 15 October 1882*», Vincent van Gogh: The Letters, www.vangoghletters.org/vg/letters/let272/letter.html.

30. Bülent Atalay y Keith Wamsley, *Leonardo's Universe: The Renaissance World of Leonardo da Vinci* (Washington, D.C.: National Geographic, 2008), 96.

31. Snyder, *Eye of the Beholder*, 7.

32. *Ibid.*, 4, 12.

33. Steadman, *Vermeer's Camera*, 161.

34. *Ibid.*, 164-65.

35. Gowing, *Vermeer*, 25.

36. Steadman, *Vermeer's Camera*, 165.

37. *Ibid.*, 165.

38. Esta línea está inspirada en la cita de C. S. Lewis: «Creo en el cristianismo como creo en que ha salido el sol: no solo porque lo veo, sino porque gracias a él veo todo lo demás» (*El peso de la gloria* [Madrid, España: Ediciones Rialp: 2017], 66).

39. Los viejos granjeros solían definir la duración de un día de trabajo como algo que duraba «desde que puedo ver hasta que no puedo ver».

Capítulo 6: Crear en comunidad

1. Citado en «*Frédéric Bazille: A Tragic Story*», *WetCanvas*, 20 de junio de 2011.

2. Citado en Hubert Wellington, ed. *The Journal of Eugène Delacroix: A Selection* (Ithaca, NY: Cornell University Press, 1980), xiv.

3. Ver Bérénice Morvan, *Impressionists* (París: Telleri, 2002), 68.

4. Citado en Morvan, *Impressionists*, 10.

5. *Ibid.*, 46.

6. Ver «*Frédéric Bazille: A Tragic Story*».

7. Ver Morvan, *Impressionists*, 65.

8. Citado en «*Frédéric Bazille: Summary of Frédéric Bazille*», www.theartstory.org/artist-bazille-frederic.htm.

9. Ver Malcolm Gladwell, *David y Goliat: Desvalidos, inadaptados y el arte de luchar contra gigantes* (España: Taurus, 2013).

10. Citado en Morvan, *Impressionists*, 10.

11. Morvan, *Impressionists*, 10.

12. *Ibid.*, 13.

13. Citado en Morvan, *Impressionists*, 9.

14. Citado en John Rewald, *The History of Impressionism* (Nueva York: Museum of Modern Art, 1955), 234.

15. Citado en Jeremy Wallis, *Impressionists* (Chicago: Heinemann, 2002), 10.

16. Apocalipsis 21:4-5.

17. 1 Pedro 4:12.

18. Juan 15:13.

19. Filipenses 4:8, NVI.

Capítulo 7: El artista esforzado

1. «*818: Octave Maus to Vincent van Gogh. Brussels, Friday, 15 November 1889*», Vincent van Gogh: The Letters, www.van goghletters.org/vg/letters/let818/letter.html.

2. Ver Martin Bailey, *The Sunflowers Are Mine: The Story of Van Gogh's Masterpiece* (Londres: White Lion, 2019), 102–3.

3. «*821: To Octave Maus. Saint-Rémy-de-Provence, Wednesday, 20 November 1889*», Vincent van Gogh: The Letters, www.vangoghletters.org/vg/letters/let821/letter.html.

4. «*693: To Eugène Boch. Arles, 2 October 1888*», Vincent van Gogh: The Letters, www.vangoghletters.org/vg/letters/let693/letter.html.

5. Ver Martin Gayford, *The Yellow House: Van Gogh, Gauguin, and Nine Turbulent Weeks in Provence* (Nueva York: Mariner, 2008), 99, 119.

6. Josephine Cutts y James Smith, *Essential Van Gogh* (Bath, R. U.: Parragon, 2001), 136.

7. Ver Robert L. Herbert, *Neo-Impressionism* (Nueva York: Solomon R. Guggenheim Museum, 1968).

8. *«693: To Eugène Boch. Arles, 2 October 1888».*

9. *«717: To Theo van Gogh. Arles, on or about Saturday, 3 November 1888»*, Vincent van Gogh: The Letters, www.vangoghletters .org/vg/letters/let717/letter.html.

10. *«249: To Theo van Gogh. The Hague, on or about Friday, 21 July 1882»*, Vincent van Gogh: The Letters, www.vangogh letters.org/vg/letters/let249/letter.html.

11. *«634: To Theo van Gogh. Arles, on or about Thursday, 28 June 1888»*, Vincent van Gogh: The Letters, www.vangoghletters .org/vg/letters/let634/letter.html.

12. Aunque a Vincent se lo llegaría a conocer como un pintor postimpresionista, durante su carrera se apoyó en el estilo de los impresionistas. En cuanto al aspecto técnico, las dos escuelas son similares, y la principal diferencia es filosófica. Los postimpresionistas pensaban que el impresionismo podía ser trivial y falto de sustancia. Pero el postimpresionismo fue un derivado del impresionismo.

13. *«712: To Theo van Gogh. Arles, on or about Thursday, 25 October 1888»*, Vincent van Gogh: The Letters, www .vangoghletters.org/vg/letters/let712/letter.html#translation.

14. Aunque la visión más común es que Vincent se disparó a sí mismo, los eruditos contemporáneos cuestionan que van Gogh se haya quitado la vida, y sugieren que es posible que haya recibido un disparo en un accidente donde unos adolescentes locales lo provocaron con un arma. Es imposible saberlo a ciencia cierta, aunque la mayoría cree que las heridas que causaron su muerte fueron autoinfligidas.

15. Ver Khali Ibrahaim, «*The Discovery of Van Gogh: From Shade to Light*», Van Gogh Gallery, www.vggallery.com/visitors/017 .htm.

16. Ver «*815: To Theo van Gogh. Saint Rémy-de-Provence, on or about Friday, 25 October 1889*», Vincent van Gogh: The Letters, www.vangoghletters.org/vg/letters/let815/letter.html.

17. Albert Aurier, «*The Isolated Ones: Vincent van Gogh*», Mercure de France, enero de 1890, www.vggallery.com/misc/archives /aurier.htm.

18. Octave Mirbeau, «*Artists*», Echo de Paris, 1 de marzo de 1891, www.vggallery.com/misc/archives/mirbeau.htm.

19. Los impresionistas se resistían al compromiso de los realistas con representar objetos en su estado más natural. Los postimpresionistas se resistían al compromiso de los impresionistas de representar la luz y el color en su estado más natural.

20. Citado en Ian Dunlop, *Van Gogh* (Chicago: Follett, 1975), 199.

21. John Rewald, *Post-Impressionism: From Van Gogh to Gauguin* (Nueva York: Museum of Modern Art, 1975), 374-75.

22. Citado en Rewald, *Post-Impressionism*, 375.

23. Ver Bailey, *The Sunflowers Are Mine*, 105.

24. «*855: To Anna van Gogh-Carbentus. Saint-Rémy-de-Provence, Wednesday, 19 February 1890*», Vincent van Gogh: The Letters, www.vangoghletters.org/vg/letters/let855/letter.html.

25. El desglose de la productividad de Vincent que viene a continuación está hecho en base a una lista en línea de todas sus obras, organizadas según las fechas. Esta lista puede encontrarse en David Brooks, «*The Vincent van Gogh Gallery*», www.vggallery.com/index.html.

26. «*117: To Theo van Gogh. Amsterdam, Wednesday, 30 May 1877*», Vincent van Gogh: The Letters, www.vangoghletters .org/vg/letters/let117/letter.html.

27. «*155: To Theo van Gogh. Cuesmes, between about Tuesday 22 and Thursday, 24 June 1880*», Vincent van Gogh: The Letters, www.vangoghletters.org/vg/letters/let155/letter.html.

28. C. S. Lewis, *El peso de la gloria* (Madrid, España: Ediciones Rialp, 2017), 22.
29. Eclesiastés 2:20-21.
30. Eclesiastés 1:14-15.
31. Romanos 8:20.
32. Apocalipsis 21:5.
33. C. S. Lewis, *El peso de la gloria* (Madrid, España: Ediciones Rialp, 2017), 22.
34. Ver Annie Dillard, *Pilgrim at Tinker Creek* (1974; reimp., Nueva York: HarperCollins, 1985), 8.
35. Aquí estoy tomando prestada una imagen del capítulo llamado «Ver», en el libro de Annie Dillard ganador de un premio Pulitzer, *Pilgrim at Tinker Creek,* en el cual ella describe a un paciente de una cirugía reciente de cataratas que ve un árbol de hoja perenne cubierto de rocío bajo el sol de la mañana por primera vez, y lo llama «el árbol lleno de luces» (*Pilgrim at Tinker Creek,* 33).
36. «*717: To Theo van Gogh. Arles, on or about Saturday, 3 November 1888*».
37. Eclesiastés 1:8.

Capítulo 8: Más allá de la imaginación

1. Y a menudo todavía es así.
2. Ver Anna O. Marley, ed., *Henry Ossawa Tanner: Modern Spirit* (Berkeley: University of California Press, 2012), 35.
3. *Ibid.*, 20.
4. Citado en Marley, *Henry Ossawa Tanner,* 19.
5. Marley, *Henry Ossawa Tanner,* 21.
6. Citado en Naurice Frank Woods Jr., *Henry Ossawa Tanner: Art, Faith, Race, and Legacy* (Nueva York: Routledge, 2017), 56.
7. Citado en William R. Lester, «*Henry O Tanner, Exile for Art's Sake*», *Alexander's Magazine* 7, n.º 2 (15 de diciembre de 1908): 69-73.
8. «*Henry Ossawa Tanner, American, 1859–1937: Biography*», National Gallery of Art, www.nga.gov/collection/artist-info.1919.html.

9. Citado en Naurice Frank Woods Jr., «*Henry Ossawa Tanner's Negotiation of Race and Art: Challenging "The Unknown Tanner"*» *Journal of Black Studies* 42, n.º 6 (septiembre de 2011): 891

10. Woods, «*Henry Ossawa Tanner's Negotiation of Race and Art*», 895.

11. Ver Marley, *Henry Ossawa Tanner,* 23.

12. Citado en Marley, *Henry Ossawa Tanner,* 23.

13. Marcus Bruce, «*A New Testament: Henry Ossawa Tanner, Religious Discourse, and the "Lessons" of Art*», en *Henry Ossawa Tanner,* ed. Marley, 110.

14. Bruce, «*A New Testament*», 111.

15. Dewey F. Mosby, *Across Continents and Cultures: The Art and Life of Henry Ossawa Tanner* (Kansas City, MO: Nelson-Atkins Museum of Art, 1995), 38.

16. Alan C. Braddock, «*Christian Cosmopolitan: Henry Ossawa Tanner and the Beginning of the End of Race*», en Marley, *Henry Ossawa Tanner,* 136.

17. Henry Ossawa Tanner, «*An Artist's Autobiography*», *The Advance* (20 de marzo de 1913), 14.

18. Marcus Bruce, «*"I Invited the Christ Spirit to Manifest in Me": Tanner and Symbolism*», en *Henry Ossawa Tanner,* ed. Marley, 119.

19. Juan 11.

20. Citado en Marley, *Henry Ossawa Tanner,* 29.

21. Citado en Marc Simpson, «The Resurrection of Lazarus *from the* Quartier Latin *to the Musée du Luxembourg*», en Marley, *Henry Ossawa Tanner,* 72.

22. Citado en Marley, *Henry Ossawa Tanner,* 40.

23. Este tema atraviesa el libro de Jonás.

24. Zacarías 7:9-10.

25. Marcus Bruce, *Henry Ossawa Tanner: A Spiritual Biography* (Nueva York: Crossroad, 2002), 33.

26. «*Tanner Exhibits Paintings: Negro Artist Shows Pictures at Grand Central Art Galleries*», *New York Times,* 29 de enero de 1924, 9.

27. Citado en Bruce, «*A New Testament*», 109.

28. Ver Simpson, «*The Resurrection of Lazarus*», 72.

29. Citado en Simpson, «*The Resurrection of Lazarus*», 72.

30. Simpson, «*The Resurrection of Lazarus*», 72.

31. «*The Paris Salons of 1897*», *Art Journal* 59 (Londres, julio de 1897): 196

32. Citado en Simpson, «*The Resurrection of Lazarus*», 73.

33. *Ibid.*, 73.

34. Bruce, «*A New Testament*», 113.

35. Lucas 1:28.

36. Daniel 8–9.

37. Leland Ryken, James C. Wilhoit y Temper Longman III, eds., *Dictionary of Biblical Imagery* (Downers Grove, IL: InterVarsity, 2010), 32.

38. Lucas 2:19.

39. Génesis 21:1-7.

40. Jueces 13.

41. Lucas 1:5-25.

42. Mateo 2:13-21.

43. Lucas 2:35.

44. 2 Samuel 7:1-17.

45. Lucas 1:34, mi paráfrasis.

46. Lucas 1:36-37, mi paráfrasis.

47. Lucas 1:38.

48. Isaías 9:2.

49. Lucas 2:8-21.

50. Mateo 2:1-18.

51. Juan 1:5.

52. «*Henry Ossawa Tanner, The Annunciation, 1898, Philadelphia Museum of Art*», *Seeing Art History with James Romaine*, www.youtube.com/watch?v=zs44P8zgfm0.

53. Lucas 1:48-52.

54. Citado en Marcia M. Mathews, *Henry Ossawa Tanner: American Artist* (Chicago: University of Chicago Press, 1969), 156-57.

55. Citado en Sharon Kay Skeel, «*A Black American in the Paris Salon*», *American Heritage* 42, n.º 1 (febrero/marzo 1991), www.americanheritage.com/black-american-paris-salon.

Capítulo 9: Lo que queda sin decir

1. Mark Strand, *Hopper*, ed. rev. (Nueva York: Knopf, 2001), 48.
2. Ver Gail Levin, *Edward Hopper: An Intimate Biography* (Berkeley: University of California Press, 1998), 159-60.
3. Citado en Levin, *Edward Hopper*, 88.
4. Citado en Margaret Iversen et al., *Edward Hopper* (Londres: Tate, 2004), 53.
5. Citado en Levin, *Edward Hopper*, 171.
6. Avis Berman, *Edward Hopper's New York* (Petaluma, CA: Pomegranate, 2005), 108.
7. Ver Levin, *Edward Hopper*, 12.
8. *Ibid.*, 134, 222.
9. Citado en Sherry Marker, *Edward Hopper* (East Bridgewater, MA: JG Press, 2005), 8.
10. Citado en Marker, *Edward Hopper*, 17.
11. Citado en Rolf Günter Renner, *Hopper, 1882–1962: Transformation of the Real* (Colonia: Taschen, 2002), 10.
12. Strand, *Hopper*, 31.
13. John Updike, *Still Looking: Essays on American Art* (Nueva York: Knopf, 2005), 199.
14. Adrian Searle, «*The Irreducible Business of Being*», *The Guardian*, 25 de mayo de 2004, www.theguardian.com /culture/2004/may/25/1.
15. Updike, *Still Looking*, 199.
16. James Peacock, «*Edward Hopper: The Artist Who Evoked Urban Loneliness and Disappointment with Beautiful Clarity*», *The Conversation*, 18 de mayo de 2017, https://theconversation .com/edward-hopper-the-artist-who-evoked-urban-loneliness -and-disappointment-with-beautiful-clarity-77636.
17. Strand, *Hopper*, 30.
18. Updike, *Still Looking*, 195.

19. C. S. Lewis, *El peso de la gloria* (España, Madrid: Ediciones Rialp, 2017), 24-25.
20. Robert Coles, «*Art; On Edward Hopper, Loneliness and Children*», *New York Times*, 3 de marzo de 1991, www.nytimes.com/1991/03/03/arts/art-on-edward-hopper-loneliness-and-children.html.
21. *Ibid.*
22. *Ibid.*
23. Ver Ita G. Berkow, *Edward Hopper: An American Master* (Nueva York: New Line, 2006), 51.
24. Ver Berman, *Edward Hopper's New York*, 86.
25. Citado en Renner, *Hopper, 1882–1962*, 11.
26. Ver Levin, *Edward Hopper*, 467.
27. Citado en Avis Berman, «*Hopper: The Supreme American Realist of the 20th-Century*», *Smithsonian Magazine*, julio de 2007, www.smithsonianmag.com/arts-culture/hopper-156346356.
28. Marker, *Edward Hopper*, 16.
29. Raquel Laneri, «*The Woman Who Made Edward Hopper Famous Finally Seizes the Spotlight*», *New York Post*, 11 de abril de 2020, https://nypost.com/2020/04/11/woman-who-made-edward-hopper-famous-finally-seizes-the-spotlight.
30. Laneri, «*The Woman Who Made Edward Hopper Famous*».
31. Gaby Wood, «*Man and Muse*», *The Guardian*, 25 de abril de 2004, www.theguardian.com/artanddesign/2004/apr/25/art1.
32. Gail Levin, «*Writing about Forgotten Women Artists: The Rediscovery of Jo Nivison Hopper*», en *Singular Women: Writing the Artist*, ed. Kristen Frederickson y Sarah E. Webb (Berkeley: University of California Press, 2003), 132, https://publishing.cdlib.org/ucpressebooks/view?docId=kt5b69q3pk&doc.view=content&chunk.id=ch10&toc.depth=100&brand=ucpress.
33. Citado en Levin, *Edward Hopper*, 354.
34. *Ibid.*, 463.
35. Berman, *Edward Hopper's New York*, 62.
36. Wood, «*Man and Muse*».

37. Strand, *Hopper*, 31.
38. Citado en Sarah McColl, «*Jo Hopper, Woman in the Sun*», *Paris Review*, 26 de febrero de 2018, www.theparisreview.org /blog/2018/02/26/jo-hopper-woman-sun-woman-shadow.
39. Frederick Buechner, *Telling the Truth: The Gospel as Tragedy, Comedy, and Fairy Tale* (Nueva York: HarperCollins, 1977), 3.
40. Mateo 23:37-38.
41. Wood, «*Man and Muse*».
42. Levin, *Edward Hopper*, 572-73.
43. Bernard Chambaz, *The Last Painting: Final Works of the Great Masters from Giotto to Twombly* (Woodbridge, R. U.: ACC Art Books, 2018), 12.
44. Quoted in Levin, *Edward Hopper*, 577.
45. *Ibid.*, 578.
46. *Ibid.*, 579-80.

Capítulo 10: La medida de una vida

1. Citado en Tom Mercer, «*God's Grace in the Life of Lilias Trotter*», sermón predicado en Christ Covenant Church, Raleigh, Carolina del Norte, el 24 de agosto de 2018.
2. Patricia Mary St. John, *Until the Day Breaks: The Life and Work of Lilias Trotter, Pioneer Missionary to Muslim North Africa* (Bronley, Kent, R. U.: OM, 1990), 7-8.
3. Miriam Huffman Rockness, *A Passion for the Impossible: The Life of Lilias Trotter* (Grand Rapids: Discovery House, 2003), 42.
4. *Ibid.*, 50.
5. Citado en Tom Mercer, «*God's Grace in the Life of Lilias Trotter*».
6. Citado en Rockness, *A Passion for the Impossible*, 61.
7. Citado en Tom Mercer, «*God's Grace in the Life of Lilias Trotter*».
8. La Ruskin School of Art sigue siendo parte de la Universidad de Oxford hasta la fecha.
9. Citado en el documental *Many Beautiful Things: The Life and Vision of Lilias Trotter*, escrito por Laura Waters Hinson, Oxvision Films e Image Bearer Pictures (17 de octubre de 2015), https://amara.org/en/videos/np7it8gW9d1L/en/1071086.

10. Citado en Katherine Halberstadt Anderson y Andie Roeder Moody, «"I Cannot Give Myself to Painting"» *Behemoth* 32 (1 de octubre de 2015), www.christianitytoday.com /behemoth/2015/issue-32/i-cannot-give-myself-to-painting .html; ver también St. John, *Until the Day Breaks*, 14-15.

11. Citado en St. John, *Until the Day Breaks*, 14-15.

12. *Ibid.*, 15.

13. Citado en Rockness, *A Passion for the Impossible*, 17.

14. Citado en John D. Rosenberg, ed., *The Genius of John Ruskin: Selections from His Writings* (Charlottesville: University Press of Virginia, 1998), 91, cursiva en el original.

15. Ver Rockness, *A Passion for the Impossible*, 74.

16. Citado en el documental *Many Beautiful Things*, https:// amara.org/en/videos/np7it8gW9d1L/en/1071086.

17. Citado en Rockness, *A Passion for the Impossible*, 92.

18. *Ibid.*, 83.

19. Citado en St. John, *Until the Day Breaks*, 17.

20. Iris Murdoch, *The Sovereignty of Good* (1970; reimp., Nueva York: Routledge, 2001), 36.

21. Citado en St. John, *Until the Day Breaks*, 17-18.

22. Isabella Lilias Trotter, *Parables of the Cross* (Gloucester, UK: Yesterday's World, 2020), 13, cursiva en el original.

23. Ver St. John, *Until the Day Breaks*, 20.

24. Citado en Rockness, *A Passion for the Impossible*, 97.

25. Ver Rockness, *A Passion for the Impossible*, 122-23.

26. Citado en Rockness, *A Passion for the Impossible*, 130.

27. Es con el más profundo respeto que tomo prestada esta línea de la maravillosa canción de Andrew Peterson «*Is He Worthy?*».

28. Ezequiel 36:26.

29. Isaías 9:2; Mateo 4:16.

30. Citado en Rockness, *A Passion for the Impossible*, 87.

31. Rockness, *A Passion for the Impossible*, 87.

32. Citado en «*The Lesson of the Dandelions*», Miriam Rockness: Reflections on the Art and Writings of Lilias Trotter, 15 de

marzo de 2013, https://ililiastrotter.wordpress.com
/2013/03/15/the-lesson-of-the-dandelion.

33. Citado en Rockness, *A Passion for the Impossible*, 324.
34. Ver St. John, *Until the Day Breaks*, 21.
35. Trotter, *Parables of the Cross*, 20.
36. Citado en Rockness, *A Passion for the Impossible*, texto preliminar.
37. *Ibid.*, 203.

Epílogo: Un mundo falto de expertos

1. Citado en Hendrik Willem Van Loon, *R. V. R.: Being an Account of the Last Years and the Death of One Rembrandt Harmenszoon van Rijn* (Nueva York: Literary Guild, 1930), 378.
2. Citado en Tryon Edwards, ed., *A Dictionary of Thoughts: Being a Cyclopedia of Laconic Quotations from the Best Authors of the World, Both Ancient and Modern* (Detroit: Dickerson, 1908), 131.
3. Annie Dillard, *The Writing Life* (1989; reimp., Nueva York: HarperCollins, 2013), 58.
4. «*534: To Theo van Gogh. Nuenen, on or about Saturday, 10 October 1885*», Vincent van Gogh: The Letters, www.van goghletters.org/vg/letters/let534/letter.html, cursiva en el original.
5. Ver C. S. Lewis, *The Voyage of the Dawn Treader* (1952; reimp., Nueva York: HarperCollins, 1994).